Alfred Binet

Les Altérations de la personnalité

essai

Alfred Binet

Les Altérations de la personnalité

essai

Table de Matières

INTRODUCTION

Il y a une quinzaine d'années qu'on a commencé en France, en Angleterre, et dans quelques autres pays, des recherches de psychologie pathologique, fondées sur l'étude de l'hystérie et de la suggestion ; nous savons tous avec quelle ardeur les physiologistes et les philosophes se sont livrés à cette étude nouvelle, et en un très court espace de temps on a recueilli une quantité vraiment considérable d'observations et d'expériences de toutes sortes ; l'hallucination, les paralysies par suggestion, les altérations de la personnalité, les troubles de la mémoire, le sens musculaire, les suggestions pendant l'état de veille et pendant l'hypnose, les suggestions inconscientes, etc., telles sont les principales questions qui ont été examinées et profondément fouillées.

À mesure que les recherches se multipliaient et s'étendaient, il s'est élevé entre les expérimentateurs de nombreuses discussions ; non seulement on ne s'est pas mis d'accord sur les théories, mais des faits importants affirmés par les uns ont été niés par les autres ; on a même vu s'élever école contre école. Les controverses, qu'on a pu regretter, mais qui, en somme, sont constantes et même nécessaires dans toute recherche nouvelle, ont jeté quelque doute sur la valeur véritable des matériaux amassés.

Mon intention, en écrivant ce livre, n'est point de continuer la tradition des discussions d'école ; au lieu d'opposer mes expériences à celles des autres auteurs, je vais prendre dans leur ensemble tous les résultats qui ont été obtenus dans l'étude d'une question, pour rechercher quels sont, parmi ces résultats, ceux qui s'accordent et peuvent être groupés dans une même synthèse. Je retiendrai seulement les expériences qui se répètent entre toutes les mains, et qui donnent toujours la même conclusion, quelle que soit la fin cherchée ; je mettrai au contraire en réserve, sans les juger, tous les phénomènes qui n'ont encore été observés que par une seule personne, et qui ne se rattachent pas logiquement à un ensemble de faits connus et acquis ; et bien entendu je ferai subir cette épuration à mes propres travaux comme à ceux des autres auteurs.

L'occasion me paraît être favorable pour tenter cette œuvre d'éclectisme ; il se produit en ce moment un fait assez curieux :

un grand nombre d'observateurs qui n'appartiennent ni à la même école ni au même pays, qui n'expérimentent pas sur le même genre de sujets, qui ne se proposent pas le même objet d'expérience, et qui parfois s'ignorent profondément, arrivent au même résultat, sans le savoir ; et ce résultat, auquel on parvient par des chemins divers, et qui fait le fonds d'une foule de phénomènes de la vie mentale, c'est une altération particulière de la personnalité, un dédoublement ou plutôt un morcellement du moi. On constate que chez un grand nombre de personnes, placées dans les conditions les plus diverses, l'unité normale de la conscience est brisée ; il se produit plusieurs consciences distinctes, dont chacune peut avoir ses perceptions, sa mémoire et jusqu'à son caractère moral ; nous nous proposons d'exposer en détail le résultat de ces recherches récentes sur les altérations de la personnalité.

Saint-Valery, 1891.

PREMIÈRE PARTIE
LES PERSONNALITÉS SUCCESSIVES

CHAPITRE PREMIER
LES SOMNAMBULISMES SPONTANÉS

Les phénomènes psychologiques spontanés. — Les somnambulismes. — La dame américaine de Mac-Nish. — Observation de M. Azam sur Félida. — Double existence psychologique. — Caractères distinctifs de ces deux existences. — Un problème. — Observation de M. Dufay. — Observation de MM. Bourru et Burot sur Louis V... — Observation de M. Proust. — Observation de M. Weir-Mitchell. — La division de conscience chez les hystériques. — Observations analogues dans les intoxications, les rêves et divers états pathologiques.

I

Ce qui fait l'intérêt des phénomènes psychologiques spontanés, c'est qu'ils ont subi une influence très minime des personnes qui les observent ; ils n'ont pas été préparés de longue main et d'une manière inconsciente par un auteur qui avait son opinion faite ; ils ne répondent par conséquent à aucune théorie préconçue ; c'est par eux que nous commencerons nos études[1].

Les altérations de la personnalité qui peuvent se produire chez des malades revêtent un très grand nombre de formes différentes ; il n'est nullement question de les passer toutes en revue. Nous nous bornons ici, comme nous l'avons dit, à étudier un seul type de ces altérations, les dédoublements de la personnalité ou plutôt la formation de personnalités multiples chez un même individu. Ce phénomène peut se présenter chez plusieurs catégories de malades ; nous l'envisagerons spécialement dans l'hystérie, où il a été surtout étudié dans ces derniers temps.

On a souvent désigné sous le nom de somnambules les personnes qui présentent ces altérations de la personnalité ; nous avons conservé ce terme de somnambulisme ; il a besoin d'être expliqué, car on ne lui a pas toujours donné un sens précis, et les recherches récentes, en multipliant le nombre et la variété des somnambulismes, ont singulièrement compliqué la question. Il en est de cette question comme de l'aphasie qui, à l'époque où Broca l'étudiait, pouvait recevoir une définition simple ; c'était la perte de la parole articulée ; aujourd'hui qu'on a découvert et analysé tant d'autres formes des maladies du langage, telles que l'agraphie, la cécité verbale, la surdité verbale et bien d'autres encore, il n'y a plus une aphasie, il y a des aphasies. De même, le terme de somnambulisme doit élargir sa signification ; il n'y a pas un somnambulisme, un état nerveux toujours identique à lui-même, il y a des somnambulismes.

Dans le sens vulgaire et populaire du mot, on appelle somnambulisme naturel l'état des individus qui se lèvent la nuit et accomplissent des actes automatiques ou intelligents ; ils s'habillent, reprennent leur travail de la journée, font aller un métier, ou résolvent un problème dont ils ont vainement jusque-là cherché la solution ; puis, ils se recouchent, se rendorment, et le lendemain matin, ils ne conservent aucun souvenir de s'être levés pendant la nuit ; et ils sont souvent très surpris de voir terminé un travail qui la veille au soir était encore inachevé. D'autres font des promenades sur les toits et une foule d'excentricités. Les auteurs ne sont pas encore complètement d'accord sur la nature de ce noctambulisme ; on tend cependant à admettre aujourd'hui que c'est là un ensemble hétéroclite de phénomènes, qui ne se ressemblent qu'en apparence, et qui diffèrent de nature. Parmi les somnambules nocturnes, il faut d'abord faire la part des épileptiques, dont un certain nombre peuvent présenter ce qu'on appelle « l'automatisme ambulatoire ». On admet encore, au moins provisoirement, que des personnes saines peuvent figurer parmi les promeneurs nocturnes, et que par conséquent il existe un noctambulisme physiologique. Mais la majorité, l'immense majorité des somnambules, il n'en faut pas douter, est fournie par l'hystérie ; ce sont des hystériques en état de crise, avec cette particularité que leur attaque a une échéance nocturne[2].

On peut voir dans ces phénomènes un exemple de dédoublement de la personnalité ; il y a deux personnes chez les noctambules ; la personne qui se lève la nuit est bien distincte de celle qui veille pendant le jour, puisque cette dernière ne sait rien et ne conserve aucun souvenir de ce qui s'est passé pendant la nuit ; mais il serait peu utile de faire une analyse attentive de cette situation, les éléments d'étude en sont trop rares.

Il existe une autre forme de somnambulisme naturel qu'on peut mieux étudier, c'est le somnambulisme qui se manifeste pendant le jour, ou vigilambulisme : c'est celui dont nous nous occuperons exclusivement. On doit distinguer, avons-nous vu plus haut, plusieurs somnambulismes naturels ou spontanés. Les distinctions à établir reposent sur les conditions particulières où ces somnambulismes se produisent et aussi sur les caractères qu'ils présentent. Nous nous attacherons, dans ce chapitre, à une forme de somnambulisme naturel qui offre les caractères suivants : il s'agit de malades hystériques qui présentent, outre leur vie normale et régulière, une autre existence psychologique, ou, comme on dit, une condition seconde, dont ils ne gardent point de souvenir au retour de l'état normal ; le caractère propre de cette condition seconde, c'est qu'elle constitue une existence psychologique complète ; le sujet vit de la vie commune, il a l'esprit ouvert à toutes les idées et à toutes les perceptions, et il ne délire pas. Une personne non prévenue ne saurait pas reconnaître que le sujet est en état de somnambulisme.

Les meilleurs exemples qu'on puisse citer de ce somnambulisme que nous venons de définir, se trouvent dans les observations déjà anciennes d'Azam, de Dufay et de quelques autres médecins. Ces observations sont aujourd'hui bien connues, banales ; elles ont été publiées et analysées dans une foule de recueils médicaux et même purement littéraires ; mais nous espérons que les recherches récentes de psychologie expérimentale sur les altérations de conscience ajouteront quelque chose de nouveau à ces faits anciens ; nous les étudierons à un point de vue un peu différent de celui sous lequel on les a envisagés jusqu'ici, et peut-être arriverons-nous à mieux les comprendre. Considérés tout d'abordcomme des phéno-mènes rares, exceptionnels, comme de véritables curiosités patho-logiques, faites pour étonner plutôt que pour instruire, ces dédou-blements de la personnalité nous apparaissent maintenant comme le grossissement d'un désordre mental qui est très fréquent dans l'hystérie et dans des états voisins.

Une des observations les plus célèbres est celle de la dame amé-ricaine de Mac-Nish[3] : « Une jeune dame instruite, bien élevée, et d'une bonne constitution, fut prise tout à coup et sans avertissement préalable d'un sommeil profond qui se prolongea plusieurs heures au delà du temps ordinaire. À son réveil, elle avait oublié tout ce qu'elle savait, sa mémoire n'avait conservé aucune notion ni des mots ni des choses ; il fallut tout lui enseigner de nouveau ; ainsi, elle dut réapprendre à lire, à écrire et à compter ; peu à peu, elle se familiarisa avec les personnes et avec les objets de son entourage, qui étaient pour elle comme si elle les voyait pour la première fois ; ses progrès furent rapides.

« Après un temps assez long, plusieurs mois, elle fut, sans cause connue, atteinte d'un sommeil semblable à celui qui avait précédé sa vie nouvelle. À son réveil, elle se trouva exactement dans le même état où elle était avant son premier sommeil, mais elle n'avait aucun souvenir de tout ce qui s'était passé pendant l'intervalle ; en un mot, pendant l'*état ancien*, elle ignorait l'*état nouveau*. C'est ainsi qu'elle nommait ses deux vies, lesquelles se continuaient isolément et alternativement par le souvenir.

« Pendant plus de quatre ans, cette jeune dame a présenté à peu près périodiquement ces phénomènes. Dans un état ou dans l'autre, elle n'a pas plus de souvenance de son double caractère que deux personnes distinctes n'en ont de leurs natures respectives ; par exemple, dans les périodes d'état ancien, elle possède toutes les connaissances qu'elle a acquises dans son enfance et sa jeunesse ; dans son état nouveau, elle ne sait que ce qu'elle a appris depuis son premier sommeil. Si une personne lui est présentée dans un de ces états, elle est obligée de l'étudier et de la reconnaître dans les deux, pour en avoir la notion complète. Et il en est de même de toute chose.

« Dans son état ancien, elle a une très belle écriture, celle qu'elle a toujours eue, tandis que dans son état nouveau, son écriture est mauvaise, gauche, comme enfantine ; c'est qu'elle n'a eu ni le temps ni les moyens de la perfectionner.

« Cette succession de phénomènes a duré quatre années, et Mme X… était arrivée à se tirer très bien d'affaire, sans trop d'embarras, dans ses rapports avec sa famille. »

Il est inutile de s'attarder dans l'analyse de cette observation incomplète ; le seul avantage qu'elle présente est de nous donner une idée sommaire des altérations de la personnalité que nous cherchons à étudier. On voit de prime abord que ce qui caractérise chacune de ces personnalités, ce qui les distingue les unes des autres, ce qui fait qu'elles sont plusieurs et non une seule, c'est un état particulier de la mémoire. Dans l'état 1, la personne ne se souvient pas de ce qui s'est passé dans l'état 2 ; et, réciproquement, quand elle se retrouve dans l'état 2, elle oublie l'état 1 ; cependant, la mémoire propre à chacun de ces états est bien organisée et en relie toutes les parties, de sorte que la personne, au moment où elle est dans un état, se rappelle l'ensemble des événements qui s'y rattachent.

Nous nous arrêterons plus longtemps sur l'observation de Félida, recueillie par M. Azam (de Bordeaux). L'observation a été très longue, très minutieuse ; elle a commencé en 1858, elle dure encore ; elle s'étend donc sur un espace de plus de trente ans. Nous allons la reproduire presque in extenso[4].

Félida est née en 1843, à Bordeaux, de parents bien portants. Son développement s'est fait d'une façon régulière. Vers l'âge de treize ans, peu après la puberté, elle a présenté des symptômes dénotant une hystérie commençante, accidents nerveux variés, douleurs vagues, hémorragies pulmonaires, que n'expliquait pas l'état des organes de la respiration.

Bonne ouvrière et d'une intelligence développée, elle travaillait à la journée à des ouvrages de couture.

Vers l'âge de quatorze ans et demi, sans cause connue, quelquefois sous l'empire d'une émotion, Félida éprouvait une douleur aux deux tempes et tombait dans un accablement profond, semblable au sommeil. Cet état durait environ dix minutes. Après ce temps, et spontanément, elle ouvrait les yeux, paraissant s'éveiller, et entrait dans le deuxième état, qu'on est convenu de nommer condition seconde ; il durait une heure ou deux, puis l'accablement et le sommeil reparaissaient et Félida rentrait dans l'état ordinaire.

Cette sorte d'accès revenait tous les cinq ou six jours, ou plus rarement ; ses parents, et les personnes de son entourage, considérant le changement de ses allures pendant cette sorte de seconde vie et son oubli au réveil, la croyaient folle.

Bientôt les accidents de l'hystérie proprement dite s'aggravèrent. Félida eut des convulsions et les phénomènes de prétendue folie devinrent plus inquiétants.

M. Azam fut appelé à lui donner des soins en juin 1858 ; voici ce qu'il constata en octobre de la même année :

Félida est brune, de taille moyenne, assez robuste et d'un embonpoint ordinaire ; elle est sujette à de fréquentes hémoptysies, probablement supplémentaires ; très intelligente et assez instruite pour son état social, elle est d'un caractère triste, même morose ; elle parle peu, sa conversation est sérieuse, sa volonté est très arrêtée et son ardeur au travail très grande. Ses sentiments affectifs paraissent peu développés. Elle pense sans cesse à son état maladif qui lui inspire des préoccupations sérieuses, et souffre de douleurs vives dans plusieurs points du corps, particulièrement à la tête ; le symptôme nommé *clou hystérique* est chez elle très développé.

On est particulièrement frappé de son air sombre et du peu de désir qu'elle a de parler ; elle répond aux questions, mais c'est tout.

Si on l'examine avec soin au point de vue intellectuel, on trouve ses actes, ses idées et sa conversation parfaitement raisonnables.

Alfred Binet

Presque chaque jour, sans cause connue, ou sous l'empire d'une émotion, elle est prise de ce qu'elle appelle sa *crise* ; en fait, elle entre dans son deuxième état ; elle est assise, un ouvrage de couture à la main ; tout d'un coup, sans que rien puisse le faire prévoir, et après une douleur aux tempes plus violente que d'habitude, sa tête tombe sur sa poitrine, ses mains demeurent inactives et descendent inertes le long du corps ; elle dort ou paraît dormir, mais d'un sommeil spécial, car aucun bruit, aucune excitation, pincement ou piqûre, ne saurait l'éveiller ; de plus, cette sorte de sommeil est absolument subit. Il dure deux à trois minutes ; autrefois, il était beaucoup plus long.

Après ce temps, Félida s'éveille, mais elle n'est plus dans l'état intellectuel où elle était quand elle s'est endormie. Tout paraît différent. Elle lève la tête, et ouvrant les yeux, salue en souriant les personnes qui l'entourent, comme si elles venaient d'arriver ; la physionomie, triste et silencieuse auparavant, s'éclaire et respire la gaieté ; sa parole est brève, et elle continue en fredonnant l'ouvrage d'aiguille que dans l'état précédent elle avait commencé ; elle se lève, sa marche est agile et elle se plaint à peine des mille douleurs qui quelques minutes auparavant la faisaient souffrir ; elle vaque aux soins ordinaires du ménage, sort, circule dans la ville, fait des visites, entreprend un ouvrage quelconque, et ses allures et sa gaieté sont celles d'une jeune fille de son âge bien portante ; nul ne saurait trouver quelque chose d'extraordinaire à sa façon d'être. Seulement son caractère est complètement changé ; de triste, elle est devenue gaie et sa vivacité touche à la turbulence ; son imagination est plus exaltée ; pour le moindre motif elle s'émeut en tristesse et en joie ; d'indifférente à tout, elle est devenue sensible à l'excès.

Dans cet état, elle se souvient parfaitement de tout ce qui s'est passé pendant les autres états semblables qui ont précédé et aussi pendant sa vie normale. Il est bon d'ajouter qu'elle a toujours soutenu que l'état, quel qu'il soit, dans lequel elle est au moment où on lui parle, est l'état normal qu'elle nomme sa *raison*, par opposition à l'autre qu'elle appelle sa *crise*.

Dans cette vie comme dans l'autre, ses facultés intellectuelles et morales, bien que différentes, sont incontestablement entières : aucune idée délirante, aucune fausse appréciation, aucune hallucination. Félida est autre, voilà tout. On peut même dire que dans ce deuxième état, dans cette *condition seconde*, comme l'appelle M. Azam, toutes ses facultés paraissent plus développées et plus complètes.

Cette deuxième vie, où la douleur physique ne se fait pas sentir, est de beaucoup supérieure à l'autre ; elle l'est surtout par ce fait considérable que, pendant sa durée, Félida se souvient non seulement de ce qui s'est passé pendant les accès précédents, mais aussi de toute sa vie normale, tandis que pendant sa vie normale, elle n'a aucun souvenir de ce qui s'est passé pendant ses accès.

Après un temps variable, tout à coup la gaieté de Félida disparaît, sa tête se fléchit sur sa poitrine et elle retombe dans un état de torpeur. Trois à quatre minutes s'écoulent et elle ouvre les yeux pour rentrer dans son existence ordinaire. On s'en aperçoit à peine, car elle continue son travail avec ardeur, presque avec acharnement ; le plus souvent c'est un travail de couture entrepris dans la période qui précède ; elle ne le connaît pas, et il lui faut un effort d'esprit pour le comprendre. Néanmoins elle le continue comme elle peut, en gémissant sur sa malheureuse situation ; sa famille, qui a l'habitude de cet état, l'aide à se mettre au courant.

Quelques minutes auparavant elle chantonnait quelque romance ; on la lui redemande ; elle ignore absolument ce qu'on veut dire. On lui parle d'une visite qu'elle vient de recevoir ; elle n'a vu personne. L'oubli ne porte que sur ce qui s'est passé pendant la condition seconde, aucune idée générale acquise antérieurement n'est atteinte, elle sait parfaitement lire, écrire, compter, tailler, coudre, etc., et mille autres choses qu'elle savait avant d'être malade ou qu'elle a apprises pendant ses périodes précédentes d'état normal.

Vers 1858, s'est montré un troisième état qui n'est qu'un épiphénomène de l'accès. M. Azam a vu cet état seulement deux ou trois fois, et pendant seize ans son mari ne l'a observé qu'une trentaine de fois : étant dans sa condition seconde, elle s'endort de la façon déjà décrite, et au lieu de s'éveiller dans l'état normal comme d'habitude, elle se trouve dans un état spécial que caractérise une terreur indicible ; ses premiers mots sont : « j'ai peur… j'ai peur. » Elle ne reconnaît personne, sauf le jeune homme qui est devenu son mari. Cet état quasi délirant dure peu.

La séparation des deux existences est très nette, comme le fait suivant peut le démontrer. Un jeune homme de dix-huit à vingt ans connaissait Félida X… depuis son enfance, et venait dans la maison ; ces jeunes gens ayant l'un pour l'autre une grande affection s'étaient promis le mariage. Pendant sa condition seconde, elle s'abandonne à lui et devient grosse. Dans sa période de vie normale, elle l'ignore.

Un jour, Félida, plus triste qu'à l'ordinaire, dit à son médecin, les larmes dans les yeux, que « sa maladie s'aggrave, que son ventre grossit et qu'elle a chaque matin des envies de vomir » ; en un mot elle lui fait le tableau le plus complet d'une grossesse qui commence ; elle le consulte sur les troubles physiologiques de sa grossesse qu'elle prend pour des maladies. Dans l'accès qui suit de près, Félida dit : « Je me souviens parfaitement de ce que je viens de vous dire, vous avez dû facilement me comprendre, je l'avoue sans détours, … je crois être grosse. » Dans cette deuxième vie, sa grossesse ne l'inquiétait pas, et elle en prenait assez gaiement son parti. Devenue enceinte pendant sa condition seconde, elle l'ignorait donc pendant son état normal et ne le savait que pendant ses autres états semblables. Mais cette ignorance ne pouvait durer ; une voisine devant laquelle elle s'était expliquée fort clairement et qui, plus sceptique qu'il ne convient, croyait que Félida jouait la comédie, après l'accès lui rappela brutalement sa confidence. Cette découverte fit à la jeune fille une si forte impression qu'elle eut des convulsions hystériques très violentes.

À l'âge de dix-sept ans et demi, Félida a fait ses premières couches, et pendant les deux années qui ont suivi, sa santé a été excellente ; aucun phénomène particulier n'a été observé.

Vers dix-neuf ans et demi, les accidents reparaissent avec une moyenne intensité. Un an après, deuxième grossesse très pénible, crachements de sang considérables et accidents nerveux variés, se rattachant à l'hystérie, tels que accès de léthargie qui durent trois et quatre heures.

À ce moment et jusqu'à l'âge de vingt-quatre ans, les accès se sont montrés plus nombreux, et leur durée, qui a d'abord égalé celle des périodes d'état normal, commence à les dépasser. Les hémorragies pulmonaires sont devenues plus fréquentes et plus considérables. Félida a été atteinte de paralysies partielles, d'accès de léthargie, d'extase, etc.

De vingt-quatre à vingt-sept ans, la malade a eu trois années complètes d'état normal, puis la maladie a reparu. Dans l'espace de seize années, Félida a eu onze grossesses à terme ou fausses couches.

La condition seconde, la période d'accès qui en 1858 et 1859 n'occupait qu'un dixième environ de l'existence, a augmenté peu à peu de durée ; elle est devenue égale à la vie normale, puis l'a dépassée pour arriver graduellement à l'état actuel où elle remplit l'existence presque entière.

En 1875, M. Azam, après avoir longtemps perdu de vue Félida, la retrouve mère de famille et dirigeant un magasin d'épicerie ; elle a trente-deux ans ; elle n'a que deux enfants vivants. Elle est amaigrie, sans avoir l'aspect maladif. Elle a toujours des absences de mémoire qu'elle nomme improprement des crises.

Seulement ces prétendues crises, qui ne sont, après tout, que les périodes d'état normal, sont devenues beaucoup plus rares. L'absence des souvenirs qui les caractérise lui a fait commettre de telles bévues dans ses rapports avec des voisines que Félida en a conservé le plus pénible souvenir, et craint d'être considérée comme folle. Elle est très malheureuse quand elle pense à sa condition normale, aussi parfois elle a des idées de suicide. Elle reconnaît que, dans ces moments, son caractère se modifie beaucoup : elle devient, dit-elle, méchante et provoque dans son intérieur des scènes violentes.

Elle raconte certains épisodes qui montrent bien la raison de son tourment. Un jour qu'elle revenait en fiacre des obsèques d'une dame de sa connaissance, elle sent venir la période qu'elle nomme son accès (état normal), elle s'assoupit pendant quelques secondes, sans que les dames qui étaient avec elle dans le fiacre s'en aperçoivent, et s'éveille dans l'autre état, ignorant absolument pourquoi elle était dans une voiture de deuil, avec des personnes qui, selon l'usage, vantaient les qualités d'une défunte dont elle ne savait pas le nom. Habituée à ces situations, elle attendit ; par des questions adroites, elle se fit mettre au courant, et personne ne put se douter de ce qui s'était passé.

Elle perd sa belle-sœur à la suite d'une longue maladie. Or, pendant les quelques heures de son état normal, elle a eu le chagrin d'ignorer absolument toutes les circonstances de cette mort ; à ses habits de deuil seulement, elle a reconnu que sa belle-sœur, qu'elle savait malade, avait succombé.

Ses enfants ont fait leur première communion pendant qu'elle était en condition seconde ; elle a aussi le chagrin de l'ignorer pendant la période d'état normal.

Il est survenu une certaine différence dans la situation de la malade. Autrefois Félida perdait entièrement connaissance pendant les courtes périodes de transition ; cette perte était même si complète qu'un jour, en 1859, elle tomba dans la rue et fut ramassée par des passants. Après s'être réveillée dans son autre état, elle les remercia en riant, et ceux-ci ne purent naturellement rien comprendre à cette singulière gaieté. Cette période de transition a peu à peu diminué de longueur, et bien que la perte de connaissance soit aussi complète, elle est tellement courte, que Félida peut la dissimuler en quelque lieu qu'elle se trouve. Certains signes à elle connus, tels qu'une pression aux tempes, lui indiquent la venue de ces périodes. Dès qu'elle les sent venir, elle porte la main à la tête, se plaint d'un éblouissement, et après une durée de temps insaisissable, elle passe dans l'autre état. Elle peut ainsi dissimuler ce qu'elle nomme une *infirmité*. Or cette dissimulation est si complète, que dans son entourage son mari seul est au courant de son état du moment.

Les variations de caractère sont très accusées. Dans la période d'accès ou de condition seconde elle est plus fière, plus insouciante, plus préoccupée de sa toilette ; de plus elle est moins laborieuse, mais beaucoup plus sensible ; il semble que dans cet état elle porte à ceux qui l'entourent une plus vive affection.

Dans son état normal, elle est d'une tristesse qui touche au désespoir. Sa situation est en effet fort triste, car tout est oublié, affaires, circonstances importantes, connaissances faites, renseignements donnés. C'est une vaste lacune impossible à combler. Le souvenir n'existe que pour les faits qui se sont passés dans les conditions semblables. Onze fois Félida a été mère. Toujours cet acte physiologique de premier ordre, complet ou non, s'est accompli pendant l'état normal. Si on lui demande à brûle-pourpoint la date de ce jour, elle cherche et se trompe de près d'un mois.

PREMIÈRE PARTIE

On lui avait donné un petit chien, qui s'habitua à elle et la caressait chaque jour. Après quelque temps, survient une période de vie normale ; à son réveil dans cette vie, ce chien la caresse, elle le repousse avec horreur, elle ne le connaît pas, elle ne l'a jamais vu : c'est un chien errant entré par hasard chez elle.

Les sentiments affectifs ne sont plus de la même nature dans les deux conditions. Félida est indifférente et manifeste peu d'affection pour ceux qui l'entourent ; elle se révolte devant l'autorité naturelle qu'a son mari sur elle.

« Il dit sans cesse : *Je veux*, dit-elle ; cela ne me convient pas, il faut que dans mon autre état je lui aie laissé prendre cette habitude. Ce qui me désole, ajoute-t-elle, c'est qu'il m'est impossible d'avoir rien de caché pour lui, quoiqu'enfait je n'aie rien à dissimuler de ma vie. Si je le voulais, je ne le pourrais pas. Il est bien certain que dans mon autre vie je lui dis tout ce que je pense. » De plus son caractère est plus hautain, plus entier.

Ce qui la touche particulièrement, c'est l'incapacité relative qu'amènent les absences de mémoire, surtout en ce qui touche son commerce. « Je fais erreur sur la valeur des denrées dont j'ignore le prix de revient, et suis contrainte à mille subterfuges, de peur de passer pour une idiote ! »

Il est plusieurs fois arrivé que, s'endormant le soir dans son état normal, elle s'est éveillée le matin dans l'accès, sans que ni elle ni son mari en aient eu connaissance ; la transition a donc eu lieu pendant le sommeil.

Félida dort comme tout le monde et au moment ordinaire, seulement son sommeil est toujours tourmenté par des rêves ou des cauchemars ; de plus il est influencé par des douleurs physiques ; ainsi elle rêve souvent d'abattoirs et d'égorgements. Souvent aussi elle se voit chargée de chaînes ou liée avec des cordes qui brisent ses membres. Ce sont ses douleurs musculaires ordinaires qui se transforment ainsi.

On sait quel rôle jouent les habitudes dans l'existence. Félida conserve-t-elle, pendant ces courtes périodes d'état normal, alors qu'elle paraît avoir tout oublié, des habitudes acquises pendant la condition seconde ? M. Azam a remarqué que pendant les courtes périodes d'état normal, Félida a oublié les heures des repas ; or, prendre sa nourriture chaque jour à la même heure, paraît être une habitude.

En 1877, Félida a trente-quatre ans. Elle vit en famille avec son mari et les deux enfants qui lui restent. À la suite de circonstances diverses, elle a repris son ancien métier de couturière et dirige un petit atelier. Sa santé générale est déplorable, car elle souffre de névralgies, d'hémorragies, de contractures, de paralysies locales, etc. ; elle est cependant fort courageuse, surtout dans lacondition seconde, où ses douleurs ont, du reste, une moindre intensité.

La période de transition qui fait entrer Félida en condition seconde est de plus en plus courte. Bien que Félida soit devenue plus habile à la dissimuler, la perte de connaissance est complète. Dans ces derniers temps, dit M. Azam, sur ma demande, son mari a constaté, comme je l'avais fait antérieurement, qu'elle y était toujours absolument étrangère à toute action extérieure.

La veille et le sommeil sont normaux, et les accidents décrits surviennent indifféremment dans les deux états.

Comme la condition seconde constitue maintenant la vie presque entière de Félida, on y peut observer à loisir divers phénomènes hystériques d'une grande rareté. Ce sont des congestions spontanées et partielles. À un moment donné, sans cause appréciable, et tous les trois à quatre jours, Félida ressent une sensation de chaleur en un point quelconque du corps ; cette partie gonfle et rougit. Cela se passe souvent à la face, alors le phénomène est frappant, mais le tégument externe est trop solide pour se prêter à l'exsudation sanguine : une fois seulement, un suintement de cette nature a eu lieu pendant la nuit au travers de la peau de la région occipitale, reproduisant les stigmates saignants.

En 1878, Félida est, au premier abord, semblable à tout le monde ; cette ressemblance est si grande que, devenue très habile à dissimuler son amnésie et les troubles qui l'accompagnent, elle cache très bien une infirmité dont elle a honte. Couturière et mère de famille, elle remplit à la satisfaction de tous ses obligations et ses devoirs. D'une bonne constitution, elle n'est qu'amaigrie par des douleurs nerveuses, par de fréquentes hémorragies pulmonaires ou autres.

Dans sa condition seconde, elle est à peu près comme tout le monde. Enjouée et d'un heureux naturel, elle souffre peu ; son intelligence et toutes ses fonctions cérébrales, y compris la mémoire, sont parfaitement complètes.

Un jour, le plus souvent quand elle a eu quelque chagrin, elle éprouve à la tête une sorte de serrement, une sensation à elle connue, qui lui annonce son prochain changement d'état. Alors elle *écrit* ; si on lui demande l'explication de cet acte, elle répond : « Comment ferais-je, si je n'écrivais pas ce que j'aurai à faire ? Je suis couturière ; j'ai sans cesse à travailler d'après des mesures déterminées ; j'aurais l'air d'une imbécile auprès de mon entourage, si je ne savais pas les dimensions exactes des manches et des corsages que j'ai à tailler. » Bientôt, Félida est prise d'une perte de connaissance complète, mais tellement courte (une fraction de seconde) qu'elle peut la dissimuler à tous. À peine ferme-t-elle les yeux, puis elle revient à elle et continue sans mot dire l'ouvrage commencé.

Alors elle consulte son écrit pour ne pas commettre des erreurs qu'elle redoute ; mais elle est en quelque sorte une autre personne, car elle ignore absolument tout ce qu'elle dit, tout ce qu'elle fait, tout ce qui s'est passé pendant la période précédente, celle-ci eût-elle duré deux ou trois ans. Cette autre vie, c'est l'état normal, c'est la personnalité, le naturel qui caractérisaient Félida à l'âge de quatorze ans, avant toute maladie.

Cette période, qui n'occupe aujourd'hui qu'un trentième ou un quarantième de l'existence, ne diffère de ces périodes précédentes que par le caractère. Alors Félida est morose, désolée ; elle se sent atteinte d'une infirmité intellectuelle déplorable, et elle en éprouve un chagrin qui va jusqu'au désespoir et jusqu'au désir du suicide. Après quelques heures, aujourd'hui, survient une période de transition et notre jeune femme rentre dans la période seconde qui constitue presque toute son existence.

Un fait spécial, un drame intime, donne la mesure de la profondeur de la séparation que creuse l'absence de souvenir entre les deux existences de Félida, c'est comme un abîme :

Au mois d'avril 1878, étant en condition seconde, Félida croit avoir la certitude que son mari a une maîtresse ; elle se répand en menaces contre elle ; prise d'un affreux désespoir, elle se pend. Mais ses mesures sont mal prises, ses pieds renversent une table, les voisins accourent et on la rappelle à la vie. Cette épouvantable secousse n'a rien changé à son état. Elle s'est pendue en condition seconde, en condition seconde elle se retrouve. « Comme je serais heureuse, disait-elle deux jours après, si j'avais ma *crise* (c'est ainsi qu'elle désigne ses courtes périodes de vie normale) ; alors au moins j'ignore mon malheur. » Elle l'ignore, en effet, si bien que pendant les périodes suivantes d'état normal, rencontrant cette femme, elle la comble de prévenances et de marques d'amitié.

En 1882, Félida vit à peu près toujours en condition seconde ; la vie normale, avec sa perte de souvenir si caractéristique, n'apparaît plus qu'à des intervalles de quinze jours à trois semaines et ne dure que quelques heures ; les périodes de transition, qui ne duraient que quelques minutes, se sont réduites à quelques secondes ou à une durée si inappréciable que Félida, qui veut que son entourage ignore sa maladie, peut les dissimuler complètement. Après quinze jours, un mois, deux mois, apparaissent de courtes périodes de vie normale précédées et suivies de transitions inappréciables. Leur apparition est quelquefois spontanée, mais elle est le plus souvent provoquée par une contrariété quelconque ; les apparitions spontanées ont surtout lieu la nuit.

Dans les premières années de la maladie, la vie ordinaire de Félida était tourmentée par des manifestations douloureuses des plus pénibles, et son caractère était triste, même sombre et taciturne. Cette tristesse, à un moment, a été telle que la malade a tenté de se suicider, tandis que, par opposition, les périodes de condition seconde étaient caractérisées par l'absence des douleurs et par une grande gaieté. En un mot, Félida avait, en même temps que deux existences, deux caractères absolument différents. Petit à petit, soit sous l'influence des années et des épreuves de la vie, soit par toute autre cause, lesconditions secondes, qui sont devenues la vie à peu près entière, n'ont plus présenté ni gaieté ni liberté d'esprit, mais la gravité et le sérieux de toute personne raisonnable. On peut dire que les deux caractères se sont égalisés et comme fondus l'un dans l'autre.

Enfin, en 1887, Félida a quarante-quatre ans ; son état est le même qu'en 1882, les périodes de vie normale deviennent de plus en plus rares.

On peut en résumé retenir de l'observation précédente les faits suivants : L'altération de la personnalité présentée par Félida est sous la dépendance de la névrose hystérique ; cela est incontestable ; Félida a présenté un si grand nombre de phénomènes hystériques, tels que le clou, les hémoptysies, les altérations de la sensibilité, les convulsions, les attaques de léthargie, qu'on ne saurait conserver de doute à cet égard. De temps en temps, la malade change de condition mentale, on peut même dire de personnalité ; la transition ne se fait pas insensiblement, mais toujours avec une perte de connaissance. Au début, il se produisait un sommeil profond pendant lequel la malade ne sentait aucune excitation ; ce sommeil s'est abrégé avec le temps, mais il reste toujours une perte de connaissance, qui creuse l'abîme entre les deux existences. Il est à noter qu'il n'y a jamais eu de convulsions au moment du passage, bien que Félida ait eu à d'autres occasions des attaques d'hystérie convulsive.

En se réveillant dans sa condition nouvelle, la malade est devenue une autre personne. Son caractère est changé ; il était triste, morose, pendant sa condition normale ; il devient plus tendre, plus gai, plus affectueux ; en revanche, la malade est moins active, moins travailleuse. Son intelligence est plus développée, et sa sensibilité paraît plus délicate (malheureusement, ce point important n'a pas été examiné avec un soin suffisant). À la modification du caractère s'ajoute une modification de la mémoire ; pendant la condition seconde, Félida conserve le souvenir de tous ses états, et de tous les faits appartenant aux deux existences ; c'est à ce moment que sa mémoire présente le maximum d'étendue. Puis, à un certain moment, il survient brusquement une nouvelle perte de connaissance semblable à la première ; la malade repasse dans la première condition ; elle retrouve son caractère triste et son activité, et, en même temps, elle présente une perte de mémoire bien curieuse : elle ne peut se rappeler les faits appartenant à sa condition seconde, et nous avons vu les nombreuses conséquences, si pénibles pour elle, de cette amnésie périodique.

La distinction des deux conditions mentales repose donc sur deux éléments principaux, un changement de caractère et une modification de la mémoire ; c'est ce qui fait que Félida est réellement deux personnes morales, et qu'elle a réellement deux moi ; son second

moi n'est point un moi factice, inventé dans une intention purement littéraire, pour faire image ; il est parfaitement bien organisé,
capable de lutter contre le premier moi, capable même de le rem-
placer, puisque nous voyons aujourd'hui cette malade continuer
son existence avec ce second moi qui, d'abord accidentel et anor-
mal, constitue maintenant le centre régulier de sa vie psychique.

Il nous reste, en terminant, à indiquer avec précision le problème
psychologique posé par l'histoire de Félida ; voilà deux vies mentales qui se déroulent alternativement, sans se confondre ; chacune
de ces existences consiste dans une série d'événements psychologiques liés les uns aux autres ; si Félida se trouve dans l'état prime,
elle peut se rappeler les événements de cet état ; au contraire il
lui est impossible, sans l'aide d'autrui, de retrouver le souvenir des
événements appartenant à l'état second. Pourquoi ? Cette amnésie ne s'explique point psychologiquement par les lois si bien étudiées de l'association des idées. D'après ces lois, tous les souvenirs
peuvent se réveiller par l'action de la ressemblance et de la conti-
guïté ; nous voyons ici ces deux forces d'association en défaut ; les
souvenirs de la condition seconde ne reparaissent pas pendant la
condition normale, alors même qu'ils pourraient être évoqués par
les associations d'idées les plus efficaces ; nous n'en voulons pour
preuve que ce petit chien, que Félida comble de caresses pendant
la seconde vie et ne reconnaît pas pendant la première. On n'a pas
suffisamment remarqué, croyons-nous, combien cette amnésie
caractéristique est contraire aux idées reçues sur l'association des
idées. Il est de fait qu'entre les deux synthèses mentales constituant
les deux existences de Félida, l'association d'idées ne joue plus.

Nous aurons souvent l'occasion de répéter cette remarque.

M. Dufay, de Blois, a publié une observation sur une malade analogue à la précédente[5]. Nous citerons les passages les plus intéressants de cette observation.

« C'est vers 1845 que je commençai à être témoin des accès de
somnambulisme de Mlle R. L., et j'eus pendant une douzaine
d'années l'occasion à peu près quotidienne d'étudier ce phénomène
si bizarre. Mlle R. L. pouvait avoir alors vingt-huit ans environ.
Grande, maigre, cheveux châtains, d'une bonne santé habituelle,
d'une susceptibilité nerveuse excessive, Mlle R. L. était somnambule

depuis son enfance. Ses premières années se passèrent à la campagne, chez ses parents ; plus tard elle entra successivement en qualité de lectrice ou demoiselle de compagnie dans plusieurs familles riches, avec lesquelles elle voyagea beaucoup ; puis enfin elle choisit un état sédentaire et se livra au travail d'aiguille.

« Une nuit, pendant qu'elle était encore chez ses parents, elle rêve qu'un de ses frères vient de tomber dans un étang du voisinage ; elle s'élance de son lit, sort de la maison et se jette à la nage pour secourir son frère. C'était au mois de février ; le froid la saisit ; elle s'éveille saisie de terreur, est prise d'un tremblement qui paralyse tous ses efforts ; elle allait périr si l'on n'était arrivé à son secours. Pendant quinze jours la fièvre la retint au lit. À la suite de cet événement, les accès de somnambulisme cessèrent pendant plusieurs années. Elle rêvait à haute voix, riait ou pleurait, mais ne quittait plus son lit. Puis, peu à peu, les pérégrinations nocturnes recommencèrent, d'abord rares, ensuite plus fréquentes, et enfin quotidiennes.

« Je remplirais un volume du récit des faits et gestes accomplis par Mlle R. L. pendant ce sommeil actif. Je me bornerai à ce qui est indispensable pour faire connaître son état.

« Je copie sur mes notes :

« Sa mère est l'objet fréquent de ses rêves. Elle veut partir pour son pays, fait ses paquets en grande hâte, « car la voiture l'attend » ; elle court faire ses adieux aux personnes de la maison, non sans verser d'abondantes larmes ; s'étonne de les trouver au lit, descend rapidement l'escalier et ne s'arrête qu'à la porte de la rue, dont on a eu soin de cacher la clé, et près de laquelle elle s'affaisse, désolée, résistant longtemps à la personne qui l'engage à remonter se coucher, et se plaignant amèrement « de la tyrannie dont elle est victime ». Elle finit, mais pas toujours, par rentrer dans son lit, le plus souvent sans s'être complètement déshabillée, et c'est ce qui lui indique, au réveil, qu'elle n'a pas dormi tranquille, car elle ne se rappelle rien de ce qui s'est passé pendant l'accès.

« Voilà le somnambulisme tel qu'on l'observe assez fréquemment. C'est un rêve en action commencé pendant le sommeil normal, et se terminant par un réveil, soit spontané, soit provoqué.

« Mais ce n'est pas ce qui arrivait le plus ordinairement pour Mlle

Alfred Binet

R. L.

« Je copie encore : « Il est huit heures du soir ; plusieurs ouvrières travaillent autour d'une table sur laquelle est posée une lampe ; Mlle R. L. dirige les travaux, et y prend elle-même une part active, non sans causer avec gaieté. Tout à coup, un bruit se fait entendre ; c'est son front qui vient de tomber brusquement sur le bord de la table, le buste s'étant ployé en avant. Voilà le début de l'accès.

« Elle se redresse après quelques secondes, arrache avec dépit ses lunettes et continue le travail qu'elle avait commencé, n'ayant plus besoin des verres concaves qu'une myopie considérable lui rend nécessaires dans l'état normal, et se plaçant même de manière à ce que son ouvrage soit moins exposé à la lumière de la lampe. A-t-elle besoin d'enfiler son aiguille, elle plonge ses deux mains sous la table, cherchant l'ombre, et réussit en moins d'une seconde à introduire la soie dans le chas, ce qu'elle ne fait qu'avec difficulté lorsqu'elle est à l'état normal, aidée de ses lunettes et d'une vive lumière.

« Elle cause en travaillant, et une personne qui n'a pas été témoin du commencement de l'accès pourrait ne s'apercevoir de rien, si Mlle R. L. ne changeait de façon de parler dès qu'elle est en somnambulisme.

« Alors, elle parle nègre, remplaçant *je* par *moi*, comme les en-fants ; ainsi elle dit : quand moi est bête. Cela signifie : quand je ne suis pas en somnambulisme.

« Son intelligence, déjà plus qu'ordinaire, acquiert pendant l'accès un développement remarquable ; sa mémoire devient extraordinaire, et Mlle R. L. peut raconter les moindres événements dont elle a eu connaissance à une époque quelconque, que les faits aient eu lieu pendant l'état normal ou pendant un accès de somnambulisme.

« Mais, de ces souvenirs, tous ceux relatifs aux périodes de somnambulisme se voilent complètement dès que l'accès a cessé, et il m'est souvent arrivé d'exciter chez Mlle R. L. un étonnement allant jusqu'à la stupéfaction, en lui rappelant des faits entièrement oubliés de la *fille bête*, suivant son expression, que la somnambule m'avait fait connaître.

« La différence de ces deux manières d'être est on ne peut plus tranchée.

« Mlle R. L. a été débarrassée de sa personnalité anormale à l'époque de la ménopause. »

On voit que Mlle R. L. a deux personnalités ; elle a même conscience de ce dualisme, car elle parle de l'*autre* à la troisième personne, et elle ignore dans son état premier ce que cet autre a fait dans l'état second. Le reste de l'observation n'a d'autre intérêt que d'être une répétition et par conséquent une confirmation de celle de Félida.

II

Il a été souvent question, dans ces dernières années, de Louis V…, hystérique mâle qui a présenté de curieuses successions de personnalité. Nous extrayons les renseignements suivants de l'ouvrage de MM. Bourru et Burot[6].

« L'histoire de Louis V…, disent-ils, est déjà connue dans la science. M. Camuset[7], l'a racontée le premier, et après lui, M. Ribot, M. Legrand du Saulle, M. P. Richer, en ont parlé ; M. J. Voisin[8] a fait deux importantes communications sur ce malade.

« Né à Paris, rue Jean-Bart, n° 6, le 12 février 1863, de mère hystérique et de père inconnu, il a passé une partie de son enfance à Luysan, près de Chartres ; sa mère le maltraitait et il était devenu vagabond. Il paraît avoir eu dès son bas âge des crises d'hystérie accusées par des crachements de sang et des paralysies passagères. Le 23 octobre 1871, il est condamné pour vol domestique à la détention dans une maison de correction jusqu'à l'âge de dix-huit ans. Il est envoyé à la colonie des Douaires, puis dirigé sur la colonie agricole de Saint-Urbain (Haute-Marne), où il reste du 27 septembre 1873 au 23 mars 1880. Occupé plusieurs années à des travaux agricoles, il reçoit en même temps l'instruction primaire dont il profite très bien, car il est docile et intelligent. Un jour, pendant qu'il est occupé dans une vigne à ramasser des sarments, une vipère s'enroule autour de son bras gauche, sans le mordre. Il en eut une frayeur extrême et le soir, rentré à la colonie, il perdit connaissance et eut des crises. Les attaques se renouvelèrent ; il survint enfin une paralysie des membres inférieurs, l'intelligence restant intacte.

« En mars 1880, il fut transféré à l'asile de Bonneval (Eure-et-Loir). Là, on constate que le malade a la physionomie ouverte et sympathique, que son caractère est doux, qu'il se montre reconnaissant des soins qu'on a pour lui. Il raconte l'histoire de sa vie avec les détails les plus circonstanciés, même ses vols qu'il déplore, dont il est honteux ; il s'en prend à son abandon, à ses camarades qui l'entraînaient au mal. Il regrette fort ce passé et affirme qu'à l'avenir il sera plus honnête. Il sait lire, écrire à peu près. On se décide à lui apprendre un état compatible avec sa paraplégie, son infirmité. On le porte tous les matins à l'atelier des tailleurs ; on l'installe sur une table où il prend naturellement la posture classique, grâce à la position de ses membres inférieurs paralysés et contracturés. Au bout de deux mois, V... sait coudre assez bien ; il travaille avec zèle, on est satisfait de ses progrès. Un jour, il est pris d'une crise qui dure cinquante heures, à la suite de laquelle il n'est plus paralysé. Au réveil, V... veut se lever. Il demande ses habits, et il réussit à se vêtir, tout en étant fort maladroit ; puis il fait quelques pas dans la salle ; la paralysie des jambes a disparu.

« Une fois habillé, il demande à aller avec ses camarades aux travaux de culture. On s'aperçoit vite qu'il se croit encore à Saint-Urbain, et qu'il veut reprendre ses occupations habituelles. En effet, il n'a aucun souvenir de sa crise et il ne reconnaît personne, pas plus le médecin et les infirmiers que ses camarades du dortoir. Il n'admet pas avoir été paralysé et dit qu'on se moque de lui. On pense à un état vésanique passager très supposable après une forte attaque hystérique, mais le temps s'écoule et la mémoire ne revient pas. V... se rappelle bien qu'il a été envoyé à Saint-Urbain, il sait que l'*autre jour*, il a eu peur d'un serpent, mais à partir de ce moment il y a une lacune. Il ne se rappelle plus rien. Il n'a pas même le sentiment du temps écoulé.

« Naturellement on pense à une simulation, à un tour d'hystérique, et on emploie tous les moyens pour le mettre en contradiction avec lui-même, mais sans jamais y parvenir. Ainsi on le fait conduire sans le prévenir à l'atelier des tailleurs. On marche à côté de lui, en ayant soin de ne pas l'influencer. Quant à la direction à suivre, V... ne sait pas où il va. Arrivé à l'atelier, il a tout l'air d'ignorer l'endroit où il se trouve et il affirme qu'il y vient pour la première fois. On lui montre les vêtements dont il a fait les grosses coutures alors qu'il était paralysé ; il rit, a l'air de douter, mais enfin il se résigne à croire.

« Après un mois d'expériences, d'observations, d'épreuves de toutes sortes, on reste convaincu que V... ne se souvient de rien. Le caractère s'est aussi modifié. Ce n'est plus le même sujet, il est devenu querelleur, gourmand et il répond impoliment. Il n'aimait pas le vin et donnait le plus souvent sa ration à ses camarades, maintenant il vole la leur. Quand on lui dit qu'il a volé autrefois, mais qu'il ne devrait pas recommencer, il devient arrogant : « S'il a volé, il l'a payé puisqu'on l'a mis en prison. » On l'occupe au jardin. Un jour, il s'évade emportant des effets et soixante francs à un infirmier. Il est rattrapé à cinq lieues de Bonneval au moment où, après avoir vendu ses vêtements pour en acheter d'autres, il s'apprête à prendre le chemin de fer pour Paris. Il ne se laisse pas arrêter facilement ; il frappe et mord les gardiens envoyés à sa recherche. Ramené à l'asile, il devient furieux, il crie, se roule à terre. Il faut le mettre en cellule.

« Pendant le reste de son séjour à Bonneval, il continue à présenter quelques manifestations névrosiques, attaques convulsives, anesthésies et contractures passagères. Il sort de cet asile le 24 juin 1881 ; il paraît guéri.

« Il passe quelque temps à Chartres chez sa mère, puis on l'envoie aux environs de Mâcon, chez un grand propriétaire agricole. Il tombe malade, reste un mois à l'Hôtel-Dieu de Mâcon et est transféré à l'asile Saint-Georges, près de Bourg (Ain), le 9 septembre 1881.

« Pendant ses dix-huit mois de séjour dans cet asile, il a présenté des crises qui n'avaient aucune régularité, souvent très fortes, parfois légères, d'autres fois survenant par séries ; tantôt il était exalté comme un paralytique général, tantôt presque stupide et imbécile. Dans certains cas, il n'a reculé devant aucune responsabilité, obéissant à ses instincts et à ses impulsions les plus dangereuses, sachant habilement les couvrir de sa qualité de fou dont il se parait et de son irresponsabilité matérielle qui résultait de son internement dans un asile d'aliénés. V... est sorti de Saint-Georges, le 28 avril 1883, amélioré et muni d'un pécule pour rentrer dans son pays.

« Il arrive à Paris, on ne sait comment ; il est admis successivement dans plusieurs services, en dernier lieu à Sainte-Anne et enfin à Bicêtre où il entre le 31 août 1883 dans le service de M. J. Voisin qui le reconnaît comme étant le sujet de M. Camuset, sans savoir ce qu'il était devenu entre Bonneval et Bicêtre.

« Du mois d'août 1883 au mois de janvier 1884, ses attaques sont rares et observées seulement par les surveillants. Le 17 janvier 1884, nouvelle attaque très violente qui se répète les jours suivants avec accès de thoracalgie et alternatives de paralysies et de contractures du côté gauche et du côté droit. Le 17 avril, à la suite d'une crise légère, la contracture du côté droit a disparu. Il s'est endormi, le corps plié, les mains derrière la tête et a tranquillement sommeillé. Le matin, il se réveille et demande ses habits à l'infirmier. Il veut aller travailler. Il s'étonne que ses vêtements ne soient pas au pied de son lit ; il s'imagine qu'on vient de les lui cacher par plaisanterie. Il se croit au 26 janvier (jour d'apparition de sa contracture). On l'amène auprès du chef de son service. Il reste ébahi quand on lui fait remarquer que les feuilles sont aux arbres, que le calendrier marque 17 avril, que le personnel du service est modifié. L'élocution est normale. Il ne se souvient pas d'avoir été contracturé du côté droit. Il est faible sur ses jambes et se dandine en voulant se tenir debout. La pression dynamométrique de la main droite est plus faible que celle de la main gauche. L'hémianesthésie sensitivo-sensorielle persiste.

« Les mois suivants, il est calme et se promène dans la section. Le 10 juin, le malade a une série de crises et à leur suite la contracture du côté droit est revenue. Il est resté plusieurs jours au lit, dans l'état où il était, du mois de janvier au mois d'avril. Il se croyait au 17 avril. Il parlait impersonnellement comme alors. Le lendemain la contracture avait disparu et le sujet était revenu à son état primitif.

« Pendant les six derniers mois de l'année 1884, V... n'a présenté aucun phénomène nouveau. Son caractère est modifié. Il était doux pendant la période de contracture ; en dehors de ces périodes il est indiscipliné, taquin, voleur. Il travaille irrégulièrement. Les attaques sont toujours assez fréquentes. La contracture ne reparaît pas une seule fois, mais l'hémianesthésie conserve son caractère de stigmate indélébile. V… garde quelques idées délirantes. Le 2 janvier 1885, après une scène de somnambulisme provoqué, suivie d'une attaque, il s'évade de Bicêtre en volant des effets d'habillement et de l'argent à un infirmier, comme lors de son évasion de Bonneval.

« Il reste plusieurs semaines à Paris, en compagnie d'un ancien compagnon d'asile dont il avait fait la rencontre. Le 29 janvier 1885, il se fait engager dans l'infanterie de marine et arrive à Rochefort le 31 janvier. Pendant son séjour à la caserne il commet des vols. Envoyé devant le conseil de guerre, une ordonnance de non-lieu est prononcée le 23 mars 1885, et le 27 mars, il entre en observation. Dès son entrée, il est pris d'une série d'attaques d'hystéro-épilepsie. Le 30 mars, il présente une contracture de tout le côté droit, qui se dissipe au bout de deux jours, mais il reste paralysé et insensible de toute la moitié droite du corps. »

L'observation de Louis V… est certainement la plus complexe et la plus riche en détails que nous possédions, bien qu'elle contienne quelques parties obscures. Un premier fait s'en dégage, c'est qu'à certains moments, Louis V… perd brusquement le souvenir de périodes importantes de son existence antérieure et entre dans un nouvel état psychologique où il change totalement de caractère, et où la distribution de la sensibilité et du mouvement se fait dans son corps d'une façon tout à fait différente. L'état nouveau se distingue donc du précédent par trois signes principaux : 1° l'état de la mémoire ; 2° l'état du caractère ; 3° l'état de la sensibilité et du mouvement. Ce dernier point est un de ceux qui constituent l'originalité de l'observation de ce malade ; chez les autres hystériques dont on a rapporté l'histoire jusqu'ici, on n'a point étudié les changements de sensibilité qui se rapportent aux changements d'état psychologique. M. Azam y fait à peine allusion, en ce qui concerne Félida ; il passe rapidement, tandis qu'on aurait désiré une étude méthodique. Le cas de Louis V… remplit donc une lacune importante dans nos connaissances ; probablement, il ne présente rien d'exceptionnel à cet égard, et tous les malades qui ont des états seconds doivent présenter comme lui des modifications sensitivo-sensorielles qui sont le signal du passage dans un nouvel état. Cela est nécessaire, logique : du moment que le caractère se modifie, et que la mémoire change d'amplitude, il est naturel que la faculté de percevoir des sensations soit également atteinte ; c'est le contraire qui nous étonnerait.

Les auteurs ont profité de ces variations de la sensibilité pour faire une série de recherches expérimentales sur leur sujet ; ils sont parvenus à provoquer en quelque sorte à volonté telle ou telle des personnalités de leur malade, ce qu'on n'avait pas encore obtenu jusque-là dans la même mesure, et avec autant de méthode. C'est là en somme le grand intérêt de cette observation, et ce qu'elle nous a appris de plus nouveau. Nous y reviendrons dans la partie de ce livre qui est consacrée aux phénomènes expérimentaux.

Il reste à définir et à classer l'état pathologique de V... On a comparé ce cas à celui de Félida ; cette comparaison est justifiée par bien des faits, et les analogies sont frappantes ; il y a des changements d'état psychologique, marqués par le caractère et la mémoire ; sans doute, ces états sont plus nombreux chez V..., on en a même compté jusqu'à six, qui ont chacun leur mémoire propre, comme l'expérimentation sur le malade a permis de le montrer ; mais cette question de chiffre n'a point une importance générale, et du reste il a existé chez Félida au moins trois états distincts.

M. Proust a publié récemment[9] un cas curieux d'automatisme ambulatoire chez un hystérique. Voici son observation :

« Émile X..., trente-trois ans ; fils d'un père original et buveur ; mère nerveuse, un frère cadet rentrant dans la catégorie des arriérés. Lui, au contraire, est d'une intelligence assez vive. Il a fait de bonnes études classiques et remporté même des succès dans les concours académiques. Après avoir étudié la médecine pendant quelques mois, il est passé à l'étude du droit, s'est fait recevoir licencié, et, depuis quelques années, il est inscrit au tableau de l'ordre des avocats à Paris.

« Émile X... a présenté les signes les plus manifestes de la grande hystérie (attaques, troubles de sensibilité, de motilité, etc., etc.). Il est presque instantanément hypnotisable. Il suffit qu'il fixe un point dans l'espace, qu'il entende un bruit un peu fort, qu'il éprouve une impression vive et subite pour que, aussitôt, il tombe dans le sommeil hypnotique. Il était, un jour, au café, place de la Bourse. Il se regarde à la glace. Immédiatement il s'endort. Étonnées et effrayées les personnes avec lesquelles il se trouvait le conduisirent à l'hôpital de la Charité où on le réveilla.

« Une autre fois, au Palais, pendant qu'il plaide, le président le regarde fixement. Il s'arrête court, s'endort, et ne peut reprendre sa plaidoirie que lorsqu'un de ses confrères, qui connaît son infirmité, l'a éveillé.

« Mais ce n'est pas tout.

« À certains moments, Émile X... perd complètement la mémoire. Alors, tous ses souvenirs, les plus récents comme les plus anciens, sont abolis. Il a complètement oublié son existence passée. Il s'est oublié lui-même. Cependant, comme il n'a pas perdu la conscience, et que, pendant toute la durée de cette sorte d'état de condition seconde, — qui peut se prolonger pendant quelques jours, — il aura, comme dit Leibniz, « l'aperception de ses perceptions », une nouvelle vie, une nouvelle mémoire, un nouveau moi commencent pour lui. Alors il marche, monte en chemin de fer, fait des visites, achète, joue, etc.

« Quand, subitement, par une façon de réveil, il revient à sa condition première, il ignore ce qu'il a fait pendant les jours qui viennent de s'écouler, c'est-à-dire pendant tout le temps de sa condition seconde.

« Ainsi, le 23 septembre 1888, il a une altercation avec son beau-père (le second mari de sa mère). Il est vivement impressionné par cette altercation dont il a gardé le souvenir très présent. Mais il ignore ce qu'il a fait depuis cette date du 23 septembre jusqu'au milieu d'octobre suivant. À cette dernière époque, c'est-à-dire trois semaines après sa dispute avec son parent, on le retrouve à Villars-Saint-Marcelin (Haute-Marne). Comment a-t-il vécu ? où est-il allé ? Il l'ignore. Ce qu'il en sait, il l'a appris depuis par des rapports venus de divers côtés. On lui a dit qu'il s'était rendu chez le curé de Villars-Saint-Marcelin, « qui l'avait trouvé bizarre », qu'il était allé faire visite à un de ses oncles, évêque *in partibus* dans la Haute-Marne, et que là, il aurait brisé différents objets, déchiré des livres et même des manuscrits de son oncle. Il a su, depuis, qu'il avait contracté cinq cents francs de dettes pendant ses pérégrinations, qu'il avait été traduit devant le tribunal de Vassy pour acte de filouterie et condamné par défaut.

« Autre épisode :

« Le 11 mai 1889, il déjeune dans un restaurant du quartier latin.

Deux jours après, il se retrouve sur une place de Troyes. Qu'a-t-il fait pendant ces deux jours ? Il n'en sait pas le premier mot. Tout ce qu'il se rappelle, c'est qu'en revenant à lui, il s'aperçut qu'il avait perdu son pardessus et son porte-monnaie contenant deux cent vingt-six francs.

« Dans l'observation d'Émile X... comme dans les observations similaires, on relève, notamment, les deux points suivants :

« 1° Une rupture dans la continuité des phénomènes de conscience, et ce, bien que l'individu, pendant cette rupture, aille, vienne, agisse conformément aux habitudes de la vie courante.

« 2° S'il y a discontinuité entre les phénomènes de conscience de la période de condition seconde et ceux de la vie normale, il y a, au contraire, continuité entre les phénomènes de conscience des périodes de condition seconde.

« Ainsi, Émile X..., dans son état normal, ignore ce qu'il a fait pendant les périodes d'automatisme ambulatoire, mais il suffit, en le plongeant dans le sommeil hypnotique, de le replacer en condition seconde pour qu'aussitôt il se rappelle les moindres détails de ses pérégrinations. Éveillé, il ne sait ce qu'il a fait du 23 septembre au 15 octobre ; endormi il révèle les incidents de son voyage. S'il a dépensé cinq cents francs c'est qu'il a joué. Il dit les sommes perdues, et à quel jeu. Il donne le nom de son partenaire. Il raconte tout ce qu'il a fait et dit chez le curé son ami, et chez l'évêque son oncle.

« Même chose, pour sa fugue à Troyes. Pendant le sommeil provoqué il dit : « Le 17 mai, au sortir du restaurant, j'ai pris une voiture, je me suis fait conduire à la gare de l'Est. Je me suis embarqué par le train de 1 h. 25 et suis arrivé à Troyes à 5 h. 27 ; je suis descendu à l'hôtel du Commerce, chambre n° 5. J'ai déposé mon pardessus, qui renfermait mon porte-monnaie, sur le dossier d'un fauteuil. Je suis ensuite allé au café place Notre-Dame, puis je suis rentré dîner à 6 h. et demie. Je suis allé faire visite à un négociant de ma connaissance, M. C..., et j'ai passé chez lui la soirée jusqu'à 9 heures. Puis je suis revenu me coucher. Je me suis levé le lendemain à 8 heures, j'ai déjeuné chez M. C... Je l'ai quitté après déjeuner, j'ai pris la rue de Paris et me suis senti malade. Je me suis alors adressé à un sergent de ville qui m'a conduit chez le commissaire de police, et de là à l'hôpital de Troyes, où on m'a réveillé. »

« À titre de renseignement complémentaire, j'ajouterai le détail suivant :

« Après avoir appris du malade endormi l'endroit où il avait laissé son pardessus, nous l'avons engagé, après son réveil, à écrire à l'hôtel du Commerce. Le surlendemain, à son grand étonnement, il recevait son pardessus et son porte-monnaie avec les 226 francs qu'il renfermait. Ces objets, je l'ai dit, étaient égarés depuis plus de six mois, et notre malade manquait d'argent.

« Émile X… avait été condamné, par le tribunal de Vassy, pour filouterie commise pendant sa période d'automatisme ambulatoire. Le jugement a été annulé quand on a su dans quelles conditions le délit avait été commis.

« Plus récemment Émile X… a, de nouveau, été inculpé d'escroquerie. Il aurait emprunté une somme, d'ailleurs minime, à un employé du palais de justice, en se targuant d'une qualité fausse.

« Sur un rapport de MM. Motet et Ballet, une ordonnance de non-lieu a été rendue en sa faveur. »

L'observation de M. Proust se rapproche beaucoup de celle de Félida : changement de caractère pendant les états seconds, et perte de mémoire à la suite ; mais tout cela aurait besoin d'être étudié avec soin, et un grand nombre de détails font défaut. Notons en passant un point intéressant, et qui ne se rencontre pas dans les observations précédentes ; mis en somnambulisme hypnotique, Émile X… retrouve les souvenirs de l'état second.

Il faut ajouter à la série d'observations qu'on vient de lire celle qui a été publiée par Weir-Mitchell ; elle constitue elle aussi une répétition intéressante du cas de Félida. Il s'agit d'une jeune fille âgée de vingt ans, de caractère triste, mélancolique, timide ; cette personne est envahie par un sommeil qui dure plus de vingt heures ; au réveil, on s'aperçoit qu'elle a oublié totalement son existence antérieure, ses parents, son pays, la maison où elle demeure ; on peut la comparer, dit l'auteur, à une enfant qui serait à l'état de maturité. On est obligé de recommencer son éducation ; on lui apprend à écrire, et on remarque à ce propos qu'elle écrit de droite à gauche, comme dans les langues sémitiques.

Alfred Binet

Elle n'avait à sa disposition que cinq ou six mots, vrais réflexes d'articulation qui étaient pour elle dénués de sens. Le travail de ré-éducation, conduit méthodiquement, dura de sept à huit semaines. Son caractère avait subi un changement aussi profond que sa mémoire ; timide à l'excès dans son premier état, elle était devenue gaie, expansive, bruyante, hardie jusqu'à la témérité ; elle courait les bois, les montagnes, attirée par les périls de la contrée sauvage qu'elle habitait. Puis une nouvelle attaque de sommeil se produit ; la malade revient à son premier état ; elle en retrouve tous les souvenirs, elle en reprend le caractère mélancolique, qui paraît s'être aggravé ; nul souvenir conscient ne subsiste du second état. Une nouvelle attaque fit revenir ce second état, avec les phénomènes de conscience qui l'accompagnaient la première fois. La malade passa successivement un grand nombre de fois d'un de ces états à l'autre ; ces changements se répétèrent pendant une période de seize ans. Au bout de cette période, les variations cessèrent ; la malade avait alors trente-six ans ; elle vécut dans un état mixte, mais plus voisin du second que du premier ; le caractère n'était ni triste, ni bruyant, mais raisonnable. Elle mourut à soixante-cinq ans[10].

Il faut terminer ici la liste des observations ; celles que nous avons reproduites sont, à part quelques divergences de détail, d'une remarquable uniformité, et les autres que nous pourrions y ajouter ne nous apprendraient rien de bien nouveau ; ce n'est pas que tout soit dit sur ces cas pathologiques ; nous croyons au contraire qu'il y aurait lieu d'en pousser l'étude plus loin, et nous avons le soupçon que l'état second présente un très grand nombre de caractères psychologiques intéressants ; on trouve malheureusement peu d'éclaircissements sur ce point dans les observations publiées jusqu'à ce jour ; toutes paraissent à peu près calquées sur le même modèle, celui de Félida[11].

En général, les observateurs n'ont noté chez leurs malades que deux conditions différentes d'existence ; mais ce nombre de deux n'a rien de constant ni de fatidique, il n'est peut-être même pas aussi général qu'on le croit ; en y regardant bien, on trouve trois personnalités chez Félida, et un bien plus grand nombre chez Louis V... C'en est assez pour repousser l'expression de dédoublement de la personnalité qu'on a voulu appliquer à ces phénomènes ; il peut y avoir dédoublement, comme il peut y avoir morcellement en trois, quatre personnalités, etc.[12]

Je suis persuadé que les alternances et successions de personnalité chez les hystériques ne sont point des phénomènes exceptionnels. Ce qui est exceptionnel, c'est de trouver des sujets types, comme Félida et comme Louis V..., chez lesquels le dédoublement est marqué en si gros caractères qu'il a pu frapper des esprits non prévenus. Peut-être même que si on regardait bien attentivement beaucoup d'hystériques, on en rencontrerait d'autres qui ne le céderaient en rien aux précédents. En tout cas, la succession de personnalités distinctes doit exister, à quelque degré, chez plusieurs ; ce phénomène doit se traduire, non par des symptômes bruyants, mais par des amnésies et des changements de caractère rappelant en petit ceux de Félida et de Louis V..., et se systématisant, se rattachant à certaines périodes d'existence. Ce sont là des symptômes qu'il faut *chercher*, comme disait Lasègue en parlant de l'anesthésie.

Nous sommes restés jusqu'ici confinés dans l'hystérie. Tous les malades dont nous avons raconté l'histoire sont incontestablement des hystériques. La question se pose de savoir si, en dehors de cette névrose, on rencontre des divisions analogues de la conscience et de la personnalité.

Si on prend comme signe de ces divisions l'état de la mémoire, toujours plus facile à constater d'une manière précise que les changements de caractère, il faut répondre affirmativement à la question posée ; on trouve dans des conditions très diverses des fragments de vie psychologique qui ont pour trait essentiel de posséder une mémoire propre ; nous entendons par là que ces états ne laissent point de souvenirs pendant la veille, mais que le retour du même état ramène les souvenirs de sa manifestation antérieure, et la personne se rappelle tous les faits qu'elle avait oubliés pendant sa vie normale.

Parfois l'existence d'une mémoire propre à ces états seconds se manifeste sous une forme un peu différente et plus élémentaire ; le sujet recommence toujours les mêmes actes. On rencontre des exemples aujourd'hui bien connus de ces particularités psychologiques dans le rêve, les intoxications par l'alcool, l'éther, le haschich, etc., les folies circulaires, l'épilepsie. Il existe même chez quelques épileptiques une double vie psychologique présentant les mêmes caractères que dans l'hystérie[13].

CHAPITRE II
LES SOMNAMBULISMES SPONTANÉS (SUITE)

Systématisation de l'activité psychologique. — Observation de
M. Mesnet sur le sergent de Bazeilles. — Analyse de cette obser-
vation. — La conscience ne disparaît point pendant la crise. —
Discussion de l'opinion de M. Huxley sur le rôle de la conscience.
— Observations de M. Charcot. — Opinion de M. Charcot sur la
nosographie des somnambulismes.

I

Le somnambulisme spontané peut présenter, chez les hystériques,
un caractère un peu différent de celui que nous venons de décrire.
Dans toutes les observations que nous avons reproduites jusqu'ici,
l'état second du sujet a les allures générales de l'état prime, considéré comme l'état normal ; le sujet a l'esprit ouvert à toutes les idées et
à toutes les perceptions, il est capable de vivre de la vie commune,
en un mot il ne délire pas. On a depuis longtemps remarqué que
les sujets de ce genre, pour un observateur non prévenu, paraissent
normaux, et rien n'avertit qu'ils se trouvent dans un état second.

Mais il n'en est pas toujours ainsi, tant s'en faut. On a observé que,
dans des circonstances un peu différentes de celles que nous avons
étudiées, le caractère psychologique du sujet est dans l'état 2 tout
à fait différent de l'état 1 ; le sujet ne vit plus de la vie commune ; il
est dominé par une idée, ou par un groupe d'idées, qui impriment
à toute son existence une orientation particulière. Il n'entend pas
ce qu'on lui dit, quand les paroles prononcées n'ont aucun rapport
avec son idée fixe et ne peuvent pas s'y incorporer ; les objets qui
l'entourent le laissent indifférent, ou ne sont pas perçus d'une manière consciente, quand ils ne se rapportent pas à sa préoccupation
habituelle.

Ces phénomènes constituent bien une altération de la personnalité par fractionnement spontané ; aussi rentrent-ils logiquement

dans le cadre de ce chapitre.

Nous avons vu que le cas type de la première série d'observations est le cas de Félida. On peut dire que cette nouvelle série possède aussi un cas type, aujourd'hui bien connu ; c'est celui du sergent de Bazeilles, publié par M. Mesnet[14]. Nous reproduisons in extenso cette observation importante.

« F…, âgé de vingt-sept ans, sergent à l'armée d'Afrique, reçut, dans les batailles livrées sous Sedan, une balle qui lui fractura le pariétal gauche. La balle, tirée obliquement, fit une plaie de 8 à 10 centimètres de longueur, parallèle à la suture temporale, et située à 2 centimètres environ au-dessous de cette suture.

« Au moment où il reçut cette blessure, F… eut encore la force de renverser d'un coup de baïonnette le soldat prussien qui venait de le frapper ; mais, presque aussitôt, son bras droit se paralysa, et il dut abandonner son arme pour échapper à l'incendie et aux obus qui pleuvaient sur le village de Bazeilles en feu. Il put marcher environ 200 mètres, puis sa jambe droite se paralysa à son tour, et il perdit complètement connaissance. Ce n'est que trois semaines après que F…, reprenant l'usage de ses sens, se trouva à Mayence, où il avait été transporté par une ambulance prussienne.

« À ce moment, l'hémiplégie du côté droit était complète, la perte du mouvement absolue. Six mois après, transporté en France, il fut placé dans divers hôpitaux militaires de Paris, et resta paralysé pendant environ une année. Néanmoins, il fut assez heureux pour guérir de cette paralysie, qui ne laisse plus aujourd'hui d'autres traces qu'une légère faiblesse du côté droit, à peine sensible pour le malade, appréciable seulement au dynamomètre.

« Dès l'époque où le malade était encore à Mayence, trois à quatre mois environ après sa blessure, il présenta des troubles de l'intelligence, se manifestant par accès périodiques, caractérisés surtout par l'occlusion partielle des organes des sens et par une activité cérébrale différente de l'état de veille. Depuis cette époque, même après la guérison de l'hémiplégie, ces accès n'ont point cessé de se reproduire, toujours semblables à eux-mêmes, à la différence près de la périodicité plus ou moins éloignée (moyenne : quinze à trente jours), et de la durée de l'accès plus ou moins allongée (moyenne : quinze à trente heures).

Alfred Binet

« Les troubles nerveux que nous nous proposons d'étudier chez F…
ont donc un point de départ matériel indéniable : une fracture du
pariétal avec destruction de l'os dans une étendue facile à constater
encore aujourd'hui, et, à l'occasion de cette fracture, une lésion
du cerveau dans son hémisphère gauche, comme en témoigne
l'hémiplégie de toute la moitié droite du corps pendant plus d'une
année. Quelle a pu être la lésion du cerveau ? Vraisemblablement
une encéphalite locale ou un abcès dans la substance nerveuse,
puisque la plaie extérieure et la paralysie ont guéri presque au
même moment, après une durée d'un an, et ont permis aux fonctions de sensibilité et de mouvement, si longtemps abolies dans
le côté droit du corps, de reprendre leur équilibre normal. Que
reste-t-il donc aujourd'hui ? Un simple *trouble fonctionnel*, apparu
au moment où le cerveau était matériellement malade, et persis-
tant alors même que toutes les fonctions de la vie de relation sont
rétablies[15].

« Depuis quatre années, la vie de F… présente deux phases
essentiellement distinctes : l'une, normale ; l'autre, pathologique.

« Dans son état ordinaire, F… est un homme assez intelligent pour
pourvoir à ses besoins, pour gagner sa vie ; il a été commis dans
différentes maisons, chanteur dans un café des Champs-Élysées ;
et ses fonctions de sergent, lorsqu'il était au régiment, révèlent
certaines aptitudes qui l'avaient fait remarquer de ses chefs. Depuis
qu'il est entré dans mon service d'hôpital, il se montre serviable,
bienveillant pour les autres malades, et il n'a donné lieu à aucun
reproche grave pour sa conduite. Sa santé ne laisse rien à désirer et
toutes ses fonctions sont régulières.

« L'intérêt que présente ce malade est dans la phase pathologique
que nous allons étudier, et dans le trouble qui, tout à coup, survient
dans l'exercice de ses facultés intellectuelles. La transition de l'état
normal à l'état de maladie se fait en un instant, d'une manière
insensible. Ses sens se ferment aux excitations du dehors ; le
monde extérieur cesse d'exister pour lui ; il ne vit plus que de sa
vie exclusivement personnelle ; il n'agit plus qu'avec ses propres
excitations, qu'avec le mouvement automatique de son cerveau.
Bien qu'il ne reçoive plus rien du dehors et que sa personnalité soit
complètement isolée du milieu dans lequel il est placé, on le voit
aller, venir, faire, agir, comme s'il avait ses sens et son intelligence

en plein exercice ; à tel point qu'une personne, non prévenue de son état, le croiserait dans sa promenade, se rencontrerait sur son passage, sans se douter des singuliers phénomènes que présente ce malade.

« Sa démarche est facile, son attitude calme, sa physionomie paisible ; il a les yeux largement ouverts, la pupille dilatée ; le front et les sourcils contracturés, avec un mouvement incessant de nystagmus accusant un état de malaise, de souffrance vers la tête ; et un mâchonnement continu. S'il marche, s'il se promène dans le milieu qu'il habite et dont il connaît les dispositions locales, il agit avec toute la liberté d'allure qu'il a dans sa vie habituelle ; mais si on le place dans un autre milieu dont il ne connaît point les êtres, si on se plaît à lui créer des obstacles en lui barrant le passage, il heurte légèrement chaque chose, s'arrête au moindre contact, et, promenant les mains sur l'objet, il en cherche les contours et le tourne facilement. Il n'offre aucune résistance aux mouvements qu'on lui imprime ; soit qu'on l'arrête, soit qu'on le fasse changer de direction, soit qu'on précipite sa marche, soit qu'on la ralentisse, il se laisse diriger comme un automate et continue son mouvement dans la direction qu'on a voulu lui donner.

« Pendant toute la durée de ses crises, les fonctions instinctives et les appétits s'accomplissent comme à l'état de santé ; il mange, il boit, il fume, il s'habille, se promène le jour, se déshabille le soir, se couche aux heures où il a l'habitude de le faire. *Sous quelle influence tous ces actes s'accomplissent-ils ? Sont-ils provoqués par des besoins réels, par des sensations organiques, ou bien ne sont-ils pas, eux aussi, automatiques, le simple résultat des habitudes de la veille continuées dans le sommeil ?* Je serais disposé à accepter cette dernière interprétation[16], car chaque fois que j'ai vu le malade manger, il mangeait avec gloutonnerie, sans discernement, mâchant à peine les aliments, avalant tout ce qu'il avait sous la main sans arriver jamais à la satiété, témoignage certain de la satisfaction donnée au besoin. Il boit de même tout ce qu'on lui présente, vin ordinaire, vin de quinquina, eau, assa fœtida, sans témoigner d'aucune impression agréable, pénible ou indifférente.

« L'examen de la sensibilité générale, et de la sensibilité spéciale des organes des sens, accuse une perturbation profonde. La sensibilité générale de la peau, des muscles, est absolument éteinte ; on peut impunément piquer la peau des différentes parties du corps, aux mains, aux bras, aux pieds, aux jambes, à la poitrine, à la face. Le malade n'éprouve également aucune sensation si, prenant une épingle ou une broche, on traverse le derme et on l'enfonce dans la profondeur des muscles. Il en est de même des expériences faites avec une forte pile électrique ; le malade est insensible à l'action des plus forts courants portés sur les bras, la poitrine, la face, bien que l'excitation électrique se révèle par la saillie et la contraction la plus énergique des muscles.

« La sensibilité générale est donc réduite à néant.

« La sensibilité musculaire est conservée.

« *Ouïe* complètement fermée. Il ne reçoit aucune impression des bruits qui se font autour de lui. Le conduit auditif est, dans toute sa profondeur, insensible aux chatouillements et aux piqûres.

« Le *goût* n'existe plus. Il boit indifféremment : eau, vin, vinaigre, assa fœtida. Les muqueuses de la bouche, de la langue, sont insensibles à la piqûre.

« *Odorat*. Aucune odeur, bonne ou mauvaise, n'est perçue par le malade ; ni le vinaigre, ni l'assa fœtida. La muqueuse des fosses nasales est insensible dans toute sa profondeur. On peut enfoncer un corps étranger à travers les fosses nasales, jusqu'au voile du palais, sans provoquer ni chatouillement ni éternuement.

« *Vue*. La vue est, comme les autres sens, fermée aux impressions extérieures, mais peut-être d'une façon moins complète. Le malade nous a semblé, à plusieurs reprises, n'être point insensible aux effets des objets brillants ; mais la sensation qu'ils déterminent en lui ne lui donne que des notions si confuses, qu'il appelle aussitôt le toucher à son aide pour arriver à la connaissance de la forme, du volume, des contours, etc.

« Le *toucher*. Le toucher est, de tous les sens, le seul qui *persiste et met le malade en rapport avec le monde extérieur*. La délicatesse avec laquelle il promène ses mains sur les objets, l'usage qu'il a su faire du toucher dans mille occasions auxquelles nous avons assisté, témoignent d'une finesse, d'une subtilité de ce sens, supérieures à la moyenne de son exercice dans les conditions normales de la santé.

« L'isolement dans lequel F... se trouve placé est donc la

conséquence d'un trouble considérable apporté dans l'exercice de ses fonctions nerveuses. F… est un malade chez lequel l'innervation cérébrale perd momentanément ses attributs de sensibilité générale et spéciale qui mettent l'homme en échange incessant avec les choses extérieures. Il est atteint d'un trouble fonctionnel qui présente tous les caractères des névroses, et qui, bien que très singulier, très exceptionnel dans ses manifestations, n'est pas pour cela sans exemple et sans précédents dans l'histoire des maladies du système nerveux.

« Le trouble nerveux que présente F… ne se manifeste que par crises ou accès de courte durée, relativement à la période intermédiaire. Le premier de ces accès remonte aux premiers mois de 1871, alors que F… était encore prisonnier en Allemagne et hémiplégique du côté droit. À cette époque, les crises se répétaient à intervalles plus courts, et il en fut ainsi tant que la plaie du crâne resta ouverte, c'est-à-dire un peu plus d'une année ; à dater de cette époque, elles s'éloignèrent, et la période intermédiaire, qui était de cinq à six jours au début, devint, en moyenne, de quinze à trente jours. Depuis deux ans environ, elles ont conservé cette périodicité, à moins que quelques écarts de régime ou quelques excès du malade viennent en précipiter le retour. Quoi qu'il en soit, elles sont toujours semblables à elles-mêmes et marquées au sceau de l'activité inconsciente. Le début de la crise est précédé d'un malaise, d'une pesanteur vers le front, que le malade compare à l'étreinte d'un cercle de fer ; il en est de même de sa terminaison, car, plusieurs heures après, il se plaint encore de pesanteur à la tête et d'engourdissement. La transition de la santé à la maladie se fait rapidement, en quelques minutes, d'une manière insensible, sans convulsions, sans cris ; *il saute de l'une à l'autre sans passer par les demi-teintes de jour et de raison, qu'on retrouve à l'heure où le sommeil va venir ; et l'être conscient, responsable, en pleine possession de lui-même, n'est plus, un instant après, qu'un instrument aveugle, un automate obéissant à l'activité inconsciente de son cerveau.* Il se meut avec des apparences de liberté qu'il n'a pas ; il semble vouloir, et il n'a qu'une volonté inconsciente et impuissante à le débarrasser des plus minces obstacles opposés à ses mouvements.

« Tous les actes auxquels il se livre, toute l'activité qu'il montre dans sa crise, ne sont que la répétition de ses habitudes de la veille. Il est incapable de concevoir aussi bien que d'imaginer ; et cependant il est un acte, *étrange*, — que nous étudierons plus tard isolément, — qui s'est montré dès la première crise, alors qu'il était encore soldat, qui chaque fois se reproduit dans les mêmes conditions, et semble le but spécial de son activité maladive : *c'est l'entraînement au vol ou plutôt à la soustraction de tous les objets qui lui tombent sous la main et qu'il cache indistinctement là où il se trouve.* Le besoin de soustraire et de cacher est un fait tellement dominant chez ce malade qu'apparu dès la première crise, il n'a cessé de se montrer dans les accès ultérieurs. Tout lui est bon à prendre, même les choses les plus insignifiantes ; et s'il ne trouve rien sur la table de son voisin, il cache avec les apparences du mystère, alors qu'une nombreuse assistance l'entoure et le surveille, les différents objets qui lui appartiennent : montre, couteau, porte-monnaie, etc.

« Tout le temps que dure l'accès est une phase de son existence, dont le souvenir n'est pas pour lui au réveil ; l'oubli est tellement complet, qu'il exprime la plus grande surprise lorsqu'on lui relate ce qu'il a fait ; il n'a pas la notion, même la plus obscure, du temps, du lieu, du mouvement, des investigations dont il a été l'objet, ni des différentes personnes qui l'ont assisté.

« La séparation entre les deux phases de sa vie, santé et maladie, est absolue !

« Arrivons à l'étude psychologique de cet homme, par l'interprétation des faits qui se produisent pendant la crise, sans négliger toutefois les détails de l'observation de chaque jour, qui trouvera sa place dans une autre partie de ce mémoire.

« La sensibilité générale est, avons-nous dit, complètement éteinte. — La sensibilité musculaire conservée. — L'ouïe, l'odorat, le goût, sont fermés aux excitations de dehors. — La vue ne donne plus que des impressions obscures, sans connaissance. — Le toucher est conservé, et semble même acquérir une finesse, une sensibilité exagérées.

« Et c'est au milieu de cette perturbation nerveuse, considérable, que nous avons à déterminer la valeur et la signification des actes que nous allons décrire.

« L'activité de F..., pendant sa crise, est presque la même que dans son état normal, à cela près que le mouvement est moins rapide ; il marche l'œil ouvert, le regard fixe ; si on le dirige sur un obstacle, il le heurte légèrement et le tourne ; que ce soit un arbre, une chaise, un banc, un homme, une femme, ce n'est pour lui qu'un obstacle dont il ne connaît pas les différences. L'expression de sa physionomie est le plus ordinairement immobile, impassible, et cependant elle reflète parfois les idées qui se présentent spontanément à son esprit, ou que les impressions du toucher réveillent dans sa mémoire. Ses expressions, son geste, sa mimique, qui ont cessé d'être en rapport avec le monde extérieur, sont exclusivement au service de sa personnalité ou, mieux encore, de sa mémoire. — C'est ainsi que nous assistâmes à la scène suivante :

« Il se promenait dans le jardin, sous un massif d'arbres ; on lui remet à la main sa canne qu'il avait laissé tomber quelques minutes avant. Il la palpe, promène à plusieurs reprises la main sur la poignée coudée de sa canne, — devient attentif, — semble prêter l'oreille, — et, tout à coup, appelle : « Henri ! » Puis : « Les voilà ! ils sont au moins une vingtaine ! À nous deux, nous en viendrons à bout ! » Et alors, portant la main derrière son dos comme pour prendre une cartouche, il fait le mouvement de charger son arme, se couche dans l'herbe à plat ventre, la tête cachée par un arbre, dans la position d'un tirailleur, et suit, l'arme épaulée, tous les mouvements de l'ennemi qu'il croit voir à courte distance. — Cette scène, pleine de péripéties rapportées avec détails dans le cours de l'observation, a été pour chacun de nous l'expression la plus complète d'une hallucination provoquée par une illusion du tact, qui, donnant à une canne les attributs d'un fusil, a réveillé chez cet homme les souvenirs de sa dernière campagne, et reproduit la lutte dans laquelle il a été si grièvement blessé. J'ai voulu, dans la crise survenue quinze jours plus tard, chercher la confirmation de cette idée, et je ne crois pas possible de mettre en doute l'interprétation, puisque le malade, ayant de nouveau été placé dans les mêmes conditions, j'ai vu la même scène se reproduire à l'occasion du même objet. Il m'a donc été possible de diriger l'activité de mon malade dans un ordre d'idées que je voulais faire naître, en mettant en jeu les impressions du tact, alors que tous les autres sens ne me permettaient aucune communication avec lui.

« Tous les actes, toutes les expressions de F... sont ou la répétition de tout ce qu'il fait chaque jour, ou sont provoqués par les impressions que les objets produisent sur le tact. Il suffit d'observer ce malade pendant quelques heures pour se faire, à ce sujet, une conviction bien assise. C'est en le suivant dans ses pérégrinations à travers l'hôpital Saint-Antoine que nous avons été témoins, M. Maury et moi, de mille faits nés du hasard, mais tous intéressants au point de vue psychologique.

« Nous étions au fond d'un corridor, devant une porte fermée. F… promène les mains sur cette porte, trouve le bouton, le saisit, et veut ouvrir ; la porte résiste ; il cherche la serrure, puis la clef qu'il ne trouve point. Il promène alors ses doigts sur les vis qui fixent la serrure, essaye de les saisir et de les faire tourner, dans le but de détacher la serrure. — *Toute cette série d'actes témoigne d'un mouvement de l'esprit en rapport avec l'objet qui l'occupe.* Il allait quitter cette porte et se diriger vers un autre lieu, quand je présente à ses yeux un trousseau de sept à huit clefs ; — il ne les voit pas ; — je les agite avec bruit à son oreille, — il n'entend pas ; — je les lui mets dans la main : il les saisit aussitôt, et les présente tour à tour au trou de la serrure, sans en trouver une seule qui puisse entrer. Il quitte alors la place, et s'en va dans une salle de malades, prenant sur son passage divers objets dont il remplit ses poches, et arrive devant une petite table servant aux écritures de la salle.

« Il promène les mains sur cette table ; elle était vide ; il rencontre, en la palpant, le bouton d'un tiroir ; il l'ouvre ; *il prend une plume, et, tout aussitôt, cette plume éveille en lui l'idée d'écrire* ; car, à l'instant même, il fouille le tiroir, en retire plusieurs feuilles de papier, puis un encrier, qu'il place sur la table. Il prend une chaise, et commence une lettre dans laquelle il se recommande à son général pour sa bonne conduite et sa bravoure, en lui demandant de s'occuper de lui pour la médaille militaire.

« Cette lettre est écrite en termes fort incorrects, mais équivalents, comme expression et orthographe, à tout ce que nous lui avons vu faire dans son état de santé. L'expérience à laquelle nous faisait assister le malade, en écrivant cette lettre, nous a conduit, séance tenante, à rechercher dans quelle mesure le sens de la vue concourait à l'accomplissement de cet acte. La facilité avec laquelle il traçait ses caractères et suivait ses lignes sur le papier, ne nous laissait aucun doute sur l'exercice de la vision appliquée à l'écriture ; mais, pour faire la preuve irrévocable, nous avons à diverses reprises placé une épaisse plaque de tôle entre ses yeux et sa main qui écrivait ; bien que tous les rayons visuels fussent interceptés, il n'interrompit point immédiatement la ligne commencée ; il continua à tracer quelques mots encore, écrits d'une manière presque illisible, avec des jambages enchevêtrés les uns dans les autres ; puis il s'arrêta sans manifester de mécontentement ni d'impatience. L'obstacle levé, il reprit la ligne inachevée, et en recommença une autre.

« *Le sens de la vue était donc bien en pleine activité, et nécessaire à l'expression écrite de la pensée du malade.*

« Il nous a été facile d'appeler en témoignage une seconde épreuve non moins démonstrative : pendant que le malade écrivait nous substituons de l'eau à l'encre dont il se servait ; la première fois qu'il y trempe sa plume, il obtient encore des demi-teintes suffisantes pour que l'écriture reste visible ; mais à la seconde reprise, la plume, qui n'avait plus que de l'eau, traça des caractères frustes dont il s'aperçut aussitôt. Il s'arrêta, essuya le bout de sa plume, la frotta sur la manche de son habit et voulut recommencer à écrire ; — mêmes effets ; — nouvel examen de sa plume, qu'il regarde plus attentivement encore que la première fois ; — nouvel essai infructueux ; — et ce malade, enrayé dans son action par notre volonté, n'eut pas un instant l'idée de chercher l'obstacle dans l'encrier. Sa pensée était incapable de spontanéité ; et sa vue, ouverte sur le papier et la plume qu'il tenait à la main, restait fort incomplète à l'endroit de l'encrier, avec lequel il n'avait aucun point de contact. Cette seconde expérience confirme la première ; *l'une comme l'autre nous démontre que la vue existe réellement ; mais il nous a semblé résulter de ce fait, que le champ de la vision était exclusif et restreint à un cercle absolument personnel au malade ; que le sens de la vue ne s'éveillait qu'à l'occasion du toucher, et que son exercice restait limité aux objets seulement avec lesquels il était actuellement en rapport par le toucher.* D'autres observations viendront plus tard à l'appui de cette idée ; mais, avant de passer à un nouvel ordre de faits, je veux signaler une hallucination fort curieuse que nous fîmes naître fortuitement au moment où F… était occupé à écrire.

« Il avait pris pour écrire plusieurs feuilles de papier, il y en avait une dizaine superposées ; il écrivait sur la première page, lorsque nous vint l'idée de la retirer brusquement ; sa plume continue à écrire sur la deuxième feuille, comme s'il ne s'était point aperçu de la soustraction que nous venions de faire, et il achève sa phrase sans même s'arrêter, sans autre expression qu'un léger mouvement de surprise. Il avait écrit dix mots sur le deuxième feuillet, lorsque nous l'enlevâmes rapidement comme le premier ; et il termina sur le troisième feuillet la ligne commencée sur le précédent, exactement au point où sa plume était restée placée. Nous enlevons de même et successivement le troisième feuillet, puis le quatrième, et, arrivé au cinquième, il signe son nom au bas de la page, alors que tout ce qu'il venait d'écrire avait disparu avec les feuillets précédents. Nous le voyons alors diriger ses yeux vers le haut de cette page blanche ; relire tout ce qu'il venait d'écrire, avec un mouvement de lèvres accusant chaque mot ; puis, à diverses reprises, tracer avec sa plume, sur différents points de cette page blanche, là une virgule, là un *e*, là un *t*, en suivant attentivement l'orthographe de chaque mot, qu'il s'applique à corriger de son mieux ; et chacune de ces corrections répond à un mot incomplet que nous retrouvons à la même hauteur, à la même distance sur les feuillets que nous avons entre les mains.

« Quelle signification donner à cet acte d'apparence si singulière ? Il nous semble avoir sa solution *dans l'état hallucinatoire qui crée l'idée-image*, et donne à la pensée ou à la mémoire une telle puissance de réflexion vers les sens, que ceux-ci, entrant en exercice, donnent soit à la pensée, soit au souvenir, une réalité extérieure. C'est l'hallucination telle que nous la rencontrons dans le sommeil, dans les rêves, dans les névropathies cérébrales. F... relit dans sa mémoire la lettre qu'il vient d'écrire, alors que ses yeux fixés sur cette feuille blanche lui donnent la sensation fausse de lignes qui n'existent pas ; de même que, dans une des précédentes expériences, il avait, présents devant ses yeux, les soldats prussiens dont il surveillait les mouvements, afin de les surprendre à l'heure convenable.

« Sa lettre terminée, F... quitte la table, se remet en mouvement, parcourt de nouveau une longue salle de malades, prenant indistinctement tous les objets qu'il rencontre sous sa main, les mettant dans sa poche, et les cachant ensuite sous une couverture, sous un matelas, sous une housse de fauteuil, sous une pile de draps. Arrivé au jardin, il prend dans sa poche un cahier de papier à cigarettes, l'ouvre, en détache une feuille, prend son sac de tabac, et roule une cigarette avec la dextérité d'un homme habitué à cet exercice. Il cherche sa boîte d'allumettes, frotte l'une d'elles, allume sa cigarette, jette à terre son allumette encore enflammée, met le pied dessus pour l'éteindre, et fume sa cigarette en se promenant de long en large dans toute l'étendue du jardin, sans qu'aucun de ces actes présente la plus légère déviation de leur manière d'être à l'état normal. Tout ce qu'il venait de faire était la reproduction fidèle de sa vie ordinaire.

« Cette première cigarette terminée il se prépare à en fumer une autre ; nous intervenons alors et lui créons des obstacles. Il a à la main une nouvelle feuille de papier prête à recevoir du tabac ; il cherche dans sa poche son sac qu'il ne trouve pas ; je le lui avais volé. Il le cherche dans une autre poche, parcourt tous ses vêtements, revient à la première poche pour le chercher encore, et sa physionomie exprime la surprise. Je lui présente le sac, il ne le voit pas ; je l'approche de ses yeux, il ne le voit pas plus ; je l'agite à la hauteur de son nez, il ne voit rien. Je le mets au contact de sa main, il le saisit aussitôt et achève sa cigarette. Au moment où il porte à sa cigarette une de ses allumettes qu'il vient d'allumer lui-même, je la souffle et lui présente à la place une allumette en feu que je tiens à la main ; il ne la voit pas ; je l'approche de ses yeux, si près, que j'ai pu lui brûler quelques cils, il ne la voit pas davantage, il n'a pas même le plus léger mouvement de clignement. Il allume de nouveau une autre allumette à lui, je la souffle encore et lui substitue la mienne, même indifférence de sa part. Je la mets au contact de la cigarette qu'il tient à la bouche, je brûle le tabac de sa cigarette, il ne s'aperçoit de rien, ne fait aucun mouvement d'aspiration. Cetteexpérience, si remarquable par sa simplicité et par ses résultats, vient à l'appui de la précédente : toutes deux nous prouvent *que le malade voit certains objets et ne voit pas certains autres ; que le sens de la vue est ouvert sur tous les objets person-nels en rapport avec lui par les impressions du toucher, et fermé, au contraire, sur les choses extérieures à lui ; il voit son allumette et ne voit pas la mienne.* J'ai, à différentes reprises, dans les accès ulté-rieurs, répété la même expérience et obtenu les mêmes résultats ; le malade restait indifférent à tout ; son œil, terne et fixe, n'offrait ni clignement ni contraction pupillaire.

Alfred Binet

« Depuis plus de deux heures, M. Maury et moi nous suivions ce malade, observant ses mouvements, son allure, épiant sa pensée ; nous avions parcouru avec lui la plus grande partie de l'hôpital, et nous nous trouvions alors dans le département de la cuisine. Je le dirige vers le cabinet de la religieuse, où il n'était jamais entré ; il se guide avec les mains, fait le tour de la pièce, touche chaque chose ; sent un placard, l'ouvre ; palpe quelques fioles, les prend, les regarde ; voit du vin, le boit.

« Arrivé à un petit bureau, sa vue est impressionnée par quelques objets brillants placés sur une étagère, il les prend, les examine, les met tous successivement dans sa poche. Je jette, sur le bureau où il promène ses mains, quelques plumes que ses doigts rencontreront et qui lui donneront, j'espère, l'idée d'écrire de nouveau.

« À peine les a-t-il touchées qu'il prend une chaise et commence une lettre adressée à une de ses amies. Il lui dit : « Qu'il faut changer l'heure du rendez-vous, qu'il chante ce soir au café des Champs-Élysées, et qu'il ne sera pas rentré chez lui avant onze heures. » Nous le laissons achever sa lettre sans lui créer aucun embarras. Il la met sous enveloppe, l'adresse à Mlle X… et ajoute : *À envoyer par un commissionnaire*. Cette indication spéciale signifiait évidemment que cette lettre avait pour lui une certaine importance et qu'il tenait à la faire parvenir sans retard. Il la met dans sa poche, se lève, et au mêmeinstant je prends sans précautions, sans aucune subtilité de main, cette lettre à laquelle il attache tant d'importance. Il ne s'aperçoit même pas de la soustraction que je lui fais, bien que ma main vienne intentionnellement heurter sa poitrine et son bras pour arriver jusqu'à sa poche. Les termes de la lettre me firent penser que notre malade était dans un ordre d'idées que nous désirions beaucoup lui voir prendre, mais qu'il nous était impossible de lui suggérer. Il avait, dans sa crise précédente, chanté plusieurs romances de son répertoire, à un moment où le souvenir de son ancienne profession de chanteur lui avait spontanément traversé l'esprit ; nous attendions donc de quelque hasard heureux qu'il voulût bien chanter encore, car nous n'avions nul moyen de l'engager dans cette voie. À peine avait-il fait quelques pas dans la cour qu'il commença à fredonner des airs qui, du reste, lui semblaient familiers ; après quoi il se dirigea vers la salle qu'il habite depuis son entrée à l'hôpital. Arrivé à son lit, il prend sur sa tablette son peigne, sa glace ; il se roule les cheveux, se brosse la barbe, ajuste son col, ouvre son gilet, procédant avec soin à tous les détails de sa toilette.

« M. Maury retourne sa glace ; il n'en continue pas moins ses mêmes soins de toilette, en se regardant, comme devant, dans sa glace qui ne reflète plus aucune image. Plus de doutes pour nous, il se prépare à une représentation théâtrale. Il prend sur son lit le vêtement qu'il avait quitté, et le rejette aussitôt, — c'était sa capote d'hôpital, — il promène rapidement les mains sur sa chaise, sur l'appui de la croisée, en témoignant de quelque impatience.

« L'expression de mécontentement du malade était trop claire pour que chacun de nous ne vît pas qu'il lui manquait un vêtement en rapport avec l'idée qu'il poursuivait ; sa redingote, qui d'habitude était sur un des meubles du voisinage, ne se trouvait pas à sa disposition. L'un de nous quitte la sienne, la lui met entre les mains ; aussitôt il la revêt. Son œil est attiré par l'éclat d'un ruban rouge, il le touche, le regarde, l'enlève. Il rencontre sur son lit plusieurs livraisons d'un roman périodique qu'il feuillette rapidement sans trouver ce qu'il cherche. Que peut-il chercher ainsi ? Quelques pages de musique. Je prends une de ces livraisons, je la roule sur elle-même et, en la lui mettant ainsi toute roulée dans la main, je satisfais à son désir en lui donnant l'illusion d'un rouleau de musique ; car aussitôt il prend sa canne et traverse la salle d'un pas lent, dégagé. — Chemin faisant, on l'arrête pour lui enlever le vêtement qu'il avait sur lui, il se laisse faire sans aucune résistance ; l'infirmier lui met entre les mains sa propre redingote, il s'en revêt, cherche sa boutonnière, voit son ruban de la médaille militaire, et paraît satisfait. Il descend agilement l'escalier qu'il fréquentait chaque jour, traverse la cour de l'hôpital avec l'allure d'un homme affairé, et se dirige vers la porte de sortie. Arrivé là, je lui barre le passage et le tourne le dos contre la porte ; il se laisse faire sans aucune résistance, puis reprend sa marche dans la nouvelle direction que je viens de lui donner, et entre en tâtonnant dans la loge du concierge, ouverte sur le passage où nous étions.

« À ce moment, le soleil éclairait d'une vive lumière un vitrage de verre qui ferme la loge du côté de la cour. Il parut n'être point insensible à l'éclat de cette lumière, qui vraisemblablement lui créa une illusion de la vue, en éveillant une sensation adéquate à l'idée qui le faisait agir. Cette lumière dut lui donner l'illusion d'une rampe, car il se plaça aussitôt vis-à-vis d'elle, rajusta sa toilette, ouvrit le rouleau de papier qu'il avait à la main, fredonna doucement un air, parcourant des yeux les pages qu'il feuilletait lentement, et marquant avec la main une mesure parfaitement rythmée. Puis il chanta à pleine voix, d'une manière fort agréable, en nuançant habilement son chant, une romance patriotique que nous écoutâmes tous avec plaisir. Ce premier morceau terminé, il en chanta un second, puis un troisième. Nous le vîmes alors prendre son mouchoir, s'essuyer la figure ; je lui présentai un demi-verre d'eau fortement vinaigrée, qu'il ne vit pas ; je plaçai le verre sous son nez sans que l'odeur du vinaigre fût perçue par lui ; je le lui mis dans la main, et il but sans accuser aucune sensation.

« Quel rôle le sens de l'ouïe, absolument fermé aux impressions du dehors, a-t-il joué dans l'exécution si parfaite des trois romances que nous venons de lui entendre chanter ? S'entendait-il chanter ? Avait-il la perception réelle de sa voix, alors qu'il n'entendait ni la mienne lorsque je lui parlais, ni les bruits éclatants et variés que nous faisions retentir à ses oreilles ? De même que, dans une précédente expérience sur le sens de la vue, nous avions constaté qu'il voyait l'allumette qu'il tenait à la main, et restait absolument étranger à l'allumette que je lui présentais.

« La scène à laquelle nous venions d'assister ne nous permettait point de trancher la question, car la mise en œuvre de ses romances pouvait être un simple mouvement automatique, tout aussi bien que la lutte vigoureuse engagée entre lui et le soldat prussien, au moment où il s'était cru armé d'un fusil, n'avait été qu'un souvenir en action. — Ses gestes, sa tenue, ses inflexions de voix, les nuances de sentiment et de chaleur qu'il exprimait dans son chant, étant choses apprises depuis longtemps, et répétées par lui un grand nombre de fois, pouvaient donc n'être qu'un épisode de sa vie habituelle, une simple réminiscence, une expression vocale inconsciente, automatique comme tant d'autres faits qui venaient de se passer sous nos yeux. Nous avions le plus vif désir de résoudre ce nouveau problème par une expérience décisive ; et c'est encore par la voie des impressions du toucher que nous avions songé à interroger le sens de l'ouïe.

« Nous savions que le contact d'une plume éveillait chez F...

l'idée d'écrire ; nous savions que du tabac mis dans sa main lui faisait naître l'idée de fumer, nous pouvions donc penser que, en lui faisant rencontrer un archet, nous lui suggérerions l'idée de musique, car il avait l'habitude de se servir d'un violon pour étudier ses romances. Nous avions, à cet effet, préparé un violon complètement désaccordé que nous voulions lui mettre entre les mains ; et nous allions trouver, dans cette expérience, une démonstration complète de l'exercice ou du non-exercice du sens de l'ouïe, si F… avait pu rétablir l'accord et se servir de son violon comme il le faisait d'habitude. — Mais la crise s'est terminée avant que nous ayons pu faire cette expérience si simple.

« Cette scène, que je me suis attaché à reproduire fidèlement, est intéressante par l'enchaînement des faits qui se sont succédé depuis la lettre écrite sous nos yeux à son amie ; elle marque le moment où l'idée de concert se présente à son esprit. Depuis lors, jusqu'au moment où il la réalise, tout s'harmonise et concourt au même but ; il poursuit la même idée pendant au moins trois quarts d'heure sans que rien ne l'en puisse distraire un instant.

« C'est là un des points de vue tout particulièrement intéressants dans cette observation, car il accuse clairement la différence essentielle qui existe entre l'état psychologique du sommeil et du rêve et les conditions spéciales que la maladie de F… a créées à son innervation cérébrale. »

L'histoire du sergent de Bazeilles présente des analogies frappantes avec celle des somnambules hystériques qui ont été cités plus haut, et en même temps on peut relever des différences notables qui ne permettent pas de réunir cette observation aux précédentes.

L'analogie, c'est l'existence de plusieurs vies psychologiques séparées. F…, à la suite d'une blessure à la tête, présente, par accès, une activité psychique spéciale qui se distingue de sa vie normale et constitue, si l'on veut user de ce terme, un état de condition seconde ; la séparation des deux existences est faite ici, comme dans le cas de Félida, surtout par la mémoire ; le malade rentré dans sa vie normale ne se souvient plus de ce qu'il a fait, de ce qu'il a dit pendant sa crise, des assistants qui l'ont entouré et des épreuves auxquelles on l'a soumis. L'état de crise diffère aussi, semble-t-il, de l'autre état par un changement de caractère, et notamment par cette impulsion au vol persistante, qui fait que le malade saisit et cache tous les objets qu'il rencontre. Voilà donc deux éléments, la mémoire et le caractère, qui différencient nettement la condition seconde et la condition première ; et dans tout ce qui précède, les analogies entre F... et les autres malades que nous avons décrits sont remarquables.

Les différences consistent dans la forme de l'activité mentale que F... manifeste pendant sa crise. Tandis que Félida, Louis V... et les autres montrent, pendant leur condition seconde, une intelligence ouverte à toutes les excitations extérieures, l'intelligence de F... est au contraire fermée à toutes les excitations qui n'ont point de rapport avec l'idée dominante du moment. On vient de le voir parcourir pendant deux heures un hôpital entier, traverser les corridors, les salles de malades, se promener dans le jardin sans se douter des nombreuses personnes qui le suivent et qui l'épient ; il ne voit pas ces personnes, parce que leur présence n'entre pas dans son cercle d'idées ; il ne voit de même aucun des objets qui n'ont point de rapport avec le roman intérieur qu'il rumine tout en marchant ; quand il sent le besoin de fumer, et que M. Mesnet, après avoir éteint son allumette, lui en présente une tout enflammée, il ne la voit pas, et se laisse brûler les sourcils par la flamme ; mais il a perçu la plume dont il se sert pour écrire, et le papier à lettre sur lequel il écrit, et le corridor qu'il traverse et la porte qu'il ouvre : tous ces objets sont en relation avec ses idées dominantes. C'est ce que M. Mesnet a très bien compris et très bien décrit, et il a aussi noté avec soin le rôle directeur exercé par le toucher sur l'intelligence de son malade.

Ainsi l'activité mentale de F..., pendant ses crises, présente surtout un développement systématique. M. Mesnet admet en outre, et même il affirme à plusieurs reprises, que c'est une activité inconsciente, purement réflexe et machinale. Il n'y aurait donc, pendant la crise, aucune trace de pensée consciente, de jugement, d'imagination. Cette interprétation, émanant de l'auteur qui avait lui-même observé les faits, s'est présentée avec une telle garantie de rectitude que plusieurs psychologues n'ont eu aucune difficulté à l'accepter. Il a donc été, pendant un temps, admis couramment que chez certains malades, une activité mentale inconsciente et aveugle peut, à certains moments, se substituer à la conscience, prendre en main les rênes du gouvernement de l'organisme et produire toute une série d'actes compliqués. Cette hypothèse — car c'en est une — a été reprise par un naturaliste anglais bien connu, M. Huxley, et lui a servi à édifier sa théorie de la conscience épiphénomène. À quoi sert la conscience, s'est-il demandé, puisqu'on peut si bien se passer d'elle, puisque le cerveau, pendant son absence, peut accomplir des actes ayant un caractère intelligent ? La conscience est un luxe de l'esprit, c'est une chose inutile, un phénomène surajouté, qui éclaire le processus physiologique, qui le révèle, mais ne le constitue pas. On a donc comparé la conscience à l'ombre qui suit le pas du voyageur, à la lumière qui sort du foyer d'une machine, au timbre qui, en sonnant, nous apprend l'heure marquée au cadran de la pendule ; supprimez l'ombre, la lumière, le timbre, tous ces signes extérieurs, le mécanisme interne qu'ils révèlent n'en fonctionnera pas moins ; et de même, si la conscience, par hypothèse, était supprimée, le cerveau continuerait à fonctionner, les idées se suivraient, et les jugements se coordonneraient en raisonnements comme ils le faisaient auparavant.

On commence à reconnaître aujourd'hui que ces hypothèses sont bien hasardées, et qu'en tout cas les faits qui leur servent de point de départ principal peuvent recevoir une tout autre interprétation. Il n'est nullement démontré que l'activité mentale du sergent de Bazeilles pendant ses crises soit celle d'un pur automate ; loin de là, si on relit avec soin son observation, on rencontre à chaque instant des signes de conscience ; il est même étonnant qu'on ne s'en soit pas rendu compte. Regardons-le, au moment où dominé par le souvenir de son métier de chanteur, il fait sa toilette pour monter en scène, et cherche une redingote ; sa main errant autour de lui, il ne trouve pas le vêtement cherché, et donne des signes de mécontentement ; à un autre moment, pendant qu'il est occupé à écrire une lettre à son général, on enlève rapidement la feuille de papier sur laquelle il écrit, et il donne un signe de surprise ; surprise, mécontentement, qu'est-ce que tout cela, sinon des signes de conscience ? Et ne suffit-il pas de ces quelques faits pour jeter les doutes les plus sérieux sur l'hypothèse de l'homme-machine ?

À mesure que nous avancerons dans notre sujet, nous aurons plus d'une fois l'occasion de montrer que la conscience n'abdique pas si facilement ses droits qu'on l'a admis jusqu'ici, et qu'elle peut

Alfred Binet

subsister au sein d'une activité psychologique rudimentaire.

II

Depuis la publication du mémoire de M. Mesnet, il a paru un certain nombre d'observations du même genre, qui en ont confirmé l'exactitude.

Les plus importantes de ces observations nouvelles sont, sans contredit, celles qui ont été recueillies et publiées récemment par M. Charcot et ses élèves. M. Charcot a eu l'obligeance de me montrer ses malades et j'ai trouvé une ressemblance psychologique complète avec le cas de M. Mesnet. Ces malades présentent tous cette systématisation exagérée de l'activité intellectuelle, qui leur fait percevoir certains objets avec une très grande finesse, tandis que d'autres passent complètement inaperçus. Voici une de ces observations, je l'emprunte à une publication très intéressante de M. Guinon[17] :

« Il s'agit d'un nommé de B…, âgé de vingt-neuf ans, journaliste. C'est un homme qui ne fait pas partie de la clientèle hospitalière habituelle. Il a été bien élevé, il a reçu une bonne instruction, il est bachelier ès lettres. Ses parents étaient rentiers et lui ont laissé une certaine fortune qu'il a dissipée de dix-huit à vingt ans.

« À vingt ans il part pour le service militaire comme volontaire d'un an, dans les hussards. Là il eut une fièvre typhoïde grave pour laquelle il fut soigné à l'hôpital militaire. Pendant sa convalescence, il était un peu sourd, avait les jambes enflées et présentait des troubles assez accentués de la mémoire. Au bout de deux mois de convalescence il fut enfin guéri, mais deux mois plus tard éclatèrent les premiers accidents nerveux.

« Le début de ces troubles eut lieu sans cause connue. Un soir, chez lui, après dîner, il sentit une boule qui lui remontait à la gorge et l'étouffait, puis perdit connaissance. Pendant deux ou trois heures, il se débattit, se roulant sur le plancher et ces convulsions étaient entrecoupées de périodes d'assoupissement. Dans la suite il n'eut pas d'autres crises pendant huit ans.

« À l'âge de vingt-quatre ans, complètement ruiné, n'ayant appris aucun métier et obligé de travailler pour vivre, il se mit à faire du journalisme. Il était reporter (faits divers, compte rendu des tribunaux, théâtres, etc.).

« En mai 1890, il est envoyé à Marseille par un journal parisien pour faire du reportage à l'occasion du voyage du président de la République en Corse. Il avait déjà depuis quelque temps une sorte de tremblement de la main droite qui le gênait beaucoup pour écrire et se faisait accompagner, en guise de secrétaire, par un jeune garçon, à qui il dictait ses dépêches, ses articles.

« Pendant son séjour à Marseille, il se surmena beaucoup et faillit avoir une attaque de nerfs, dont il ressentit tous les prodromes. À ce moment le tremblement de la main était à son maximum. C'est dans cette ville qu'il s'aperçut qu'il était porteur d'une hémianesthésie droite.

« Après avoir repris son travail pendant un mois, il se présenta à la consultation du mardi, à la Salpêtrière, le 21 octobre 1890, parce qu'il ressentait de nouveau les prodromes d'une crise nerveuse.

« Ces prodromes sont toujours les mêmes. Ils consistent en maux de tête, inappétence, nausées suivies quelquefois de vomissements par régurgitation, frissons, sensations de chaud et de froid. À cela s'ajoute une sorte de trouble de la mémoire, il ne se rappelle plus rien, oublie ce qu'il a fait la veille et ce qu'il doit faire le lendemain. Cette espèce de malaise général a précédé presque toutes les crises ou les séries de crises qui se sont produites depuis quelque temps.

« Lorsqu'il se présente à nous, c'est un homme de force moyenne, d'aspect pas très robuste, un peu pâle, l'air abattu et triste. Tous ses organes fonctionnent normalement. Il n'a rien au cœur ni dans les poumons.

« La moitié droite du corps est le siège d'une anesthésie absolue au contact, à la douleur et à la température. La perte du sens musculaire de ce côté n'est point absolue ; il sent qu'on remue un doigt, mais sans indiquer toujours sûrement lequel. La sensibilité profonde, musculaire et articulaire est abolie complètement.

« Il existe dans la fosse iliaque droite un point douloureux. La pression sur ce point, seulement la pression profonde, donne lieu aux phénomènes de l'aura (boule, battements dans les tempes, sifflements dans les oreilles). De plus, ainsi qu'on le verra plus loin, elle arrête aussi l'attaque. Il en existe un autre au niveau du condyle interne du fémur du côté droit également.

« Le goût est aboli sur la moitié droite de la langue, l'odorat complètement perdu pour le côté droit. L'ouïe est diminuée du même côté. En ce qui concerne la vue, on constate du côté droit un rétrécissement du champ visuel à 30°. À gauche le champ visuel est normal. De plus, achromatopsie et polyopie monoculaire.

« Le malade nous dit qu'il est *hypnotisable* et que *dans les services hospitaliers où il a servi de sujet à diverses expériences, on l'hypnotisait à l'aide de la pression sur les globes oculaires.* On verra plus loin quel est l'état dans lequel on met en réalité le malade à l'aide de ce procédé.

« Deux jours après son entrée, le malade nous prie de vouloir bien l'*hypnotiser*, comme on avait déjà fait à Montpellier et ailleurs, parce qu'il ressent une certaine amélioration à la suite de ces sommeils provoqués. Nous déférons volontiers à son désir et, après l'avoir fait asseoir sur une chaise, nous répétons la manœuvre qu'il dit avoir été déjà employée dans ce but : l'occlusion des yeux avec une légère pression sur les globes oculaires.

« Au bout de quelques secondes, le malade présente des mouvements de déglutition et de régurgitation assez prononcés : on dirait qu'il va vomir, mais les vomissements ne se produisent pas. Bientôt les membres se raidissent légèrement ; ils sont étendus suivant l'axe du corps qui s'incurve un peu en arrière ; les membres inférieurs rapprochés l'un contre l'autre, le pied en extension forcée. Les membres supérieurs sont rapprochés du corps ; les avant-bras en pronation forcée ; la paume de la main en arrière et en dehors, les doigts fléchis. Le bras soulevé reste dans la position qu'on lui donne. Puis le malade est agité de quelques frissonnements et bientôt les membres redeviennent souples et le malade reste assis, calme, la tête un peu inclinée sur la poitrine, les yeux fermés, dans l'attitude de quelqu'un qui sommeille.

« Quelques instants après, le malade, les yeux toujours fermés, commence à réciter à voix basse des vers d'Horace ; à ce moment, nous lui crions dans l'oreille droite : « Des soldats ! » Le malade cesse sa citation d'Horace, et au bout de quelques secondes, après avoir prononcé entre les dents des paroles inintelligibles, il crie à haute voix, avec l'intonation du commandement : « En avant ! marche !... Par le flanc droit !... droite !... » Puis, il ouvre les yeux, et le regard fixe, comme porté au loin, les paupières largement ouvertes, le corps incliné en avant, le cou tendu, il paraît suivre avec une attention très vive quelque chose qui se passe à quelque distance.

« On frappe alors quelques coups de gong, légers et rythmés : le malade prend une attitude plus calme, qui semble exprimer le recueillement, il dit : « Marguerite entre dans la chapelle... Méphistophélès... »

« À ce moment, on pique avec une épingle le côté droit de la face, qui était anesthésique à l'état de veille ; aussitôt le malade manifeste que la sensation est perçue, en faisant une grimace, et en portant la main de ce côté. Du côté gauche, au contraire, il y a une anesthésie, qui n'existait pas à l'état de veille. En même temps, il s'écrie : « Oh ! les mouches !... »

« On lui ouvre les yeux et on lui présente un verre coloré en rouge. Au bout de quelques secondes, le malade, avec anxiété, s'écrie : « Oh ! l'incendie... », et en parlant à lui-même, changeant de ton : « En voilà au moins pour 500 lignes de copie !... »

« On frappe trois coups sur une table. Le malade, avec autorité : « En scène, mesdemoiselles !... » Changeant de ton : « Tiens, la petite Élise..., où a-t-elle pris cette poitrine-là ? Je ne la lui connaissais pas..., c'est son habilleuse qui lui aura arrangé cela... » Avec raillerie : « X... (un nom d'artiste), qui fait le Delaunay au petit pied ! »

« On présente au malade un verre coloré en bleu ; avec admiration : « Oh ! que c'est beau !... Superbe, ce dernier tableau..., il a des tons d'émail... ; c'est l'Exposition du Blanc et Noir... »

« On lui présente un verre rouge ; toujours avec admiration : « La belle sanguine !... » Puis, changeant de ton, avec anxiété : « Au feu !... »

« On lui présente un verre bleu. Le malade, avec ironie, sur un ton emphatique : « Tiens, je suis dans Théophile Gautier !... Je regarde ma princesse derrière un vitrail... Nous irons chanter tous les deux la chanson de nos vingt ans ! »

« On frappe trois coups sur la table. Le malade, changeant

de ton, et comme s'il se parlait à lui-même, écoutant : « Voici l'ouverture… ; trémolo à l'orchestre… » Interrogeant : « Qu'est-ce ? un vaudeville ?… » Puis comme s'il critiquait la pièce : « Voilà la scène à faire, comme dit Sarcey… ; le dialogue est mou… »

« En frappant sur un aimant, on produit comme le son d'une cloche. Le malade imitant le ton des employés : « Château-Chillon !… Vevey !… Embarquez ! » Puis changeant de ton, comme s'il s'adressait à un des employés qui le presse : « On y va…, on embarque… ; nous n'allons pas faire de plongeon, au moins ?… »

« En frappant sur une table avec les doigts, on imite le bruit du tambour. Le malade, se parlant à lui-même avec tristesse : « C'est une parade d'exécution…, on va le dégrader, le pauvre malheureux…, il ira aux compagnies de discipline…, tandis que l'espion de Nancy s'en tirera avec cinq ans de prison… Cet homme, qui représente le commissaire du gouvernement, manque de majesté… »

« Comme on le voit, les conceptions délirantes portent au suprême degré le cachet de la personnalité du malade. C'est un journaliste, un « gendelettres », sans fortune, vivant tant bien que mal de sa plume. Il ne parle que de reportage, de théâtre, de misère d'écrivain à la tâche. Voilà pour le côté professionnel. Pour ce qui est du caractère, il ne se dément pas non plus : il est sceptique, désillusionné, et toutes ses idées délirantes sont marquées à ce sceau-là. Dans la suite, de nouvelles scènes s'ajoutèrent. Au bout de quelque temps de séjour à la Salpêtrière, après avoir observé choses et gens autour de lui, il parlait souvent, dans son délire, de l'hôpital, des malades, des médecins, toujours avec cette note sceptique et désillusionnée.

« Quelques jours après son entrée à l'hospice, le malade, qui observait avec intérêt tout ce qui se passait autour de lui dans la maison, avait manifesté à plusieurs reprises l'intention d'écrire quelque chose, une nouvelle, un petit roman sur la Salpêtrière. Profitant d'un moment où il était dans sa crise délirante, nous attirons son attention sur ce sujet en lui criant aux oreilles à diverses reprises : « La Salpêtrière ! » et en plaçant devant lui une plume, de l'encre et du papier. Au bout de quelques instants il se met à écrire et remplit ainsi, sans s'interrompre autrement que pour allumer quelques cigarettes que nous lui offrons, douze feuillets de papier, composant une sorte de prologue à son roman. Il décrit la consultation externe de l'hospice un mardi matin, les allures et la physionomie des nombreux malades et des personnes de service. Il s'étend peu sur la description des membres du personnel médical, raconte ses émotions, son passage au bureau des entrées, etc. De temps en temps, comme s'il se trouvait avec un camarade dans un bureau de rédaction de quelque journal, il parle à cet ami imaginaire, se plaignant de l'exigence du prote qui n'a jamais assez de copie, demandant quelques conseils, raturant des mots impropres, faisant des additions et des renvois régulièrement numérotés. Ces douze pages sont écrites dans l'espace d'une heure environ.

« On le réveille alors en lui soufflant sur la face et en pressant sur un point hystérogène qu'il porte dans le flanc gauche. Il revient à lui après quelques mouvements convulsifs et on lui met sous les yeux le manuscrit qu'il vient de composer. Il reconnaît bien son écriture et paraît fort étonné d'avoir écrit tout cela en une heure. Il pense qu'on a dû le faire écrire pendant qu'il « dormait », car il n'avait encore rien composé là-dessus à l'état de veille, et, d'autre part, dans cet état de veille, il lui eût fallu deux bonnes heures pour écrire ainsi douze pages presque sans retouches.

« Trois jours après on recommence l'expérience. Le malade prend la plume et, délibérément, sans hésitation, numérote sa première feuille : 13 et au haut de la page il écrit le dernier mot de son précédent manuscrit[18]. Ce jour-là il écrit sept pages consécutivement, dont la dernière (feuillet 19) n'est remplie qu'à moitié.

« Le lendemain nouvelle expérience. Il commence à numéroter son feuillet : 19 *bis* en traçant en haut le dernier mot de la feuille précédente, et écrit une demi-page. Le surlendemain il recommence et continuant la page 19 *bis* inachevée il numérote 19 *ter*, puis s'arrête à la page 20.

« Nous le laissons alors vingt jours sans lui reparler de son roman, et, au bout de ce temps, nous attirons de nouveau son attention sur ce sujet. Il prend la plume, numérote sans hésitation son premier feuillet : 21 en traçant comme toujours en haut les deux derniers mots de la dernière feuille, écrite vingt jours auparavant. »

Le malade observé par MM. Charcot et Guinon diffère principa-

Alfred Binet

lement de celui de M. Mesnet par l'éveil d'une plus grande activité sensorielle ; le toucher acquiert une importance moindre, car la vue et l'ouïe sont plus éveillées ; en outre, le malade a l'usage de la parole, et il laisse échapper des réflexions souvent raisonnables, et parfois piquantes, qui indiquent de la façon la plus nette qu'il n'est point un automate dépourvu de conscience. Les observations de M. Charcot lèvent donc tous les doutes qui pouvaient encore subsister sur ce point important. Nous croyons inutile d'insister, tant la démonstration nous paraît complète. La conscience est aussi bien présente chez ces malades pendant leurs crises, que chez les somnambules étudiés au chapitre précédent.

Le journaliste B. présente aussi d'autres différences psychologiques ; il est moins concentré dans son délire que le sergent de Bazeilles ; celui-ci non seulement ne parle pas, mais il ne comprend pas ce qu'on lui dit, et par conséquent il est inaccessible aux suggestions verbales ; le journaliste a un délire avec lequel on peut entrer en relation directe, puisqu'il entend et comprend ce qu'on lui dit ; mais son état intellectuel reste cependant bien différent de celui des somnambules hypnotiques, car les hallucinations et conceptions délirantes qu'on lui communique se développent sans se laisser conduire au gré de l'expérimentateur.

En résumé, le somnambulisme des sujets précédents a pour caractère psychologique fondamental le délire ; ces sujets ont bien deux personnalités, celle de l'état normal et celle de la condition seconde ; mais cette seconde personne est délirante.

Nous avons vu que chez les somnambules de notre premier type les diverses manifestations de l'état second sont reliées entre elles et unifiées par le souvenir ; le malade, quand il se trouve dans un de ces états, se rappelle ce qui s'est passé dans les autres états ; la personnalité seconde peut donc conserver son unité et persister toujours la même, avec le même caractère, dans les crises successives de somnambulisme. En est-il de même dans le somnambulisme du second type ? La seconde personnalité, qui est délirante, conserve-t-elle le souvenir de ce qui s'est passé dans les crises antérieures ? Dans bien des cas, il est difficile de le savoir ; car le malade, pendant son délire, ne peut pas être soumis à un interrogatoire régulier ; il ne lie pas conversation avec l'expérimentateur, et il est bien incapable de donner les renseignements qu'on lui demande. Mais parfois la forme même de son délire, ou les actes qu'il accomplit, peuvent nous éclairer. Ainsi que nous l'avons déjà remarqué plus haut, il y a deux preuves principales de la continuité de la mémoire : la première, c'est le témoignage conscient du sujet ; la seconde, c'est la répétition ou la continuation d'un acte commencé dans la crise précédente. Le journaliste B... fournit cette seconde preuve, et à ce point de vue, son observation est bien plus instructive que celle du sergent de Bazeilles. On se rappelle que B... a commencé à écrire pendant un de ses somnambulismes une nouvelle sur la Salpêtrière. Dans ses crises successives, il reprend son travail exactement au point où il l'a laissé, bien qu'on ne lui laisse pas voir les feuillets déjà écrits ; et suivant l'usage des personnes qui font de la copie, il répète au haut de la première page le dernier mot de la page précédente ; un jour il s'est souvenu aussi du dernier mot qu'il avait écrit, trois semaines auparavant : c'est donc bien la même personnalité qui se manifeste dans les crises successives.

Nous avons employé jusqu'ici le mot de crise, sans y attacher un sens bien défini. Il serait intéressant de savoir dans quelles conditions précises l'activité mentale des malades tels que F..., se manifeste. On est longtemps resté dans l'incertitude à ce sujet, et l'observation de M. Mesnet, quoique très détaillée, ne nous apprend rien ; il paraît seulement que le sergent de Bazeilles éprouve une sensation d'éblouissement et quelques autres sensations subjectives avant d'entrer dans sa crise. Les études de M. Charcot ont été entreprises principalement avec l'intention de répartir chacun de ces faits dans leurs cadres nosographiques ; l'éminent professeur s'est donc attaché à préciser les événements physiologiques dont les altérations de conscience dépendent. Nous dirons un mot très bref des conclusions auxquelles il est arrivé, car la nature exclusivement psychologique de notre étude nous oblige à passer rapidement sur les détails médicaux.

M. Charcot admet que les phénomènes, somnambuliques ou pseudo-somnambuliques de l'ordre de ceux que nous venons d'étudier font partie de la grande attaque hystérique ; ils représentent la phase intellectuelle de la grande attaque, celle qui se manifeste seulement à la suite des convulsions des membres ; c'est la période des attitudes passionnelles et la période de délire, qui, dans une attaque vulgaire, sont généralement peu développés, et qui présentent ici une exagération si considérable qu'à eux seuls ils constituent presque toute l'attaque ; on peut toutefois, en y regardant de près, constater dans les cas relativement complets, l'existence de quelques convulsions des membres ; et cet élément convulsif, si réduit, représente les phases de mouvements toniques et cloniques qui sont si importants dans les autres attaques d'hystérie.

CHAPITRE III
LES SOMNAMBULISMES PROVOQUÉS

Les chances d'erreurs dans les expériences de laboratoire. — Le somnambulisme artificiel ; comment on le produit ; en quoi il consiste. — Rôle de la psychologie dans l'étude de ces questions. — Modifications du caractère dans les somnambulismes. — Modifications de la mémoire. — Survivance d'un état somnambulique pendant la veille. — Expériences de M. Gurney, au moyen de l'écriture automatique. — Dédoublement de conscience ; deux pensées qui coexistent et qui s'ignorent.

I

Nous quittons ici l'histoire des altérations spontanées de la conscience ; nous allons entrer dans le domaine des faits provoqués artificiellement ; nous allons chercher à étudier le fractionnement de la personnalité tel qu'il apparaît dans des expériences de laboratoire.

L'importance de ces expériences et surtout leur valeur psychologique ont été appréciées de façon bien différente dans ces dernières années. À la première heure, quand les études sur l'hypnotisme et le somnambulisme furent remises en honneur par M. Charcot, il y eut un grand mouvement d'enthousiasme. Depuis cette époque, il faut bien le reconnaître, l'enthousiasme a un peu diminué ; on s'est aperçu que ces études présentent une foule de causes d'erreur, qui en faussent bien souvent les résultats, à l'insu de l'expérimentateur le plus soigneux et le plus prudent, et personne ne peut se vanter de n'avoir jamais failli. Une des principales causes d'erreurs incessantes, on la connaît, c'est la suggestion, c'est-à-dire l'influence que l'opérateur exerce par ses paroles, ses gestes, ses attitudes, ses silences mêmes, sur l'intelligence si subtile et souvent si éveillée de la personne qu'il a mise en somnambulisme.

Il n'y a pas dans la possibilité de ces causes d'erreurs un motif suffisant pour nous faire abandonner une méthode féconde ; tout procédé d'observation, pour peu qu'on l'emploie assez longtemps, se montre défectueux par plusieurs côtés ; c'est ainsi que la méthode graphique, si merveilleuse en certains cas, peut donner lieu à des méprises capitales sur la forme des mouvements ; l'anatomie elle-même, qui de toutes les sciences biologiques paraît le plus solidement assise, peut se tromper et prendre des apparences pour la réalité. C'est à l'observateur de veiller ; il doit se méfier constamment de sa méthode et de ses appareils. La principale précaution à prendre ici consiste, comme nous l'avons dit déjà, à tenir compte seulement des observations qui se répètent et se vérifient entre toutes les mains, et auxquelles on parvient par des chemins tout à fait différents.

Avant d'entrer en matière, il ne sera pas inutile de rappeler en quelques mots ce qu'est le somnambulisme hypnotique, et quels sont les moyens de le provoquer. Pour tous les détails dans lesquels nous ne pouvons pas entrer, on peut de reporter à un de nos ouvrages antérieurs[19] où le somnambulisme provoqué a été étudié en lui-même, en tant qu'état psycho-pathologique. Nous ne considérons ici cet état que dans ses rapports avec la théorie des dédoublements de conscience ; aussi ne prendrons-nous de nos descriptions précédentes que ce qui nous est essentiel[20].

Les moyens efficaces pour provoquer le somnambulisme sont extrêmement nombreux, si nombreux qu'il serait trop long d'en donner la liste complète et hétéroclite. Un des procédés les plus anciennement connus est celui de Braid ; il consiste dans la fixation du regard ; le sujet sur lequel on va expérimenter est assis, on fait silence autour de lui, et l'expérimentateur le prie de regarder fixement un petit objet, brillant ou non, qu'il approche de ses yeux de façon à déterminer une convergence forcée et fatigante de ses globes oculaires ; au bout de quelque temps, la vue se trouble, les paupières battent et frémissent, et le sujet s'endort. On peut encore hypnotiser une personne avec un bruit monotone et prolongé, ou un bruit violent et soudain ; un jet de lumière électrique, la pression légère ou forte sur une partie du corps, comme le vertex chez les hystériques, la constriction des pouces, les passes sont autant de moyens qui réussissent. On a essayé de mettre un peu d'ordre dans ces divers procédés d'hypnotisation, on a même voulu en donner une explication physiologique ; mais leur diversité, la légèreté de l'excitation nécessaire pour produire l'effet (il suffit parfois d'un souffle, d'un geste), et enfin ce fait si caractéristique que chez une personne souvent endormie tout, absolument tout peut réussir à endormir, toutes ces considérations amènent à supposer que les causes psychologiques jouent ici le grand rôle.

Seulement, il est bien clair que cette explication ne va pas loin, et que ceux qui affirment que la suggestion est la seule cause productrice de l'hypnose ne nous renseignent guère sur le mécanisme de l'opération. La plupart des sujets s'endorment parce qu'ils savent qu'on veut les endormir : cela est évident, incontestable ; mais comment cette idée amène-t-elle le somnambulisme ? Il est bien curieux qu'une personne qui n'a jamais été endormie et à qui on impose cette idée de sommeil entre dans cet état particulier qui n'est point le sommeil normal et dont elle n'a pas encore l'expérience. Expliquer cela par la suggestion, c'est se contenter d'un mot. Avouons-le, nous savons bien peu de chose de tous ces phénomènes ; pour provoquer le somnambulisme hypnotique, nous possédons quelques recettes utiles, voilà tout.

Le somnambulisme a été provoqué, par suggestion ou autrement. En quoi consiste cet état nouveau ? En quoi diffère-t-il de l'état de veille ? quelle transformation a-t-on fait subir au sujet en lui commandant de dormir ? Il serait peut-être aussi difficile de répondre à cette question qu'à la précédente. Ce que l'on connaît le mieux, ce sont les modifications psychologiques présentées par le sujet hypnotisé, c'est-à-dire les altérations qui se produisent dans son intelligence et dans ses sentiments. Il est probable, il est même certain que ces altérations ont pour base des modifications matérielles qui se produisent dans les centres nerveux du somnambule et dans d'autres parties de son organisme ; mais on ignore complètement la nature de ces phénomènes purement physiologiques, et tout ce qu'on a écrit à ce propos me paraît être de la fantaisie. La psychologie de l'hypnose est encore ce que l'on connaît le mieux, c'est le seul flambeau qui pour le moment puisse nous guider dans ces recherches. Sans doute, il serait désirable d'aller plus loin, d'ajouter à l'étude des fonctions psychiques celle des fonctions physiologiques, d'expliquer les altérations de la conscience par des expériences dirigées sur l'état des centres nerveux ; car on ne doit pas se dissimuler que tous ces phénomènes de conscience que nous décrivons sont souvent vagues, incertains, à contours mal dessinés ; et un esprit précis peut ne pas être satisfait par leur description, et déclarer que leur étude n'a point un caractère scientifique ; mais nous sommes obligés de nous contenter de ces notions vagues, parce qu'à tout prendre elles valent mieux que des notions fausses, et nous les préférons résolument à des hypothèses physiologiques, qui paraissent plus précises et sont en réalité beaucoup plus sujettes à caution[21].

Si donc on s'en tient au point de vue psychologique pour caractériser le somnambulisme, on s'aperçoit vite qu'il constitue pour le sujet un mode d'existence nouveau. Les anciens magnétiseurs avaient bien raison, quand ils voyaient dans le somnambulisme l'émergence d'une seconde personnalité.

Deux éléments fondamentaux constituent une personnalité, c'est la mémoire et le caractère. En ce qui concerne ce dernier point, le caractère, peut-être le somnambulisme provoqué ne se distingue-t-il pas toujours nettement de l'état de veille.

Il peut arriver assez souvent que le somnambule n'abandonne pas le caractère qu'il avait avant d'être endormi. Les raisons en sont multiples. D'abord, les expérimentateurs qui placent une personne en somnambulisme ont en général quelque suggestion à lui donner ; on ne s'attarde pas à étudier ce qu'il y a de spontané dans l'état produit. Les modifications du caractère, si elles existent, peuvent bien passer inaperçues. Puis, il faut remarquer qu'une modification du caractère, et en particulier une modification du *tonus* émotionnel est un phénomène important, qui a le plus souvent une origine interne, dans des sensations inconscientes, et il traduit au dehors une modification importante de l'organisme physique. Nous avons vu se produire de tels phénomènes dans les dédoublements spontanés de la personnalité, et particulièrement dans les cas où l'état second dure pendant des années. Une modification aussi radicale ne se produit pas en général dans les états de somnambulisme provoqué, qui durent peu de temps et sont provoqués par des excitations parfois d'une légèreté extrême.

Il n'en est pas de même pour le second élément de la personnalité, la mémoire. On a remarqué depuis longtemps que c'est la mémoire qui fournit le principal signe de l'état nouveau et permet de le distinguer de l'état antérieur, c'est-à-dire de l'état normal. Le somnambule présente en effet une curieuse modification dans l'étendue de ses souvenirs, et il peut se produire chez lui les mêmes phénomènes réguliers d'amnésie que pendant les variations spontanées de la personnalité.

Deux propositions résument les principales modifications de la mémoire qui accompagnent le somnambulisme hypnotique provoqué : 1° le sujet, pendant son état de veille, ne se rappelle aucun des événements qui se sont passés pendant le somnambulisme ; 2° au contraire, mis en somnambulisme, il se souvient, non seulement de ses somnambulismes antérieurs, mais encore des événements appartenant à son état de veille.

L'exactitude de la première proposition a pu être vérifiée facilement par tous ceux qui ont fait des expériences ou qui y ont assisté. Le plus souvent, quand on met une personne en somnambulisme, on la laisse dans cet état pendant une heure et plus, et on emploie le temps à faire sur elle une foule d'expériences ; au réveil, le sujet ne se souvient de rien ; il est obligé de regarder l'heure à la pendule pour savoir combien de temps on l'a laissé en somnambulisme ; si on lui a présenté des personnes pendant son état second, il ne les reconnaît pas au réveil, pour les avoir déjà vues ; si même on lui montre une lettre qu'on vient de lui faire écrire en somnambulisme, il peut bien reconnaître son écriture, mais il ne se souvient pas d'avoir écrit, et il ne peut pas dire un mot du contenu de la lettre. Il faut se hâter d'ajouter que rien n'est absolument constant dans des phénomènes aussi délicats ; il y a des souvenirs qui parfois peuvent être retrouvés, surtout chez certains sujets qui ont un somnambulisme léger ; en les aidant un peu, en les mettant sur la voie, en leur répétant par exemple les premiers mots d'une poésie qu'on vient de leur réciter, on favorise le réveil des souvenirs somnambuliques ; à plus forte raison est-ce possible si on dresse les sujets à se souvenir, si on leur donne la suggestion positive de tout se rappeler au réveil, ou si comme l'a ingénieusement imaginé M. Delbœuf, on les réveille brusquement pendant que, plongés dans le somnambulisme, ils accomplissent un acte commandé ; alors, pris sur le fait au moment du réveil, ils peuvent se rappeler l'acte qu'ils étaient en train d'exécuter, ils peuvent se rappeler l'ordre reçu, et de cette façon la continuité psychique de la veille et du somnambulisme se trouve établie.

Mais ce sont là des artifices, qui n'ôtent rien à l'exactitude de la règle posée ; l'oubli reste la vérité dans l'immense majorité des cas, et presque tous les observateurs sont d'accord pour le reconnaître. Le livre de la vie somnambulique se ferme au réveil, et la personne normale ne peut pas le lire.

D'après notre seconde proposition, le sujet retrouve dans un somnambulisme nouveau les souvenirs des premiers somnambulismes, et il se rappelle également son état de veille. C'est donc pendant le somnambulisme que la mémoire atteint son maximum d'extension, puisqu'elle embrasse à la fois les deux existences psychologiques, ce que la mémoire normale ne fait jamais. Nous avons déjà trouvé cette supériorité de la mémoire somnambulique dans les observations de somnambulisme naturel ; Félida, avons-nous vu, quand elle est dans l'état second, se rappelle à la fois cet état et l'état prime. C'est une ressemblance nouvelle à ajouter à tant d'autres. On peut même remarquer que la somnambule, quand il s'agit de se rappeler certaines particularités de l'état normal, a plus de mémoire que la même personne éveillée.

Cet ensemble de faits, dont l'exactitude, nous le répétons, a été vérifiée par un si grand nombre d'auteurs qu'il est inutile de citer des noms, suffit amplement pour conclure que le somnambulisme provoqué présente les mêmes caractères de mémoire que le somnambulisme naturel, et Braid a pu dire avec raison que le somnambulisme artificiel est une division de la conscience.

Une dernière remarque sur les changements de personnalité que produisent les somnambulismes artificiels. Bien que l'idée qu'un individu se fait de sa personnalité ne constitue pas cette personnalité, mais n'en soit qu'un élément accessoire, il est intéressant de constater comment certaines personnes placées en somnambulisme se représentent leur état. Malheureusement, l'interrogation des somnambules ne provoque pas toujours une réponse satisfaisante, car bien souvent cette réponse est clairement dictée par des suggestions antérieures. On trouve par exemple des malades qui affirment qu'elles sont en somnambulisme ; elles répètent simplement ce qu'elles ont entendu dire.

Nous retiendrons seulement ce fait curieux que plusieurs personnes, lorsqu'elles entrent pour la première fois dans la vie somnambulique, éprouvent un sentiment d'étonnement ; elles trouvent que tout est changé ; quelques-unes disent qu'elles se sentent « drôles, bizarres » ; d'autres, parlant plus clairement, affirment qu'elles ne sont pas la personne de l'état de veille ; elles parlent de cette personne comme d'une étrangère. Nous en emprunterons un exemple à M. Pitres :

« Une jeune femme que j'ai pu étudier à loisir, Marguerite X…, présentait nettement ce phénomène. Quand elle était endormie, elle ne parlait d'elle qu'à la troisième personne : « Marguerite est souffrante aujourd'hui, disait-elle ; elle n'est pas contente ; elle a été contrariée ; il faut la laisser tranquille. — Mais qui êtes-vous donc, lui demandai-je un jour, pour parler ainsi au nom de Marguerite ? — Je suis son amie. — Et comment vous appelez-vous, s'il vous plaît ? — Je ne sais pas, mais j'aime beaucoup Marguerite, et quand on lui fait de la peine, cela m'attriste. »

« Dans cet état, elle reconnaissait toutes les personnes avec lesquelles elle était en relations quotidiennes ; mais elle ne leur parlait pas avec la même familiarité qu'à l'état de veille. Elle ne tutoyait plus ses parents. Son mari était le mari de son amie Marguerite et non pas son mari à elle. Elle aimait beaucoup les liqueurs et s'en privait d'ordinaire pour ne pas contrarier sa mère. « Voulez-vous un verre d'anisette ? lui dis-je après l'avoir hypnotisée. — Oh ! oui, répondit-elle, cela me fera grand plaisir. Marguerite n'en boit pas parce qu'on le lui a défendu ; mais moi je suis libre. Donnez-moi vite un verre. »

Nous verrons à plusieurs reprises, dans des conditions différentes, une conscience se distinguer de la même façon, par le langage, des autres personnalités qui habitent le même individu ; il y a même là quelques questions psychologiques très intéressantes, sur lesquelles nous reviendrons quand nous aurons décrit un plus grand nombre de faits.

II

L'expérimentation, qui est à tant de titres inférieure à l'observation des faits spontanés, présente cependant un grand avantage ; multipliant et variant à l'infini les conditions de l'observation, elle permet de considérer un fait sous un grand nombre de faces, et elle fait parfois surgir des phénomènes nouveaux qu'une observation passive aurait vainement attendus. C'est un peu ce qui s'est passé ici. En mettant la main sur les états somnambuliques, les expérimentateurs sont arrivés à découvrir quelques phénomènes extrêmement instructifs, dont on n'a aucune idée en lisant par exemple l'observation des somnambules naturels, et qui cependant doivent exister chez les malades de cet ordre.

Nous avons vu la séparation des deux existences psychologiques qui constituent, l'une la vie normale, l'autre le somnambulisme ; nous avons vu également que lorsque la vie normale se développe, tous les souvenirs du somnambulisme sont pour un moment effacés. Que devient donc cette existence surajoutée pendant cette éclipse temporaire ? Elle avait ses souvenirs, son caractère, ses émotions, ses préoccupations. Est-ce que toute cette activité somnambulique disparaît quand la vie régulière reprend son cours ? L'observation simple ne nous dit rien ; l'expérimentation, fouillant plus profondément, va nous montrer qu'un reste de la vie somnambulique peut subsister à l'état de veille, sans que le sujet normal en ait le moindre soupçon.

Une des expériences qui le montre le mieux est celle-ci, que nous devons à Gurney, psychologue anglais de beaucoup de talent[22]. On a dit un nom, cité un chiffre, raconté un fait, récité une poésie devant une personne qui est en somnambulisme artificiel ; et on ne lui a donné aucune suggestion particulière, relativement aux paroles qu'on a prononcées ; on réveille la personne ; elle ne se souvient de rien, comme c'est la règle ; ce n'est pas un oubli de complaisance, c'est un oubli sincère, et si profond, que malgré la promesse d'un souverain — moyen employé par Gurney comme critérium de sincérité — le sujet ne peut retrouver un mot de ce qu'on a dit devant lui quelques instants auparavant. Alors, on prend sa main, on place un crayon entre ses doigts, ou bien, ce qui revient au même, on lui fait poser la main à plat sur une planchette spéciale, munie d'un crayon, et on lui cache sa main et l'instrument au moyen d'un grand écran interposé. En moins d'une minute la main s'agite, elle écrit, et ce qu'elle écrit, ce sont précisément les mots qu'on vient de prononcer devant le sujet en somnambulisme, et que son moi normal de l'état de veille ne connaît pas.

Le résultat de cette expérience est déjà bien curieux ; les conditions spéciales dans lesquelles on la produit le sont encore davantage. La main du sujet écrit, et lui-même ne sait pas ce que sa main écrit ; alors même que sa main et son bras ne sont pas insensibles, et peuvent percevoir pressions et piqûres, le sujet ne perçoit rien ; parfois, il arrive, avec un peu d'exercice, à sentir le mouvement et à en deviner la nature ; mais c'est là une modification du phénomène qui résulte de ce que le sujet y applique son attention ; dès les premières expériences, il ne perçoit rien, et il y a des personnes qui, quoi qu'elles fassent, n'ont jamais rien perçu. En revanche, le sujet éprouve une sensation subjective assez bizarre ; il lui semble, dit-il, que c'est l'instrument, la planchette qui est animée d'un mouvement spontané et entraîne sa main ; le mouvement est parfois accompagné de sensations tactiles douloureuses qui rendent l'expérience fort peu attrayante.

Ajoutons encore quelques détails pour compléter la physionomie du phénomène. Dans la forme où l'expérience a été faite par Gurney, le sujet qu'on vient d'éveiller ne cherche point à mettre la main sur la planchette ou à prendre un crayon, comme il le ferait certainement s'il obéissait à une suggestion précise, si par exemple on lui avait dit : « À votre réveil, vous ferez ceci ou cela. » Il ne fait preuve d'aucune spontanéité ; c'est passivement, sans savoir ce qu'on lui veut, qu'il se laisse mettre la main sur l'instrument, et pendant que l'écriture se trace, son moi normal s'en désintéresse complètement ; il ne prête ni attention, ni bonne volonté à la petite opération qui s'accomplit. C'est dire qu'à ce moment il est dans un état de dédoublement ; en lui sont deux personnes, l'une qui est la personne normale, qui cause avec les assistants, et l'autre qui écrit ; la première ne s'occupe pas de ce que fait la seconde.

C'est un état de dédoublement, disons-nous ; la division de

conscience, en effet, se rapproche beaucoup de celle que nous avons étudiée dans les précédents chapitres ; tous les cas ont ceci de commun qu'un ensemble de phénomènes psychologiques bien coordonnés entre eux et se suffisant, font bande à part et vivent en dehors de la conscience normale ; ces consciences secondaires, chez les somnambules naturels, n'arrivent au premier plan que lorsque la conscience principale s'efface ; la condition seconde succède à la condition prime : il y a alternance ; ici, il y a coexistence ; en un même moment, les deux consciences vivent côte à côte.

Gurney s'est d'abord attaché à montrer que c'est bien la vie somnambulique qui survit au sein de la vie normale rétablie, et pour cela il a observé que si on remet le sujet en somnambulisme après l'expérience de l'écriture, il se rappelle non seulement les mots qu'il a écrits, mais encore il peut dire qu'il s'est servi de la planchette et qu'il a effectivement écrit ces mots-là. La mémoire relie donc les deux états et en démontre l'unité psychologique.

Un autre soin de Gurney, en relatant ces curieuses expériences, a été de reconnaître que le phénomène de mémoire attesté par l'écriture automatique n'a point le caractère d'une répétition machinale et inintelligente. En général, il est vrai, l'écriture automatique répète fidèlement la phrase dite au sujet pendant le somnambulisme, et même si on l'a interpellé par son nom, en lui disant la phrase, le nom est reproduit comme le reste ; mais l'emploi de certains artifices d'expérimentation montre la part de l'intelligence dans ces phénomènes d'écriture.

Ainsi, il est possible de dicter au sujet en somnambulisme plusieurs chiffres, en le priant de faire l'addition ; puis, si on le réveille brusquement après, sans lui avoir donné le temps de terminer son calcul, il le termine à l'état de veille quand on lui met la main sur la planchette ; on peut aussi lui faire exécuter des calculs plus compliqués, lui demander par exemple combien il y a de lettres dans telle phrase, et le forcer encore à faire le calcul après son réveil, etc.

Nous avons placé les observations de Gurney dans ce chapitre, où il n'est question que d'hystériques, parce qu'il est facile d'en reconnaître l'exactitude en étudiant les hystériques ; mais il importe d'ajouter que Gurney n'a point étudié spécialement et uniquement ce genre de malades. Les personnes qui se sont prêtées à ses expériences sont, à ce qu'il prétend, des personnes en bonnesanté ; c'est une affirmation que les auteurs anglais font souvent ; ils sont très discrets et très réservés quand ils parlent de leurs sujets, et semblent craindre souvent d'appliquer le nom d'hystérie à des personnes qui cependant ont notoirement des crises de nerfs. Il n'importe. Nous ferons remarquer à cette occasion, que les hystériques ne sont pour nous que des sujets d'élection, agrandissant des phénomènes qu'on doit nécessairement retrouver à quelque degré chez une foule d'autres personnes qui ne sont ni atteintes ni même effleurées par la névrose hystérique.

L'importance des résultats obtenus par Gurney est augmentée par ce fait que ce savant auteur est arrivé le premier en Angleterre à reconnaître le dédoublement de la personnalité qui se réalise chez l'hypnotisé, et qu'il a fait ses recherches sans avoir connaissance de celles qui ont eu lieu en France à peu près vers la même époque[23].

Le propre des expériences de Gurney est de consister dans une exploration de la mémoire d'une personne à laquelle on n'a adressé aucune suggestion spéciale. Par le procédé délicat et ingénieux de l'écriture automatique, le psychologue anglais a montré la persistance à l'état de veille des états somnambuliques.

Arrêtons-nous un moment devant cette situation psychologique, car c'est la première fois que nous la rencontrons ; la personne en expérience est revenue à l'état de veille ; elle a retrouvé son moi normal, elle a repris l'orientation ordinaire de ses idées ; en elle survit, sans qu'elle en ait conscience, un reste de la vie somnambulique qu'elle vient de franchir. C'est une collection de phénomènes psychologiques qui restent isolés de sa conscience normale, et qui cependant sont doués de conscience ; ils forment une petite conscience à côté de la grande, un petit point lumineux à côté d'un grand foyer de lumière. Cet exemple doit servir de transition entre les études qui nous ont occupé jusqu'ici, et celles qui vont remplir la deuxième partie de ce livre. Nous connaissons la succession régulière des personnalités, leur alternance dans les somnambulismes naturels et dans les somnambulismes hypnotiques ; nous venons de voir que cette succession peut faire place à une coexistence ; le moi somnambulique, la condition seconde ne s'efface pas toujours complètement, au moment du retour de la veille ; ces états peuvent survivre, coexister avec la pensée normale et donner lieu à des phénomènes complexes de division de conscience.

Nous allons maintenant étudier les personnalités coexistantes. Abandonnant les précédentes recherches sur le somnambulisme, nous allons envisager le sujet à l'état de veille, et décrire les procédés capables de montrer les divisions de conscience qui se font en lui.

DEUXIÈME PARTIE
LES PERSONNALITÉS COEXISTANTES

CHAPITRE PREMIER
L'INSENSIBILITÉ DES HYSTÉRIQUES. — LES ACTES SUBCONSCIENTS
DE RÉPÉTITION

Historique de la question. — Observation de M. Taine. — Deux conditions principales de la division de conscience, l'anesthésie et la distraction. — L'anesthésie hystérique. — Ses principaux caractères. — Dangers de simulation : moyen de les éviter. — Mouvements intelligents qu'on peut provoquer dans un membre anesthésique, à l'insu du sujet. — Mouvements de répétition. — Mouvements graphiques, leurs caractères. — Correction d'une faute d'orthographe. — Mouvements de répétition provoqués par des excitations tactiles insensibles ou par des excitations visuelles non perçues. — Répétition inconsciente des mouvements volontaires. — Le bégaiement de l'écriture. — Diffusion des mouvements inconscients. — Leur fatalité. — Leur caractère psychologique. — Rôle de la suggestion. — Définition de plusieurs espèces de suggestions.

I

La question des personnalités multiples et coexistantes a suscité pendant ces dernières années en France, en Angleterre et ailleurs, un très grand nombre de travaux ; mais l'historique de la question se réduit à fort peu de chose. Nous ne tenons pas compte, bien entendu, des théories qui ont été émises par les philosophes sur les petites consciences distinctes et sur le dédoublement du moi, antérieurement à l'époque où les faits de dédoublement ont pu être observés directement. Ces théories, qui remontent à Leibniz, et qu'on a reprises et analysées dans ces derniers temps, ne peuvent pas figurer dans l'historique d'une question qui n'a progressé que le jour où elle a pris la forme expérimentale.

Nous devrions ici, suivant l'ordre que nous avons adopté dans nos premiers chapitres, décrire en premier lieu les phénomènes spontanés, ceux qui se sont manifestés en dehors des laboratoires, car ce sont là les phénomènes profonds, durables, ceux en somme que les théories d'une école ou d'un chef d'école ont le moins modifiés, et qui reflètent le plus fidèlement la vraie nature des choses. Mais il y a des raisons pour abandonner cet ordre d'exposition ; la principale, c'est que les phénomènes spontanés de dédoublement simultané sont les phénomènes du spiritisme, c'est-à-dire les tables tournantes et les évocations d'esprit. Or, il est clair que si ces phénomènes contiennent, comme nous le croyons, une grande part de vérité, cependant cette part a été tellement obscurcie par la naïveté des uns et la fourberie des autres, que les esprits sages ont toujours éprouvé un grand scepticisme. Bien qu'il soit possible de débrouiller cet écheveau, de classer les faits démontrés ou démontrables, et de les distinguer soit des théories sans fondement, soit des pures absurdités, nous ne pouvons pas commencer ici, dès les premières pages, une étude aussi difficile. Nous sommes donc obligés de reporter un peu plus loin l'étude du spiritisme.

Cette élimination faite, il ne nous reste à signaler qu'une seule observation pouvant servir d'introduction aux recherches récentes ; c'est une observation très nette de dédoublement mental spontané ; elle a été recueillie par M. Taine ; l'éminent auteur l'a publiée dans la préface de l'*Intelligence*[24], livre qui a plus de vingt ans de date, et qui cependant contient l'indication de presque tous les résultats de la psychologie contemporaine.

« Les manifestations spirites elles-mêmes, dit M. Taine, nous montrent la coexistence, au même instant, dans le même individu, de deux volontés, de deux actions distinctes, l'une dont il a conscience, l'autre dont il n'a pas conscience et qu'il attribue à des êtres invisibles.

« J'ai vu une personne qui en causant, en chantant, écrit, sans regarder son papier, des phrases entières, sans avoir conscience de ce qu'elle écrit. À mes yeux, sa sincérité est parfaite ; or, elle déclare qu'au bout de la page elle n'a aucune idée de ce qu'elle a tracé sur le papier ; quand elle lit, elle en est étonnée, parfois alarmée. L'écriture est autre que son écriture ordinaire. Le mouvement des doigts et du crayon est raide et semble automatique. L'écrit finit toujours par une signature, celle d'une personne morte, et porte l'empreinte de pensées intimes, d'un arrière-fond mental que l'auteur ne voudrait pas divulguer. Certainement on constate ici un dédoublement du moi, la présence simultanée de deux séries parallèles et indépendantes, de deux centres d'action ou, si l'on veut, de deux personnes morales juxtaposées dans le même cerveau ; chacune a une œuvre, et une œuvre différente, l'une sur la scène, l'autre dans la coulisse. »

Nous allons maintenant étudier de près, et dans tous ses détails, cette curieuse situation psychologique d'une personne en état de dédoublement. Pour établir tout de suite le plan de notre exposition, nous indiquerons quelles sont les conditions les plus fréquentes où l'on peut observer la coexistence de deux *moi* distincts. Elles sont au nombre de deux. La première, c'est l'insensibilité hystérique ; si une partie du corps d'une personne est insensible, elle ignore ce qui s'y passe, et d'autre part les centres nerveux en relation avec cette région insensible peuvent continuer à agir, comme cela a lieu dans l'hystérie ; il en résulte que certains actes, souvent simples, mais parfois très compliqués, peuvent s'accomplir dans le corps d'une hystérique et à son insu ; bien plus, ces actes peuvent être de nature psychique et manifester une intelligence qui sera par conséquent distincte de celle du sujet, et constituera un second moi, coexistant avec le premier.

Une seconde condition peut amener la division de conscience ; ce n'est pas une altération de la sensibilité, c'est une attitude particulière de l'esprit, la concentration de l'attention sur un point unique ; il résulte de cet état de concentration que l'esprit devient distrait pour le reste, et en quelque sorte insensible, ce qui ouvre la carrière aux actions automatiques ; et ces actions, en se compliquant comme dans le cas précédent, peuvent prendre un caractère psychique et constituer des intelligences parasites, vivant côte à côte avec la personnalité normale qui ne les connaît pas.

Nous étudierons successivement ces deux conditions de la division de conscience. Il en existe sans doute bien d'autres ; mais celles que nous venons d'examiner sont les seules qui aient été nettement observées jusqu'ici[25].

II

On trouve chez un grand nombre d'hystériques, examinés à l'état de veille et en dehors de leurs crises convulsives, un stigmate, connu depuis fort longtemps, mais dont on n'a compris la valeur réelle que dans ces dernières années ; ce stigmate, — qu'on appelait autrefois la *marque* des possédées, ou la *griffe* du diable, — c'est l'insensibilité. Le siège et l'étendue de l'insensibilité hystérique sont très variables ; parfois, elle envahit le corps entier ; plus souvent, elle n'occupe qu'une moitié du corps, par exemple la moitié gauche, intéressant à des degrés divers la sensibilité générale, le toucher, le sens musculaire et les sens spéciaux de la vue, de l'ouïe, de l'odorat et du goût ; chez d'autres l'insensibilité, dont la distribution ne s'explique par aucune particularité anatomique ou physiologique connue, se limite dans une petite région du tronc ou des membres et se présente par exemple sous la forme d'une petite plaque de la peau, qu'on peut piquer, pincer, brûler et exciter de la façon la plus énergique sans éveiller la moindre sensation de douleur, sans même que le contact soit perçu[26].

L'authenticité de l'anesthésie se démontre au moyen d'épreuves variées, et aussi par certains signes physiques qui l'accompagnent fréquemment. Les principaux de ces signes sont l'abaissement de température des parties non sensibles, l'absence d'hémorragie après les piqûres, la diminution de la force musculaire volontaire mesurée au dynamomètre, la forme de la contraction musculaire, l'absence de fatigue, l'allongement du temps de réaction, et enfin l'absence de cri de douleur ou de mouvement de surprise lorsqu'on excite brusquement et fortement la région insensible à l'insu du malade. Aucun de ces phénomènes n'a la valeur d'un signe constant ; mais la présence de quelques-uns est une sérieuse garantie pour l'observateur.

On s'est longtemps mépris sur la vraie nature de l'anesthésie hystérique, et on la comparait à une anesthésie vulgaire, de cause organique, due par exemple à l'interruption des nerfs conducteurs des impressions. Cette manière de voir doit être complètement abandonnée, et nous savons aujourd'hui que l'anesthésie hystérique n'est pas une insensibilité véritable ; c'est une insensibilité par inconscience, par désagrégation mentale ; en un mot, c'est une insensibilité psychique, qui provient simplement de ce que la personnalité du malade est entamée, ou même complètement dédoublée. Aussi l'expérimentation pratiquée sur ce phénomène si banal de l'hystérie va-t-elle nous permettre d'étudier de près un cas tout à fait remarquable de désorganisation de la personnalité.

Choisissons pour ces expériences une femme hystérique qui présente une insensibilité étendue à un membre tout entier, par exemple au bras droit. Fréquemment, chez ces malades, les formes si complexes de la sensibilité des téguments sont dissociées ; la peau peut rester sensible tandis que les tissus sous-jacents, les masses musculaires, les articulations perdent leur sensibilité et deviennent indolores quand on les comprime fortement ; ou bien, c'est le contraire qui a lieu, la sensibilité abandonne la superficie du tégument et se conserve dans les parties plus profondes. Ou bien encore, par une complication nouvelle, certaines régions peuvent ne pas perdre à la fois la sensibilité au contact, à la pression, à la température, aux courants électriques, mais rester accessibles à une seule espèce de ces excitations. Ces modifications si nombreuses de la sensibilité chez les hystériques ont souvent fait croire l'observateur non prévenu à une simulation qui n'existait réellement pas. Pour plus de simplicité, nous aurons soin de choisir une malade dont le bras soit complètement et parfaitement insensible, présentant une anesthésie superficielle et profonde et une perte du sens musculaire ; de cette façon nous n'aurons pas à surveiller les notions qui pourraient être fournies au sujet par un reste de sensibilité. De plus, il sera avantageux que la sensibilité du malade choisi présente un état relativement fixe et ne soit pas sujette à ces changements, ces oscillations qui s'observent quelquefois, et dont les causes sont si difficiles à saisir. Lorsqu'on expérimente sur des hystériques, on ne saurait prendre assez de précautions.

Il n'est pas nécessaire d'endormir le sujet ; on le prend dans son état normal, pendant la veille, sans lui faire subir aucune sorte de préparation ; le seul dispositif des expériences consiste à lui cacher la vue de son bras anesthésique en le ramenant derrière son dos ou en faisant usage d'un écran. Les choses étant ainsi disposées, il est facile — au moins dans certains cas — de provoquer, à l'insu du malade, dans son membre insensible des mouvements intelligents[27].

Nous allons assister à l'éveil d'une intelligence inconsciente ; nous pourrons même entrer en communication avec elle et la diriger, entretenir avec elle une conversation suivie, mesurer l'étendue de sa mémoire et l'acuité de ses perceptions.

L'existence de phénomènes inconscients chez les hystériques n'est pas faite pour nous étonner, car chacun de nous peut, en se surveillant avec un soin suffisant, surprendre des séries d'actes automatiques, exécutés sans volonté et sans conscience. Marcher, s'asseoir, tourner la page d'un livre, sont des actes que nous exécutons sans y penser ; mais il est assez difficile d'étudier chez l'homme normal l'activité inconsciente ; et de plus, cette activité se montre surtout routinière, faite d'habitudes, vivant de répétitions ; en général, elle invente peu, parfois elle paraît juger et raisonner, mais ce sont des jugements et des raisonnements anciens qu'elle répète ; en tout cas, elle acquiert rarement un développement notable, et presque jamais, peut-on dire, elle ne s'élève à la dignité d'une personnalité indépendante. Les conditions d'étude sont bien plus favorables lorsqu'on s'adresse aux sujets hystériques, non pas à tous, mais à quelques-uns que nous apprendrons plus tard à reconnaître ; supposons que nous avons sous les yeux un de ces sujets d'élite, et voyons ce qui se passe.

On a souvent donné aux mouvements et actes qui peuvent se produire dans les conditions précédentes le nom de mouvements *inconscients*. Ceci veut simplement dire que ces mouvements ne sont pas connus du sujet, restent pour lui ignorés, et par conséquent inconscients ; le mot inconscient n'a qu'un sens tout relatif ; nous aurons à examiner, après avoir décrit tous les faits d'expérience, si ces phénomènes, inconscients pour le sujet, sont aussi inconscients en eux-mêmes et pour eux-mêmes, ou s'il n'est pas plus probable qu'ils appartiennent à une seconde conscience. Disons-le tout de suite, c'est à cette seconde solution que nous donnerons la préférence ; en tout cas, pour ne rien présupposer dans un sens ou dans l'autre, nous substituerons au terme d'inconscient celui de *subconscient*.

Commençons par des mouvements de répétition ; ce sont les plus simples et peut-être les plus faciles à produire. Le bras insensible du sujet lui étant caché par un écran, on fait exécuter à ce bras avec lenteur ou rapidement un mouvement régulier, comme un mouvement de va-et-vient vers la bouche, ou bien on fait tourner l'avant-bras autour du coude, ou on anime un doigt de mouvements alternatifs de flexion et d'extension ; si on abandonne brusquement le membre au milieu de sa course, on le voit continuer le mouvement pendant un certain temps, qui varie avec les sujets ; chez les uns, le mouvement communiqué se prolonge très peu ; le poignet qu'on vient de fléchir plusieurs fois de suite se redresse à peine quand on l'abandonne ; le mouvement est si léger et si fugitif qu'à moins d'être averti on ne le remarquerait pas. Au contraire, chez d'autres malades, le mouvement communiqué peut être répété plusieurs fois de suite, et même nous avons vu des hystériques chez lesquels la répétition a lieu plus de cent fois, sans interruption. Le nombre cent n'est pas une métaphore ; les mouvements ont été comptés.

Il est bien entendu que ces divers mouvements restent ignorés du sujet ; car son bras est anesthésique, et toujours caché par un grand écran interposé ; parfois le sujet perçoit un léger bruit produit par le froissement de ses vêtements, et il en conclut qu'on touche son bras ou qu'on le déplace ; mais il ne reçoit aucune impression directe venant du membre ; il n'a conscience, ni des mouvements que l'expérimentateur imprime à sa main, ni de ceux que sa main répète avec docilité ; à plus forte raison ne fait-il aucun effort volontaire pour mouvoir la main ; son esprit reste à peu près complètement étranger à l'expérience[28].

On peut reproduire le même acte de répétition en provoquant dans le membre des contractions faradiques ou des mouvements réflexes ; dans cet ordre d'expériences, la plus délicate et aussi la plus intéressante est la répétition de mouvements graphiques. Dès qu'on met un crayon dans la main insensible, en le glissant entre le pouce et l'index, ces deux doigts se rapprochent pour serrer le crayon, et la main prend l'attitude nécessaire pour écrire. À ce moment, si on demande au malade ce qu'on fait de sa main, il répond presque toujours : « Je ne sais pas. » Puis l'expérience commence ; on imprime au crayon un mouvement quelconque, par exemple un mouvement circulaire ; la main du malade, pendant cet acte, ne suit pas mollement celle de l'expérimentateur ; on éprouve au contraire une sensation particulière en la tenant ; elle résiste un peu à certaines impulsions, surtout à celles qui déterminent un changement de direction ; mais, quand il s'agit d'un trait à continuer, c'est-à-dire d'une direction donnée à poursuivre, la main devance en quelque sorte le mouvement, comme si elle le devinait. Bref, le mouvement qu'on réussit à lui communiquer ne peut pas s'appeler un mouvement passif, car la malade y collabore. S'il fallait user d'une comparaison, nous dirions que l'expérimentateur dirige la main du malade comme un cavalier dirige un cheval intelligent.

On n'éprouve d'ailleurs cette sensation toute particulière que lorsqu'on a affaire à une malade qui est apte à répéter toute seule les mouvements graphiques communiqués. Chez les sujets qui ne reproduisent rien, la main reste molle et inerte, une vraie main de mannequin.

Après la communication du mouvement passif, on abandonne la main du malade, en ayant soin de laisser l'extrémité du crayon appliquée sur une feuille blanche ; chez quelques hystériques, la main tombe sur le côté dès qu'on l'abandonne ; chez d'autres, elle n'a pas cette flaccidité, elle reste en position, tenant correctement le crayon, comme si elle allait écrire ; mais rien ne vient ; on perçoit parfois un fin tremblement dans le poignet et dans les doigts ; parfois aussi le crayon trace sur le papier quelques traits légers, indistincts, et c'est tout. Mais il en est d'autres chez lesquels le mouvement subconscient est bien plus manifeste. Les doigts continuent à se serrer autour du crayon, et le mouvement graphique qu'on a imprimé est reproduit, soit tout de suite, soit quelques instants après.

Avec quel degré d'exactitude le mouvement est-il reproduit ? Si on fait l'essai sur un sujet normal, dont la main est sensible, celui-ci arrive à deviner quel mot on fait écrire à sa main ; mais quand le mot est long, quand le mouvement est rapide, quand les caractères sont petits, il se trompe très souvent. Il n'en est pas de même chez les hystériques ; et on peut dire d'une manière générale que bien qu'elles n'aient pas la perception consciente du mouvement passif, elles peuvent le répéter souvent avec plus d'exactitude qu'un sujet normal. Mais il y a de grandes variétés d'un malade à l'autre, et nous devons en tenir compte.

Les uns ne savent répéter que des mouvements grossiers, comme des boucles ou des hachures ; mais une fois que ce mouvement a été reproduit, il se continue très longtemps, presque indéfiniment ; je l'ai vu se continuer une fois pendant un quart d'heure. D'autres mains se montrent plus intelligentes, ont plus de mémoire ; elles sont capables de reproduire dans les mêmes conditions des signes empruntés au langage écrit, des chiffres, des lettres isolées, des mots composés de plusieurs lettres, et même des phrases entières. Parfois la répétition a lieu aussitôt que l'expérimentateur cesse de tenir la main insensible ; d'autres fois, il s'écoule un temps de repos, puis la main se met en mouvement.

Jusqu'ici, dans les épreuves auxquelles nous avons soumis la main anesthésique, celle-ci n'a fait preuve que de mémoire ; la répétition a semblé machinale, automatique ; il se produit quelque chose de plus, une opération mentale plus complexe, quoique toujours subconsciente, lorsque l'on fait écrire à la main un mot connu, dont on altère volontairement l'orthographe ; il est intéressant alors de surveiller le phénomène de répétition ; au moment où la main insensible arrive à la lettre inexacte, elle s'arrête, semble hésiter, puis tantôt elle passe outre, reproduisant l'erreur, tantôt au contraire elle la corrige et rétablit le mot avec son orthographe exacte.

Le reproduction peut se faire non seulement à l'occasion de mouvements graphiques communiqués, mais par un autre procédé plus détourné, qui fait également intervenir des sensations inconscientes. Ainsi, lorsque le sujet tient un crayon dans sa main insensible, il suffit souvent de tracer avec une pointe mousse des chiffres, des caractères quelconques sur le dos de la main pour que bientôt après le crayon reproduise tout cela ; il se produit alors quelque chose de plus qu'une répétition de mouvement ; c'est une traduction ; les sensations cutanées sont traduites en leurs équivalents graphiques. De même si l'on place le sujet hystérique devant une échelle typographique à une distance, qu'on trouve par tâtonnement, où il ne peut pas lire le tableau, il n'est pas rare de voir la main reproduire les caractères que le sujet se dit incapable de déchiffrer. Naturellement, si on augmente trop la distance du sujet au tableau, la main s'arrête et n'écrit plus rien du tout. Il peut donc s'opérer une traduction de certaines sensations visuelles inconscientes en leurs équivalents moteurs.

Ce sont là des opérations psychologiques très simples, avec lesquelles l'habitude d'écrire nous a familiarisés ; c'est sans aucun effort conscient de traduction que nous copions une page imprimée, et nous ne remarquons même pas que copier, c'est substituer à une image visuelle l'image graphique correspondante. Il n'en est pas moins intéressant de voir que les mouvements inconscients de l'hystérique peuvent supposer une substitution analogue, et que dans ce cas, l'opération inconsciente met en jeu non seulement des mouvements, non seulement des images motrices, mais encore des images visuelles, et des associations mentales entre ces différentes images.

La répétition inconsciente peut se produire à la suite d'un mouvement volontaire du sujet, tout comme à la suite d'un mouvement passif. Le cas est peut-être plus rare que les précédents ; pour bien l'observer, il faut demander à l'hystérique d'exécuter plusieurs fois, sans s'arrêter, un même mouvement, par exemple de toucher un point de son visage avec l'index de la main anesthésique, puis de toucher un point de la table ; après plusieurs répétitions volontaires de cet acte, et quand l'hystérique veut s'arrêter, sa main continue le mouvement et se soulève en quelque sorte toute seule jusqu'à son visage ; ce mouvement inconscient peut souvent être supprimé par la volonté, mais parfois il s'exécute malgré la volonté contraire du sujet, fort étonné de cette insubordination inattendue d'un de ses membres. La répétition inconsciente des mouvements graphiques volontaires est plus curieuse encore ; et elle donne à l'écriture de quelques hystériques un caractère tout particulier.

Nous avons pu nous procurer des brouillons de lettres écrites par des sujets antérieurement à l'époque où nous les examinions ; un peu d'attention permet d'y découvrir la manifestation de ces troubles moteurs ; on voit que la malade est obligée d'écrire plusieurs fois de suite la même lettre ; c'est une sorte de *bégaiement de la main*. Parfois, la malade s'en aperçoit, elle biffe le trait redoublé et recommence le mot un peu plus loin ; parfois, au contraire, elle ne s'aperçoit de rien, et les erreurs pourraient être considérées

DEUXIÈME PARTIE

comme de légères fautes d'orthographe, si les m à quatre jambages et les u à trois jambages n'indiquaient pas clairement le contraire. Il est possible de reproduire expérimentalement sur quelques sujets ces altérations de l'écriture, en les priant d'écrire plusieurs fois la même lettre, puis de s'arrêter ; quand ils veulent s'arrêter, la main continue à écrire, malgré eux, et souvent ils ne mettent fin à l'obsession qu'en jetant la plume.

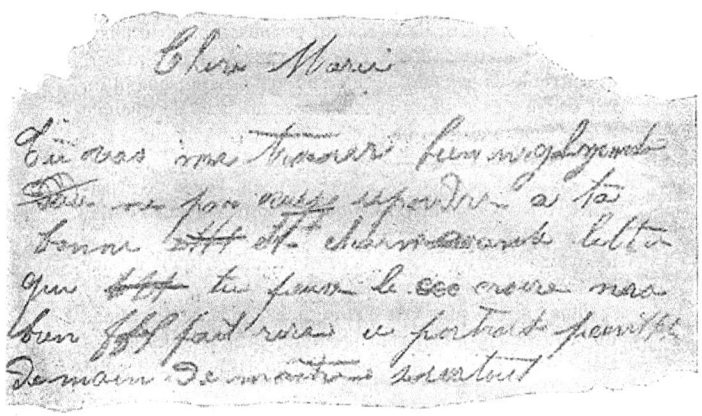

Fig. 1. — Écriture hystérique, tracée avec la main droite insensible, les yeux ouverts. La malade a écrit les mots suivants : « Chère Marie, tu vas me trouv (trouver) bien négligem*te* *ddd*e ne pas re*ppp* répondre à ta bonne e*ttt* et charmante lettre qui *ttt* tu peux le *ccc* croire m'a bien *fff* fait rire ; ce portrait pein*ttt* de main de maître surtout… »

Les mouvements précédents présentent le caractère particulier d'être la répétition de mouvements volontaires ; l'inconscient que nous venons de voir à l'œuvre imite l'acte du personnage conscient, ce qui n'avait pas lieu dans les autres expériences.

Nous terminerons en décrivant plusieurs caractères communs aux mouvements inconscients de répétition ; ce sont :

1° Leur diffusion ; ils ne restent pas absolument localisés dans un membre ; ils ont une tendance à se généraliser, et souvent, ils gagnent le membre symétrique ; quand on fait écrire des chiffres à une main, au bout de quelque temps l'autre s'agite, et si elle tient un crayon, elle tracera les mêmes chiffres que la première ; ce qui est très curieux, c'est que parfois alors une main, douée de sensibilité, répète le mouvement communiqué à l'autre main, et cependant le malade ne perçoit pas le mouvement ; le mouvement reste subconscient alors même qu'il a pour instrument un organe sensible.

Nous verrons plus loin que la plupart des modifications du mouvement qu'on peut produire chez un sujet hystérique dans une moitié seulement du corps offrent cette même tendance à la généralisation.

2° Un second caractère des mouvements inconscients de répétition, c'est leur fatalité. Quand la main va répéter un mouvement communiqué, fût-il aussi délicat que celui de l'écriture, elle se raidit, devient dure au toucher, tandis que dans les conditions ordinaires elle a la flaccidité d'un membre frappé de paralysie ou la plasticité de la cire. Si l'on essaye d'empêcher le mouvement, pendant qu'il s'exécute, en maintenant les doigts dans une position fixe, on éprouve une grande résistance ; il est très difficile d'immobiliser les doigts ; lorsqu'on enlève le crayon, les doigts continuent à faire dans le vide les mêmes mouvements graphiques. La constriction du poignet retarde un peu le mouvement. Chez les malades auxquelles on peut donner des contractures par l'excitation des muscles et des nerfs, il est difficile d'en produire au moment où la main, chargée en quelque sorte par un mouvement passif, va le décharger en reproduisant ce qu'on lui a fait écrire ; quand on arrive à produire une contracture suffisante pour arrêter le mouvement, il peut arriver que quelques instants après, si on fait cesser la contracture, le mouvement recommence.

En terminant l'énumération de cette série d'expériences, il faut remarquer que leur intérêt réside dans leur simplicité. Rien n'est plus facile que de chercher à les reproduire chez une malade hystérique présentant de l'anesthésie ; et comme les actes de répétition inconsciente ou subconsciente sont les premiers indices de la désagrégation mentale, il en résulte que la désagrégation mentale, ce phénomène psychologique de la plus grande complexité, peut être vérifiée au moyen des procédés les plus simples et les plus élémentaires. Nous sommes parvenus, croyons-nous, à en donner une

DEUXIÈME PARTIE

démonstration *clinique*.

Il nous paraît superflu de démontrer que ces actes sont intelligents ; quelques expériences prouvent nettement que certains mouvements de répétition ne sont pas de purs réflexes. Mais dans quelle mesure exacte l'intelligence intervient-elle ? c'est ce qu'il faut préciser un peu.

Toutes les expériences précédentes ont ce trait commun que l'expérimentateur force le sujet, ou une partie de son sujet, à répéter un acte qu'il lui indique ; il le force sans exercer sur lui de violence physique ; il agit par action morale, donc par suggestion. Érigeons en personnage, pour la commodité de notre exposition, l'inconscient qui répète les mouvements ; nous dirons que l'expérimentateur, en touchant la main et le bras, donne à ce personnage inconscient l'idée de répéter l'acte, et, en définitive, le suggestionne.

Mais ce mot de suggestion, nous l'avons déjà critiqué, il est vague, il laisse confondre plusieurs choses distinctes ; et par conséquent nous ne devons pas nous en contenter. Indiquons rapidement les diverses interprétations possibles du phénomène de répétition subconsciente, considérée comme un effet de suggestion.

On peut donner à une personne éveillée ou en somnambulisme l'ordre, la suggestion d'imiter tous les mouvements qu'on exécute devant elle, ou de continuer indéfiniment le mouvement régulier qu'on imprime à une partie de son corps ; on fait tourner ses mains l'une autour de l'autre, on lui dit : « Vos mains tournent, vous ne pouvez plus les arrêter », et, en effet, si le sujet est docile à la suggestion, il se produit une série de mouvements irrésistibles. On comprend combien cette expérience est compliquée ; le mouvement est commandé par l'expérimentateur, et consenti par le sujet, qui sait ce qu'il fait, qui se rend compte et qui obéit à cette suggestion comme il pourrait obéir à une suggestion d'acte beaucoup plus compliquée, exigeant de sa part des opérations intellectuelles d'un ordre élevé. Mais ceux qui ont fait une étude approfondie de la suggestion savent bien qu'un même acte peut être exécuté dans des conditions mentales tout à fait différentes ; la continuation d'un mouvement peut se faire, soit par obéissance, comme nous venons de le voir, soit tout simplement parce qu'une image a été évoquée dans l'esprit du patient, et que cette image est une source de mouvements ; on fait écrire une lettre à une main anesthésique ; le mouvement de cette main provoque quelque part dans l'esprit de l'inconscient des images motrices ; ces images ne sont contredites par rien ; elles vont se dépenser en acte, et le mouvement se répète ; il n'y a point là d'obéissance, mais un phénomène psychologique plus simple, plus élémentaire.

Je ne puis dire qu'elle est l'explication qui convient aux phénomènes de répétition décrits ; probablement les deux explications sont vraies, chacune pour un sujet différent, et pour des conditions d'expériences différentes ; tantôt la répétition du mouvement est un acte d'obéissance intelligente provenant d'un inconscient qui a compris ce qu'on lui demande et qui l'exécute ; tantôt la répétition est une affaire d'images évoquées. On voit qu'il y a là des cas à distinguer, et que le mot sommaire de suggestion ne rend pas compte de tous les phénomènes.

Ce qui est significatif, c'est que beaucoup de sujets ne peuvent pas recevoir à l'état de veille de suggestion compliquée par l'intermédiaire de l'écriture inconsciente. On n'obtient que la répétition de l'ordre qu'on a fait écrire. On a fait écrire à la main le mot : « toussez ! » le sujet ne tousse pas, mais sa main écrit plusieurs fois de suite le mot « toussez » ; pose-t-on une question, toujours par le moyen indiqué, la main n'y répond pas, mais répète la question. « Comment vous portez-vous ? » La main écrit : « Comment vous portez-vous ? » Rien n'a été compris, semble-t-il, par le personnage inconscient, qui est encore trop rudimentaire pour juger, raisonner, et qui ne sait faire qu'une chose : imiter[29]. Ce qui me paraît démontrer aussi que dans certains cas la répétition n'est qu'un automatisme d'images, c'est que cette répétition peut continuer presque indéfiniment. Faisons tracer une boucle à la main insensible, celle-ci va dessiner cette boucle vingt fois, cent fois et davantage, sans y rien changer, sans se fatiguer, sans perdre patience. C'est une machine montée qui ne sait pas s'arrêter.

Mais chaque sujet mérite d'être examiné en lui-même, et chaque personnage inconscient a très probablement son état mental particulier ; ce qui est vrai de l'un est faux de l'autre ; il est donc inutile de poser des règles générales, qui seraient inexactes.

Enfin, nous devons rappeler en terminant sur ce point qu'alors même qu'un inconscient ne paraît pas comprendre une sugges-tion compliquée, celle-ci produit souvent un certain effet, qu'il faut bien connaître ; la suggestion non comprise persiste à l'état de souvenir ; et ce souvenir, renaissant dans un nouvel état psy-chologique, pourra être compris alors pour la première fois ; étant compris, il deviendra le point de départ d'une suggestion tardive, qui s'accomplira à un moment où personne ne pense plus à elle. Reprenons notre dernier exemple ; on a fait écrire à la main un mot quelconque ; ce mot n'a pas été compris, mais il est resté dans la mémoire de l'inconscient ; que celui-ci se développe plus tard, comme nous en verrons des exemples, il pourra retrouver la sug-gestion, la comprendre et l'exécuter. On ne doit pas perdre de vue cette cause possible d'erreur.

CHAPITRE II
L'INSENSIBILITÉ DES HYSTÉRIQUES (SUITE)
LES ACTES SUBCONSCIENTS D'ADAPTATION

I. Actes d'adaptation inconsciente. — Une ancienne expérience de Lasègue. — Caractères de la catalepsie partielle. — Absence de tremblement, d'effort et de fatigue. — Durée de la conservation de l'attitude. — Interprétation du phénomène.

II. Actes d'adaptation plus compliqués. — Réactions produites par des excitations douloureuses non senties. — Électivité. — Paroles inconscientes. — Écriture automatique spontanée.

I

Lasègue a donné, il y a longtemps déjà, un excellent exemple de mouvements subconscients d'adaptation, quand il a décrit ce qu'il appelle des *catalepsies partielles*[30] ; elles consistent dans l'aptitude des hystériques à conserver très longtemps avec un membre insensible la position qu'on lui donne, sans que le sujet éprouve de fatigue, sans même qu'il perçoive la position de son membre, si on a pris la précaution de le lui cacher ; la catalepsie partielle peut s'observer en dehors de l'hystérie, dans des conditions mentales équivalentes ; mais nous décrirons ici ce phénomène tel qu'on peut l'observer chez les hystériques.

Soulevons par exemple le bras insensible du sujet, toujours pris à l'état de veille, et avec le dispositif de l'écran ; si nous lâchons brusquement le bras, parfois il retombe le long du corps avec la lourdeur d'un membre atteint de paralysie flaccide, et chez certains sujets on n'arrive pas à autre chose ; chez d'autres, le bras soulevé reste en l'air. Supposons que nous avons à étudier un de ces derniers malades. En soulevant le bras insensible, on peut, au moyen d'un tour de main spécial, le faire retomber ou le maintenir levé. Si on veut qu'il retombe, il faut l'abandonner brusquement ; si on veut qu'il ne retombe pas, il faut le maintenir en position pendant une seconde, ou le serrer un peu. Le membre anesthésique paraît comprendre à merveille le désir de l'expérimentateur ; il le comprend si bien que lorsqu'on n'est pas averti, on ne sait pas comment il se fait que le membre reste levé quand on désire qu'il reste levé, et retombe quand on désire qu'il retombe. Pour provoquer ces deux effets opposés, il suffit d'une nuance. Cet exemple est un des plus frappants qu'on puisse citer pour démontrer l'intelligence qui peut résider dans les mouvements subconscients de l'hystérique.

Le caractère le plus saillant du phénomène, celui sur lequel la simulation, si elle tentait de se produire, ne pourrait s'exercer[31], c'est la durée de la conservation de la pose. Nous ne dirons pas avec Lasègue que cette durée est indéfinie, ce n'est là qu'un mot. Lasègue, qui était un brillant initiateur plutôt que l'homme des recherches approfondies, dit plaisamment que « l'expérimentateur se fatigue d'attendre avant que le malade soit fatigué de l'immobilité ». En effet, l'expérience peut durer fort longtemps. Chez un de nos sujets, le bras droit étendu horizontalement et l'avant-bras légèrement fléchi ont mis une heure vingt minutes à tomber ; ce n'est qu'au bout de ce temps de pose véritablement considérable que le coude, qui baissait lentement, est arrivé au contact du corps, ce qui a mis fin à l'expérience. Chez une autre femme, l'expérience n'a pu être prolongée jusqu'à la fin, mais nous avons constaté qu'au bout de trois quarts d'heure, l'extrémité du membre supérieur droit, qui était étendu horizontalement, avait baissé à peine de cinq à six centimètres.

Si on demande à ces malades de conserver la pose en même temps avec le bras sensible, les deux bras étant étendus horizontalement, on s'aperçoit de la différence qu'il y a entre les deux côtés ; le bras sensible se fatigue, il se fatigue même assez vite, et la malade est obligée de le baisser pour le reposer, alors que le bras insensible reste encore en position.

La conservation de l'attitude n'est pas seulement remarquable par sa durée ; elle présente ce signe particulier qu'elle a lieu sans tremblement ; la main étendue ne présente pas ces légères trémulations qu'on observe chez l'individu normal fatigué de la pose ; le membre du sujet offre seulement de légères oscillations qui le soulèvent tout d'une pièce et semblent en rapport avec les mouvements respiratoires.

À l'absence de tremblement s'ajoute l'absence des signes qui caractérisent l'effort et la fatigue, comme on peut s'en assurer en prenant les tracés des mouvements respiratoires ; la respiration peut conserver son rythme régulier à un moment où chez un sujet normal elle présenterait des irrégularités qui révèlent la fatigue et l'effort destiné à la masquer. Enfin, en dernier lieu, le malade, si on en croit son témoignage, n'éprouve point de sensation consciente de fatigue.

Ces différents signes physiques sont loin d'être constants. J'ai vu des malades chez lesquels les tracés de la respiration présentent au bout de quelque temps un trouble notable, une irrégularité et une précipitation qui sont certainement sous l'influence de la fatigue, bien qu'ils soient bien moindres que ceux qu'on peut observer chez ces mêmes sujets quand c'est le bras sensible qui conserve la pose. Pendant ce temps, le sujet déclare qu'il ne sent aucune fatigue ; nous le croyons sincère, et le démenti que lui donne la méthode graphique est bien curieux ; certainement, dirons-nous, il y a eu fatigue, le tracé en fait foi, mais fatigue inconsciente et atténuée.

On a observé parfois que les sujets, quand ils se prêtent à l'expérience décrite, éprouvent une sensation, non de fatigue, mais de douleur. Cette douleur peut occuper un point du corps assez éloigné du membre en expérience ; c'est par exemple la région précordiale, le flanc, ou l'épaule du côté opposé. Les malades distinguent nettement cette sensation douloureuse de la sensation de fatigue ; il paraît que c'est tout autre chose.

Je n'insiste pas davantage sur l'étude de ce phénomène ; je me contente de renvoyer le lecteur qui voudrait plus de détails aux articles et ouvrages de Lasègue, Saint-Bourdin[32], Liébeault[33], Binet et Féré, Séglas et Chaslin[34], Pitres[35], etc. Je signalerai seulement deux questions particulières.

La première est une question d'interprétation : quelle est la nature de ce phénomène de plasticité cataleptique ? On l'a longtemps décrit comme un phénomène neuro-musculaire, et on en a placé l'origine dans un état d'hyperexcitabilité des centres nerveux, expression commode qui n'explique rien, mais ne compromet personne. On semble admettre aujourd'hui, avec plus de raison, que la psychologie a le droit de revendiquer ces phénomènes ; le fait est que leur origine psychologique n'est pas douteuse chez un grand nombre de sujets ; le tour de main nécessaire pour mettre en jeu cette plasticité le montre suffisamment.

S'ensuit-il que ce soit là une simple suggestion ? Oui, si l'on veut, mais il ne faut pas oublier que la conservation de l'attitude peut avoir lieu pour plusieurs raisons bien distinctes, et qui ne sont vraies chacune que pour un cas particulier ; dans tel cas, par exemple, l'inconscient ne laisse pas retomber le bras soulevé parce qu'il a compris le désir de l'expérimentateur et veut s'y conformer. « Pour mettre un membre en catalepsie, dit M. Bernheim, il suffit de lever ce membre, de le laisser quelque temps en l'air, au besoin d'affirmer que ce membre ne peut plus être baissé ; il reste en *catalepsie suggestive* ; l'hypnotisé dont la volonté ou le pouvoir de résistance est affaibli conserve passivement l'attitude imprimée. » C'est de l'obéissance ; et l'explication nous paraît exacte pour tous les cas où le phénomène a été produit par suggestion verbale, dans les cas aussi où le sujet a assisté à des expériences analogues sur d'autres malades, et dans les cas enfin où l'inconscient de l'hystérique est assez développé pour se rendre compte de la pensée de l'opérateur ; mais, dans d'autres conditions, chez d'autres malades, il semble que la cause de la catalepsie, tout en restant psychologique, est plus simple ; c'est une pure inertie mentale, ou ce qu'on a appelé un état de monoidéisme ; l'inconscient subit sans la comprendre, sans la raisonner, et par conséquent sans y résister, l'attitude qu'on lui donne. En termes plus précis, nous dirons : quand une attitude est imprimée au bras, on provoque un certain nombre de sensations tactiles et musculaires, qui représentent l'attitude, et qui, en continuant à se produire, deviennent une cause d'excitation pour les muscles dont la contraction maintient l'attitude ; c'est un automatisme de sensations, d'images et de mouvements, peut-être aussi de désirs et volitions rudimentaires, qui est de tous points comparable à celui qui peut déterminer une répétition de mouvements. Ainsi, il y a tantôt suggestion par obéissance raisonnée, tantôt suggestion par automatisme. Dans tous les cas, la plasticité cataleptique a sa source dans l'état mental du sujet et s'explique par des raisons psychologiques.

II

La conservation d'une attitude est un acte d'adaptation simple ; en voici d'autres plus compliqués.

Si pendant que le bras est soulevé, on le charge de poids, le membre étendu peut ne pas se fléchir brusquement ; il fait un effort approprié à la charge nouvelle, de manière à conserver la position qui lui a été donnée. Dans ce nouvel exemple, on peut s'assurer que le membre insensible fait preuve de perspicacité, car si on presse tout doucement sur le membre étendu, on le fait baisser, tandis que, lorsqu'on attache à ce membre l'anneau d'un poids de 2 kilogrammes, le bras reste en position ; c'est que, dans les deux cas, l'intention de l'expérimentateur est différente, et se traduit par des mouvements différents, que le sujet paraît bien comprendre.

On provoque des mouvements complexes d'adaptation en plaçant dans la main insensible des objets connus ; le contact de ces objets en suggère l'usage, et détermine des mouvements appropriés ; les deux premiers doigts étant placés dans les anneaux d'une paire de ciseaux, la main reconnaît le ciseau, l'ouvre et le ferme comme si elle cherchait à couper quelque chose. Si on met le dynamomètre dans la main d'un sujet, qui a l'habitude de se servir de cet instrument, et qu'on rapproche les doigts des branches, la main serre sans en avoir conscience ; elle serre une fois, deux fois, vingt fois de suite, et davantage ; le propre de ces mouvements d'adaptation est de se continuer très longtemps. Le chiffre de pression est en général un peu inférieur à celui que donne le même sujet quand il presse volontairement. Ce qu'il faut remarquer encore, c'est l'association, la coordination des mouvements inconscients entre eux et avec les impressions qui leur servent de point de départ. Si on tire les deux bras en avant, le sujet étant assis et ayant les yeux bandés, tout le corps se soulève, et les mouvements se coordonnent pour maintenir la station debout sans que le sujet se doute qu'il soit levé. Mais en général, l'harmonie des mouvements ne va pas jusqu'à s'établir entre la physionomie et les attitudes imprimées aux membres ; si on ferme énergiquement le poing anesthésique, la figure ne prend pas une expression de colère ; si on joint les mains, la figure ne prend pas une expression extatique ; cependant cette influence du geste sur la physionomie est dans la logique des choses, et on l'a vue parfois se réaliser pendant la catalepsie partielle de l'état de veille[36]. Il y a là une généralisation de mouvements inconscients qui est analogue à celle que nous avons déjà signalée pour la répétition inconsciente.

Les mouvements d'adaptation les plus curieux se produisent à la suite d'excitations douloureuses, comme des pincements de la peau ou des brûlures ; le personnage inconscient exécute alors des mouvements de défense pour se soustraire à la douleur. Seulement, il ne suffit pas en général pour provoquer ces mouvements de défense, de piquer, même profondément, la main anesthésique. Si le procédé de la piqûre était suffisant, comme c'est celui qu'on emploie dans la clinique courante pour explorer la sensibilité, il y aurait longtemps que les médecins se seraient aperçus des mouvements d'adaptation que nous allons décrire. En réalité, les pincements et piqûres ne produisent pas en général des mouvements de défense ou de fuite ; quoique piquée, la main insensible reste immobile, sans se défendre. Pour lui faire donner un signe de douleur, il faut une excitation qui ait une signification et détermine la perception d'un objet connu. Des impressions simples provoquées par une pointe de compas ou d'épingle sont comme des lettres isolées, a, b, c, qui n'éveillent aucune idée, tandis que les impressions complexes d'une boîte, d'un porte-plume sont comme des mots qui suggèrent une idée.

Voici une des expériences que nous avons imaginées : mettre dans la main insensible du sujet qui ne voit pas sa main une boîte d'allumettes, et chercher s'il peut faire flamber une allumette et éviter la flamme. Les résultats de l'expérience ont beaucoup varié suivant les malades. L'une n'ouvre pas la boîte ; et même, chose assez plaisante, elle commet une erreur de perception ; elle serre la boîte de toutes ses forces, en la confondant sans doute avec le dynamomètre qu'on avait placé dans sa main quelque temps auparavant. Une autre malade, dans les mêmes conditions, montre plus de sagacité ; sa main insensible palpe la boîte, parvient à l'ouvrir après beaucoup d'hésitations, tâte les allumettes avant d'en prendre une, et, quand elle en a pris une, ne cherche pas à l'allumer, mais la tient immobile entre ses deux doigts. Ici encore, curieuse erreur de perception : la main croit tenir un crayon et essaye d'écrire. Nous enflammons nous-même l'allumette et nous la lui donnons. Le pouce et l'index ne paraissent pas s'apercevoir de la flamme qui approche et qui vient s'éteindre à leur contact en brûlant et fondant le bout des ongles. Chez une troisième malade la reconnaissance de la nature de l'objet a été complète ; au bout d'un instant de contact, la main entoure la boîte, la palpe, paraît la reconnaître, pousse en dehors le tiroir qui contient les allumettes, en prend une, la frotte contre les parois de la boîte, l'allume, et la tient allumée, en l'inclinant un peu ; à mesure que la flamme s'avance, les doigts reculent, comme s'ils fuyaient devant la chaleur, et quand la flamme approche à l'extrémité de l'allumette, les doigts se desserrent, et l'allumette tombe ; évidemment, tout a été perçu, et la main a même exprimé par son geste la crainte d'être brûlée.

On peut voir d'après ce qui précède que malgré l'insensibilité apparente toutes les espèces de sensibilité peuvent être conservées et mises en jeu par des moyens appropriés. Mais ce n'est pas tout ; l'étude attentive des réactions précédentes montre que bien qu'elles émanent d'une pensée, cette pensée est encore incomplète sur bien des points, puisqu'elle ne peut aboutir, dans certains cas, qu'à des mouvements d'adaptation erronés et qu'elle est incapable de se corriger elle-même. M. Myers, en analysant ces expériences, a remarqué avec raison qu'elles rappellent un peu celles où l'on étudie les mouvements instinctifs d'un animal, après l'avoir privé d'un certain nombre de ses ganglions nerveux ; tel mouvement instinctif peut se produire encore, mais sans discernement.

Nous avons déjà passé en revue la sensibilité tactile, musculaire, douloureuse ; il nous reste, pour être complet, à faire mention de la sensibilité élective. On entend par cette expression l'aptitude que présentent certaines malades à être influencées par une personne et par celle-là seulement ; tel somnambule, par exemple, ne voit, n'entend que son hypnotiseur et n'obéit qu'à lui. Peut-être ne devrait-on pas donner le nom de sensibilité à un phénomène qui est certainement beaucoup plus compliqué que la faculté de percevoir des sensations. Quoi qu'il en soit, on observe de l'électivité dans les phénomènes inconscients qu'on peut provoquer à l'état de veille chez une hystérique, et en voici un exemple très net. Chez certains sujets, le bras qu'on lève pour le mettre en catalepsie ne reste levé que si c'est l'expérimentateur habituel qui le tient ; le contact d'une autre personne peut être reconnu et distingué, car souvent l'ordre d'une autre personne n'est pas obéi ; et c'est en vain que celle-ci soulève le bras et cherche à le maintenir en l'air un moment ; aussitôt qu'elle le quitte, il retombe ; et parfois même, il refuse de se soulever et se raidit pour résister.

Nous abordons ici des phénomènes complexes, dont l'analyse est difficile pour le moment, et qui même seraient révoqués en doute s'ils n'étaient pas en continuation avec ceux que nous venons d'étudier. Nous ne nous y arrêterons pas longtemps ; nous devons cependant les mentionner. Il arrive parfois que lorsqu'on vient de piquer la main insensible, derrière l'écran, celle-ci se retire brusquement et le sujet s'écrie : « Vous m'avez fait mal ! » Un observateur non prévenu, qui assisterait à cette expérience pour la première fois, serait en droit de conclure que le sujet n'a pas perdu sa sensibilité ; mais il faut remarquer que le sujet a prononcé ces mots sans conscience ; quand on lui adresse ensuite la parole pour lui demander si la douleur a été très vive, il répond qu'il n'a rien senti, et il soutient même qu'il n'a pas dit un mot ; sans doute son témoignage, pris isolément, paraîtra suspect ; mais si ce sujet présente en outre une anesthésie régulièrement constatée, et s'il a des mouvements inconscients très développés, nous serons disposés à admettre la sincérité de son affirmation ; nous admettrons que le personnage subconscient qui est en lui a perçu la douleur, et que ce personnage, qui peut exprimer la douleur par des mouvements de la main, peut aussi, par occasion, l'exprimer au moyen de la parole. Quand l'attention de l'observateur est dirigée de ce côté, il peut relever assez souvent au cours des expériences des signes d'impatience, des tressaillements, et même des mots murmurés à voix basse qui appartiennent certainement au personnage inconscient. Il est bien entendu que ces phénomènes sont toujours d'une interprétation délicate.

Enfin, l'inconscient peut s'affirmer d'une manière encore plus complète par l'écriture automatique spontanée. C'est la dernière observation que nous rapporterons, car ici les phénomènes que nous étudions sont bien prêts de se confondre avec ceux du spiritisme, qui feront l'objet d'un autre chapitre. Nous avons vu déjà précédemment que lorsqu'on fait répéter à la main insensible un mot contenant une faute d'orthographe, elle peut corriger la faute ; c'est une première preuve d'initiative ; l'inconscient peut en donner bien d'autres. Il y a des malades auxquels il suffit de faire écrire, par la main insensible, une seule lettre pour que le mot entier qui commence par cette lettre, soit écrit ; on fait tracer la lettre P, et le sujet écrit Paris, et ainsi de suite. Parfois, à la suite de ce premier mot, la main en écrit un second, sans en avoir conscience ; parfois même, c'est une phrase entière qui apparaît ; et j'ai vu des sujets hystériques auxquels il suffit de mettre un crayon dans la main insensible pour que des pages entières se couvrent d'écriture, sans que le sujet cesse de parler de toute autre chose ; et il paraît n'avoir pas conscience de ce que fait sa main. Tout se passe à peu près comme dans l'observation de M. Taine, rapportée plus haut. Nous pouvons rappeler à l'occasion de ces observations les réserves que nous venons de faire sur l'interprétation des cris de douleur du personnage inconscient ; rien ne prouve que le malade ne simule pas, et la simulation serait dans ce cas particulièrement facile ; mais ce n'est pas sur une expérience isolée qu'il faut fonder sa conviction ; il faut étudier un ensemble de faits et voir s'ils s'enchaînent.

CHAPITRE III
L'INSENSIBILITÉ DES HYSTÉRIQUES (SUITE)
CARACTÈRES GÉNÉRAUX DES ACTES SUBCONSCIENTS

I. Enregistrement par la méthode graphique des mouvements subconscients. — Généralité de ces mouvements. — La forme de ces mouvements dépend de l'acte d'adaptation provoqué. — Temps physiologique de réaction.

II. Interprétation générale des phénomènes. — Ils supposent non seulement des sensations inconscientes, et des mouvements inconscients, mais des souvenirs et des jugements inconscients. — Pourquoi on n'observe pas ces réactions chez tous les hystériques : nécessité d'une coordination préalable.

III. L'anesthésie visuelle chez les hystériques. — Ses principaux caractères. — Discussion sur certains phénomènes singuliers. — Hypothèse anatomique. — Expériences directes qui la réfutent. — Hypothèse psychologique.

I

Maintenant que nous connaissons la grande variété de mouvements subconscients, d'actes subconscients et de réactions de toutes sortes qu'on peut produire dans un membre insensible, il n'est pas difficile d'imaginer ceux qui peuvent être enregistrés par la méthode graphique ; tous peuvent l'être avec plus ou moins de commodité. Pour rester dans les conditions les plus simples, on peut employer comme mode d'excitation, des piqûres d'épingle ; à chaque piqûre, faite sur la région insensible, il se produit un petit mouvement responsif dans la région où le tambour récepteur de l'appareil graphique est appliqué ; trois excitations successives produisent trois mouvements et ainsi de suite. De même si on fait battre un métronome près du sujet, on recueille des contractions musculaires qui suivent le rythme des battements du métronome, qui s'arrêtent quand on l'arrête, se précipitent quand on l'accélère, et ainsi de suite. Le caractère en apparence très simple et tout à fait élémentaire de ces réactions, les a souvent fait prendre pour des mouvements réflexes ; mais, sans méconnaître que les mouvements inconscients peuvent se compliquer de mouvements purement réflexes, il ne faut pas oublier que ces mouvements inconscients ont un caractère hautement psychique. Nous en donnerons, chemin faisant, de nombreuses preuves.

L'appareil qu'on emploie en général pour recueillir les contractions inconscientes est un tambour myographique, présentant un bouton en bois que l'on met en contact avec le tégument de la région qu'on cherche à explorer. Il est à peine besoin de remarquer que ce mode d'enregistrement est tout à fait défectueux quand il s'agit d'étudier, non pas la contraction isolée d'un muscle, mais le mouvement total d'un membre ; car ce mouvement fait intervenir dans l'ordre le plus compliqué toutes les puissances motrices appliquées à ce membre ; tantôt tel groupe musculaire entre en action, tantôt tel autre, tantôt un troisième ; l'appareil ne nous renseigne que sur l'activité d'un seul groupe ; c'est un peu comme si, pour connaître une phrase musicale, nous ne pouvions percevoir qu'une seule note. Il faudrait trouver d'autres procédés pour étudier les mouvements coordonnés. En attendant, servons-nous de ce que nous avons entre les mains, mais rappelons-nous tout ce que les tracés présentent d'insuffisant.

L'emploi de la méthode graphique permet d'acquérir une connaissance plus exacte et en quelque sorte plus intime des précédents phénomènes, en mettant bien en lumière les caractères de durée, de grandeur et de forme des mouvements inconscients. M. Gley a eu le premier l'idée d'appliquer les graphiques à l'étude de ces mouvements, mais il se plaçait dans des conditions un peu différentes de celles qui nous occupent actuellement et nous aurons à revenir plus loin sur ses expériences.

Généralité des mouvements subconscients. — Parmi les faits bien élucidés par la méthode graphique, il faut d'abord signaler la généralité des mouvements subconscients ; ces mouvements ne se produisent pas seulement, comme on pourrait le croire, dans les régions insensibles, mais dans toutes les parties mobiles où l'on applique un appareil enregistreur.

Il en est ainsi notamment pour les mouvements respiratoires de la cage thoracique. Si on prend le tracé respiratoire, on constate que les excitations de la peau, dans une région insensible, peuvent le modifier chez certains sujets, de telle façon qu'on ne peut pas mettre en doute la présence d'une pensée inconsciente ; j'ai vu chez quelques personnes le mouvement respiratoire suivre le rythme d'une série de piqûres ou d'une série de battements du métronome, alors même que les excitations se suivaient à des intervalles d'une seconde seulement. Une telle influence des excitations extérieures sur les mouvements de la respiration n'est pas extraordinaire, si on l'explique par des causes purement psychologiques ; et nous verrons bientôt la preuve qu'il y a dans la malade une intelligence inconsciente qui *fait exprès*, en quelque sorte, de produire ces résultats.

Importance des mouvements. — L'importance des mouvements subconscients est généralement plus grande dans les régions insensibles.

Pour bien constater cette différence, il ne suffirait pas d'appliquer deux tambours enregistreurs sur deux régions symétriques, dont l'une serait sensible et l'autre ne le serait pas ; les résultats qu'on obtiendrait par cette méthode seraient tout à fait défectueux, par suite de la difficulté où on se trouve d'avoir des appareils rigoureusement comparables. Le mieux est de faire deux expériences successives sur une même région, en laissant les instruments en place, et en supprimant dans une des expériences l'insensibilité de la région par une suggestion verbale ; on voit alors très souvent, je n'ose pas dire toujours, qu'avec le retour de la sensibilité les mouvements inconscients diminuent, tandis que la disparition de la sensibilité sous l'influence d'une nouvelle suggestion les exagère.

Forme des mouvements. — La forme du mouvement subconscient dépend en premier lieu de la nature de l'appareil récepteur appliqué à la malade. Si on a mis un dynamographe dans la main insensible, l'instrument est serré à chaque excitation ; si c'est un tambour qui a été placé sur les masses musculaires de l'avant-bras, le sujet fait avec les doigts un mouvement tout différent, mais toujours approprié aux circonstances, montrant ainsi une fois de plus que les mouvements inconscients ont le caractère de mouvements d'adaptation. Si on avait mis un crayon dans la main, à chaque excitation de la peau le crayon aurait dessiné un trait. Voilà une première démonstration du caractère psychologique de ces mouvements inconscients.

La nature de l'excitation peut, elle aussi, influer sur la forme de la réponse ; quand le malade a un dynamographe dans la main insensible, une excitation brève de la peau provoque une pression brève de l'instrument ; si on excite plus longtemps, la pression est plus longue. Les rapports entre l'excitation et la réponse sont surtout bien frappants, quand on se sert du métronome. La première fois qu'on fait marcher le métronome à côté du sujet qui tient dans sa main insensible — et toujours derrière l'écran — un dynamographe, le plus souvent il ne se produit rien ; la main insensible ne comprend pas en quelque sorte qu'il faut presser à chaque battement ; elle reste immobile ; mais peu à peu les contractions commencent, et une fois amorcées, elles se continuent régulièrement. Or, il est bien curieux de voir que si le métronome bat suivant un rythme très rapide, puis qu'on l'arrête brusquement, en dehors de la vue de la malade, la main de celle-ci ne s'arrête pas tout de suite, mais fait en plus une contraction, ou une demi-contraction, comme si elle avait prévu à chaque fois le bruit nouveau. Ces réactions anticipées sont encore une preuve excellente que les mouvements inconscients ont un caractère psychologique.

Temps physiologique de réaction. — Les quelques expériences que nous venons de résumer font naître assez naturellement l'idée de mesurer le temps de réaction des mouvements inconscients ; mais pour ma part j'ai été empêché de le faire, par suite de la difficulté suivante : lorsqu'on prend le temps de réaction d'une personne, on l'instruit de l'expérience qu'on va exécuter et on lui recommande de réagir avec autant de rapidité que possible ; or, on ne peut pas faire une recommandation de ce genre à l'hystérique dont on étudie les mouvements inconscients, puisque ces mouvements restent en dehors de sa personnalité et de sa volonté. En outre, lorsqu'on donne le signal à l'improviste, la main anesthésique ne produit son mouvement que très longtemps après, plusieurs secondes après ; et si on donne au contraire plusieurs signaux successif séparés par des temps égaux, il y a prévision du signal, et la réponse peut être simultanée. Toutes ces raisons rendent l'expérience bien difficile.

Pour l'exécuter correctement, il faut prendre un détour, qui demande quelques explications.

Nous n'avons pas encore parlé des mouvements volontaires qu'une hystérique peut exécuter avec un membre insensible ; l'étude de ces mouvements sera faite un peu plus loin. Nous verrons que le mouvement volontaire, suivant qu'il est exécuté par un membre sain ou anesthésié, présente de grandes différences ; la principale est une différence dans le temps de réaction ; le mouvement du membre insensible est presque toujours en retard sur l'autre.

On peut recueillir le mouvement de réponse par différents pro-

cédés, en faisant interrompre un courant électrique, ou tout simplement en faisant presser un dynamographe relié par un tube
de caoutchouc à la plume d'un appareil enregistreur ; ce dernier
procédé est moins correct que le précédent, mais il a l'avantage
de montrer le fait suivant, qui est extrêmement curieux ; lorsque
le sujet serre volontairement avec la main insensible, pour répondre aussi vite que possible à un signal convenu, on voit parfois que, bien qu'on lui ait recommandé de ne serrer qu'une fois
seulement, il a donné deux pressions : l'une des pressions correspond au temps moyen de réaction de la main insensible ; l'autre,
au contraire, généralement beaucoup moins forte, correspond
au temps moyen de réaction de la main sensible ; et la différence
entre ces deux moyennes est assez grande pour qu'il soit impossible de les confondre ; de plus, cette seconde pression est involontaire et inconsciente, car le sujet ne croit avoir pressé qu'une
fois ; enfin, quand il ne se produit qu'une seule pression, ce qui
est le cas le plus fréquent, cette pression unique et volontaire présente toujours le temps moyen de la main anesthésique. Toutes ces
raisons nous déterminent à croire que la réaction supplémentaire
dont nous venons de parler appartient à la catégorie des mouvements inconscients ; et il en résulte cette conclusion importante
que même pour un membre insensible, la durée de la réaction inconsciente est à peu près égale à celle de la réaction consciente
pour un membre sensible.

En terminant ce paragraphe, j'insiste encore sur le caractère psychologique des réactions que nous venons d'enregistrer ; ce sont
des réactions inconscientes, mais elles n'en émanent pas moins
d'une intelligence. Il serait dangereux de l'oublier, et de croire que
par cela seul qu'on se sert d'un cylindre enregistreur et d'un papier
enfumé, on n'a pas à craindre les causes d'erreurs psychologiques.

II

Il est temps de laisser de côté le détail des expériences, et de chercher à en dégager une idée générale. Toutes les expériences ont été
faites avec un dispositif uniforme, consistant, comme nous l'avons
dit et répété souvent, à cacher à la malade les épreuves auxquelles

on soumet son membre insensible et les réactions qui se produisent dans ce membre. Il en résulte que lorsque l'expérimentateur n'a pas l'imprudence de parler à la malade, celle-ci reste étrangère à l'expérience, et de fait, elle peut s'occuper de toute autre chose. Elle n'a point la sensation consciente de ce qui se passe dans ses membres, à moins qu'il ne se produise, au cours des recherches, un retour de sensibilité dont il faut toujours se méfier, et qui s'expliquerait en partie par un trop grand nombre d'excitations portées sur une même région.

Les malades sur lesquels on peut reproduire les phénomènes en cause sont assez nombreux ; j'ai pu en étudier plus d'une trentaine ; et, d'autre part, depuis que mes recherches et celles de M. Féré ont été publiées, elles se sont trouvées confirmées par les observations concordantes d'autres auteurs (Babinski, Onanoff, Blocq, P. Janet, etc.), ce qui semble une preuve de leur exactitude.

Nous devons remarquer que parmi les hystériques, les hommes en général se prêtent peu à ces recherches : soit que l'insensibilité de l'hystérie mâle soit plus grave, plus profonde que celle de la femme, soit pour toute raison que j'ignore, il est parfois malaisé de provoquer dans le membre insensible d'un sujet mâle des mouvements subconscients. Parmi les femmes, il faut faire une distinction importante ; celles qui ont été fréquemment soumises à des manœuvres d'hypnotisation présentent des mouvements inconscients bien plus développés que les autres femmes. Cette circonstance, la fréquence de l'hypnotisation, a une importance bien plus décisive que le degré de l'anesthésie ; d'après ce que j'ai vu, il n'existe pas de proportion entre le degré de l'anesthésie et le développement des mouvements inconscients.

Les faits précédents démontrent quelle est la vraie nature de l'anesthésie hystérique. On a souvent soupçonné que l'insensibilité hystérique, dans un certain nombre de cas, ne supprime pas nécessairement la sensation, comme le fait une anesthésie de cause organique ; ce soupçon fait maintenant place à la certitude. Les mouvements de répétition, d'adaptation que nous venons de solliciter dans un membre complètement dépourvu de sensibilité consciente n'auraient pas pu se produire si rien n'avait été perçu ; pour que la main entoure le crayon glissé entre les doigts, pour qu'elle ouvre une boîte d'allumettes, serre un dynamographe, ou tout simplement répète fidèlement un mouvement de flexion qui a été imprimé à un des doigts, il est de toute nécessité que certaines impressions aient été recueillies par ce tégument soi-disant anesthésique ; il y a donc eu une perception bien réelle, quoique ignorée du sujet, une perception inconsciente, et l'anesthésie hystérique apparaissant alors comme une suppression de la conscience pourrait être appelée une *anesthésie par inconscience*.

Il y a plus ; l'hypothèse doit aller plus loin ; pour expliquer la production des actes inconscients, il ne faut pas se contenter de supposer des sensations inconscientes ; isolées, des sensations ne produiraient rien ; or, en analysant les principales observations recueillies, nous avons vu intervenir des phénomènes de mémoire et de raisonnement, de sorte que les mouvements inconscients nous révèlent l'existence d'une intelligence qui est autre que celle du moi du sujet, et qui agit sans son concours et même à son insu. C'est là une conclusion nécessaire, elle s'impose ; de quelque manière qu'on conçoive cette intelligence secondaire, accessoire, parasite en quelque sorte, il est certain que chez certains sujets elle existe et qu'elle agit.

Il est vrai que chez de nombreux hystériques anesthésiques et notamment chez des hommes, on ne peut rien produire de semblable ; mais il ne faut pas se hâter d'en conclure que leur insensibilité est d'une nature différente. La manifestation des mouvements inconscients et d'une intelligence en général est soumise à une condition capitale, qui peut manquer : c'est la coordination. Pour qu'un mouvement passif communiqué au bras soit répété, il ne suffit pas qu'il soit perçu, il faut que la perception puisse être coordonnée avec les mouvements de réponse correspondants, et que tout cela s'enchaîne. C'est si bien la coordination qui fait défaut chez certains sujets auxquels on ne peut pas donner de mouvements inconscients, que si par un artifice quelconque on établit cette coordination, on arrive souvent à faire apparaître les mouvements inconscients ; témoin l'expérience suivante, que j'ai bien souvent répétée : on place un dynamomètre dans la main insensible cachée derrière un écran ; il ne se produit rien ; mais si on prie le sujet de serrer volontairement, plusieurs fois de suite, l'instrument, en regardant sa main, et qu'on vienne ensuite à lui replacer le même instrument dans la main anesthésique, derrière l'écran, la main serre sans en avoir conscience ; cela se comprend, l'expérience préliminaire a créé la coordination qui manquait entre le contact de l'instrument et l'action de serrer ; cette coordination une fois établie, l'inconscient se manifeste.

III

Comme appendice aux études précédentes doivent trouver place un certain nombre d'expériences qui ont été faites sur l'œil hystérique. Nous n'insisterons pas longuement sur cette question, qui est complexe et encore un peu obscur ; nous devons cependant en dire quelques mots parce que l'étude de l'anesthésie visuelle hystérique a conduit quelques auteurs, qui en général ne s'accordent guère avec ceux que nous avons eu l'occasion de citer jusqu'ici, à admettre que l'anesthésie hystérique est une insensibilité de nature psychique.

M. Charcot et ses élèves (spécialement M. Landolt) ont montré que dans l'hystérie, les organes des sens et en particulier l'œil participent à l'insensibilité de la peau. Il est rare que l'anesthésie visuelle soit complète ; en général, on observe un rétrécissement du champ visuel, une modification dans la perception des couleurs et des troubles divers dans l'accommodation.

On a longtemps cherché à comprendre le mécanisme de l'anesthésie rétinienne des hystériques ; les auteurs[37] qui se sont occupés de la question ont constaté un certain nombre de particularités complexes, et si difficiles à comprendre qu'ils ont parfois mis en doute la sincérité de cette anesthésie. Citons un exemple : il y a des hystériques qui perçoivent bien certaines couleurs quand elles se servent simultanément des deux yeux, et qui cessent de les percevoir quand elles ne se servent que d'un œil, du droit ou du gauche. D'autres hystériques se plaignent d'une cécité de l'œil droit, quand on ferme leur œil gauche, et cependant elles voient de cet œil droit, sans s'en douter, quand elles ont les deux yeux ouverts.

Voici dans quelles conditions on peut observer avec précision ce trouble visuel. On se sert d'une boîte qui est percée de deux orifices pour les yeux, et qui porte sur sa face postérieure et interne deux points de couleur différente ; l'un est à droite, l'autre à gauche, et par un dispositif ingénieux le sujet perçoit avec son œil droit le point situé à gauche et avec son œil gauche le point situé à droite. Cet instrument est employé pour déjouer la simulation, par exemple chez les conscrits. Le simulateur, qui prétend ne pas voir avec l'œil droit, dira qu'il ne voit pas le point qui lui apparaît à droite, et c'est précisément le point qui est vu par l'œil gauche. Maintenant comment se comporte l'hystérique qui ne voit pas avec l'œil droit ? Tout différemment ; quand il regarde dans la boîte, avec ses deux yeux ouverts, il voit les deux points, celui de droite et celui de gauche ; il voit donc avec les deux yeux.

Pour expliquer ce fait d'observation, qui, si étrange qu'il paraisse, est cependant tout à fait exact, quelques auteurs ont eu recours à une hypothèse anatomique. Ils ont supposé qu'il existe dans l'écorce cérébrale des centres visuels de deux sortes ; il y en a deux qui sont monoculaires, c'est-à-dire qui sont en rapport avec la vision par un seul œil ; et il y en a un troisième qui est binoculaire, c'est-à-dire qui est spécial à la vision simultanée et combinée des deux yeux. On a admis que chez les hystériques qui ne perçoivent pas exactement les couleurs avec un seul œil, le centre monoculaire d'un œil ou de chacun des deux yeux est atteint ; mais, si le malade emploie les deux yeux, un autre centre de vision, le centre binoculaire, entre en action ; et comme ce centre-là n'est pas altéré, la perception des couleurs se fait exactement.

Il est inutile de discuter longuement une hypothèse anatomique, qui est en contradiction avec tout ce qu'on sait sur l'anesthésie hystérique du tégument ; l'anesthésie de la rétine, qui n'est en somme qu'une partie du tégument devenue sensible à la lumière, ne peut pas se produire par un autre mécanisme que l'anesthésie du reste du corps. D'ailleurs, quelques expériences directes ruinent complètement la prétendue distinction des centres monoculaires et binoculaires. En voici deux, qui suffiront. Si on place devant l'œil le plus anesthésique d'une hystérique (l'autre œil étant fermé), une échelle de caractères typographiques, à une distance où cet œil ne peut plus les lire, il suffit souvent de mettre un crayon dans la main du sujet pour que cette main écrive, à l'insu du sujet, certains mots de l'échelle. L'emploi de l'écriture automatique montre donc que quoique réduit à son prétendu centre monoculaire le sujet continue à percevoir les lettres ; l'ouverture de l'autre œil ne fait que rendre cette perception consciente.

Autre exemple. On a donné par suggestion une cécité monoculaire à une hystérique, on a supprimé pour elle la vision de l'œil droit. On ferme l'œil gauche de la malade, on place devant son œil droit un livre, et bien qu'elle affirme qu'elle ne voit rien, le crayon placé dans sa main reproduit les mots du livre. Comment cette écriture automatique serait-elle possible si le centre de vision monoculaire, qui seul est appelé à fonctionner dans cette expérience, était paralysé ?

Une autre hypothèse, d'un genre tout différent, a été faite il y a quelques années par M. Bernheim[38]. Cette seconde hypothèse, disons-le tout de suite, nous paraît être beaucoup plus près de la vérité que la première. M. Bernheim a nettement saisi que la cause de l'anesthésie rétinienne est psychique ; or toutes les études que nous avons rappelées sur l'anesthésie hystérique aboutissent à la même conclusion ; quelle que soit sa forme, quel que soit son siège, l'anesthésie hystérique est de nature psychique.

Malheureusement l'auteur que nous citons n'a point clairement exprimé sa pensée ; peu familiarisé sans doute avec le langage de la psychologie, il emploie des termes confus, parfois contradictoires, sur lesquels nous jugeons inutile de nous appesantir ; l'essentiel, en somme, c'est qu'il a répété quelques-unes des expériences citées, et qu'il est arrivé à cette conclusion importante que l'hystérique voit et perçoit, sans en avoir conscience, dans certaines circonstances où toute perception paraît abolie. À ce titre les expériences de M. Bernheim et sa théorie méritent une mention.

Nous ne quitterons pas cette question complexe, dont nous avons à dessein simplifié un peu les difficultés, sans indiquer avec précision le point obscur, qui appelle des recherches nouvelles. Ce qui paraît acquis c'est que, dans un certain nombre de cas au moins, l'anesthésie de la rétine est une anesthésie par perte de conscience ; mais il reste à comprendre comment une perception qui ne se fait que d'une façon subconsciente pendant la vision monoculaire peut devenir consciente pendant la vision binoculaire.

CHAPITRE IV
L'INSENSIBILITÉ DES HYSTÉRIQUES (SUITE ET FIN)
LE SEUIL DE LA CONSCIENCE

Importance présentée par l'intensité des excitations. — Une expérience sur le sens visuel. — Analogie entre les effets de l'anesthésie et ceux d'une diminution dans l'intensité des excitations.
— Expériences sur le seuil des excitations conscientes pour un
œil amblyopique. — Expériences sur la concurrence des champs
visuels. — Théories sur le seuil de la conscience.

Il peut arriver qu'un sujet hystérique ne perçoive pas certaines excitations sensorielles parce que celles-ci ne sont pas suffisamment
intenses, et que cependant ces excitations non perçues ne restent
pas sans effet ; elles pourront produire un ensemble de réactions
intelligentes, qui, comme l'excitation initiale, demeureront étrangères à la conscience du sujet et formeront à l'occasion une seconde
conscience, une seconde personnalité plus ou moins rudimentaire.
Pour fixer les idées, supposons une hystérique qui présente, à l'examen visuel, fait selon les méthodes ordinaires, une acuité visuelle
faible ; la malade, placée à telle distance d'une échelle de caractères
typographiques, ne peut pas lire tel mot ; cependant si on retient
un moment son attention sur ce mot qu'elle n'arrive pas à lire,
on aura parfois la preuve qu'elle l'a lu et perçu d'une manière inconsciente, car l'écriture automatique peut le reproduire et même
le commenter ; le mot peut devenir le point de départ d'une série
de pensées qui se traduiront par des gestes et des actes. Si le mot est
un ordre, comme « levez-vous », il pourra être exécuté, etc.

La cause de la division de conscience se trouve ici dans la faible
intensité de l'excitant.

Si on y regarde de près, on s'aperçoit qu'il existe une grande
analogie entre ces deux causes de division de conscience, l'anesthésie et la faiblesse de l'excitation. L'anesthésie est comparable,
jusqu'à un certain point, à une paresse fonctionnelle des organes
des sens, paresse d'où il résulte que les organes ne s'ébranlent que
sous l'influence d'excitations très fortes et les excitations d'intensité moyenne ne sont point perçues. Supposons l'organe moins

anesthésique, c'est-à-dire, pour employer la même image littéraire, plus facile à ébranler ; si en revanche l'excitation est plus légère, le résultat sera le même que dans le cas d'une anesthésie complète : l'organe n'entrera pas en exercice, l'excitation ne sera pas perçue.

Pour appuyer cette interprétation, malheureusement un peu vague, on peut invoquer un certain nombre d'expériences curieuses ; nous n'en citerons que deux. La première montre bien que l'anesthésie équivaut à la diminution d'intensité des excitations. Pour la comprendre, il faut se rappeler que dans les cas d'hémianesthésie classique, quand une hystérique est insensible d'une moitié du corps, les organes des sens et en particulier l'œil placé du côté insensible, sont généralement atteints, mais moins que le tégument ; prenons l'exemple d'une malade hémianesthésique à droite, et dont l'œil droit présente un champ visuel rétréci et une perte du sens de certaines couleurs ; le violet n'est pas perçu, mais le rouge continue à être perçu par l'œil droit. L'œil gauche, situé du côté sain, perçoit toutes les couleurs et notamment le rouge. Le rouge est donc perçu par les deux yeux, mais d'une manière différente ; c'est ici que l'intensité, la force, en un mot la quantité de l'excitation devient importante ; en effet, le minimum perceptible n'est pas le même pour les deux yeux ; pour qu'un même morceau de papier rouge soit vu rouge par l'œil droit, il faut qu'il présente une certaine surface, plus grande que celle qui est nécessaire pour donner la sensation de rouge à l'œil gauche ; avec une certaine dimension, le papier est vu rouge par l'œil gauche et gris par l'œil droit ; bref, par suite de l'anesthésie légère qu'il présente, l'œil droit a besoin d'une excitation plus forte pour sentir que s'il était sain ; l'anesthésie a pour effet de déplacer le minimum perceptible : en d'autres termes, elle agit comme si elle diminuait l'intensité de l'excitation.

Une seconde expérience, qu'on peut pratiquer sur le même sujet, corrobore la première ; si on adapte dans une paire de lunettes deux verres, l'un rouge, l'autre vert, qui vus chacun par un œil donnent l'impression complexe d'une succession irrégulière de rouge et de vert (c'est ce qu'on appelle la lutte des champs visuels), l'hystérique n'éprouve pas cette sensation ; il perçoit seulement la couleur du verre qu'on aura placé devant son œil gauche, c'est-à-dire devant l'œil le moins anesthésique : preuve évidente que dans la lutte des deux champs visuels, l'excitation reçue par l'œil gauche est la plus forte, puisqu'elle a constamment l'avantage.

Ce qu'on appelle le seuil de l'excitation n'est donc point chez l'hystérique une limite au-dessous de laquelle une excitation ne produit aucun effet psychologique ; les excitations inférieures à un certain minimum de conscience produisent des phénomènes de sous-conscience. C'est là un fait intéressant, qui jette quelques doutes sur une opinion généralement admise. On enseigne, en se fondant sur les expériences de psycho-physique, que la conscience qui accompagne les excitations des sens n'est point continue, mais discontinue ; si, par artifice, dit-on, on arrive à diminuer graduellement, et d'une manière très lente, l'intensité d'une excitation donnée, par exemple, le son d'un timbre, on atteint un certain degré d'excitation où la conscience est complètement supprimée ; au delà de ce point, c'est le néant mental : plus rien n'est senti ni perçu pour la conscience. On comprend la gravité de cette conclusion, qui peut conduire à toute une théorie sur la répartition de la conscience dans le monde. Nous inclinons à croire, sans être absolument affirmatifs, que le point de départ de cette théorie n'est point solide.

Son point de départ, c'est la croyance un peu naïve que la conscience qui nous est personnelle, et au centre de laquelle nous nous trouvons, est la seule qui existe en nous, et qu'en dehors d'elle rien n'a conscience de rien.

Les expériences qu'on vient de lire montrent que chez l'hystérique le seuil de la conscience n'a qu'une valeur toute relative ; c'est simplement le seuil d'*une*conscience ; au-dessous, il y en a d'autres, et probablement la conscience se perd et se dégrade par transitions insensibles, absolument comme tous les phénomènes physiques que nous connaissons.

On ne se doute pas de la faible quantité d'excitation qui suffit chez certains sujets pour faire naître la conscience. Nous touchons ici à des questions encore bien obscures, et qui seront sans doute dans l'avenir l'objet de découvertes importantes. À titre de suggestion seulement, je mentionnerai quelques expériences inachevées que j'ai faites, et qui semblent montrer que l'inconscient peut avoir une acuité de perception tout à fait remarquable. Je suis parvenu, en m'adressant au sens tactile d'un membre insensible, à faire enregistrer par l'écriture automatique des excitations tellement faibles et délicates que jamais le toucher normal ne les aurait perçues. J'ai placé sur le tégument insensible du dos de la main, du cou, etc., des lettres, des objets de petite dimension et en relief, et la main du sujet est parvenue souvent à dessiner exactement la lettre et l'objet en relief. D'après les calculs que j'ai pu faire, la sensibilité inconsciente d'une hystérique est à certains moments cinquante fois plus fine que celle d'une personne normale. Peut-être que dans quelques circonstances la prétendue action de la pensée à distance peut s'expliquer par cette hyperacuité sensorielle vraiment extraordinaire.

CHAPITRE V
LA DISTRACTION

Définition de l'attention et de la distraction. — Comparaison entre les effets de la distraction et ceux de l'anesthésie hystérique. — Les hystériques sont faciles à distraire. — Développement du personnage inconscient produit pendant un état de distraction. — Il répond aux questions posées. — Moyens de communiquer avec lui. — Il dit *je*, il peut accepter un nom. — Rôle de la suggestion dans la construction de cette personnalité. — Existence d'une possibilité psychologique. — Suggestions reçues par le personnage subconscient. — Comment il les exécute. — Son défaut de résistance. — Danger des suggestions qui s'emmagasinent. — Le personnage subconscient est de nature somnambulique. — Preuves.

I

Il est possible d'observer des consciences multiples qui ne résultent point de l'anesthésie, et cette circonstance est fort importante, car elle permet d'étudier la désagrégation mentale chez un très grand nombre de personnes, et elle donne à ces phénomènes une portée qu'ils n'auraient pas s'ils n'existaient que dans une certaine catégorie de malades.

C'est l'état de distraction, qui peut produire le même effet que l'anesthésie ; cet état de distraction est une attitude particulière de l'esprit qui, à première vue, semble ne présenter aucun rapport avec une anesthésie, avec une abolition de sensations visuelles ou tactiles. Mais il n'est pas difficile de prouver, en ce qui concerne particulièrement l'anesthésie hystérique, dont nous avons montré la nature essentiellement psychique, qu'il existe une relation des plus étroites entre l'état de distraction et l'insensibilité.

On sait que l'attention est un effort de l'esprit et de l'organisme entier, qui a pour résultat d'augmenter l'intensité de certains états de conscience ; en se portant sur une perception, par exemple, l'attention la rend plus rapide, plus exacte, plus détaillée ; elle y arrive soit en agissant sur l'accommodation de l'organe sensoriel en exercice, soit en suscitant les images mnémoniques appropriées à la perception de l'objet, soit par d'autres procédés que nous ignorons. Cette adaptation convergente de toutes les forces disponibles de l'organisme sur un seul phénomène, qui peut être une sensation, une image, un sentiment, etc., a pour conséquence de produire un état temporaire de monoidéisme. Lorsque notre attention se porte avec force sur une chose, nous ne pensons pour un moment à rien autre ; et chacun sait que si nous sommes absorbés par une lecture attachante, il peut arriver que d'autres personnes causent autour de nous sans que nous entendions leur voix. De même, lorsque nous attendons avec impatience une personne et que nous la voyons venir de loin, dans la rue, elle se détache pour nous de la foule qui l'environne ; si nous épions son pas, nous pouvons percevoir ce bruit léger du milieu d'une foule d'autres bruits beaucoup plus intenses, que nous cessons parfois d'entendre. L'attention met donc, peut-on dire, nos organes des sens dans un état d'hyperesthésie spéciale, locale, c'est-à-dire systématisée, relative à une certaine sensation, et en revanche, il se produit en même temps, pour tout ce qui n'est pas cette sensation ou pour tout ce qui ne s'y rapporte pas, un état passager de sensibilité moindre, disons même d'anesthésie. L'attention ne va pas sans la distraction ; on ne fait pas attention à certaines choses sans se distraire des autres ; l'attention, c'est le côté de la lumière, et la distraction, c'est le côté de l'ombre.

Or, si l'attention peut indirectement produire une anesthésie psychique, elle peut aussi produire une division de conscience, puisque les deux phénomènes sont, jusqu'à un certain point, équivalents ; notre nouvelle étude se rattache donc à la précédente ; peut-être aussi est-ce la même étude qui va continuer, sous une forme un peu différente.

La distraction est une anesthésie passagère, a-t-on dit, et l'anesthésie (psychique) est une distraction permanente. L'hystérique, dont le bras est insensible, se trouve à peu près dans la même situation d'esprit que si elle ne pensait jamais à son bras, si elle s'en désintéressait, si elle fixait ailleurs toutes les forces de son attention. Eh bien, faisons-en l'expérience, retenons sur un point l'attention de cette hystérique, et examinons les effets spéciaux de la division de conscience par distraction.

Les premières expériences ont été faites par M. Pierre Janet, sur des malades hystériques. C'est à ses recherches que nous devons une étude très détaillée de la distraction dans ses rapports avec les phénomènes inconscients.

La production de l'inconscience par distraction repose sur des données psychologiques connues ; cependant j'avoue avoir longtemps hésité à m'engager dans cette voie, faute de preuves objectives suffisantes, car l'état de distraction ne peut pas se constater avec autant de précision qu'une anesthésie. M. Pierre Janet a eu raison de ne pas se laisser arrêter par des scrupules que je reconnais moi-même un peu exagérés.

Les expériences qu'il a faites sont plus faciles à répéter et à contrôler qu'on ne le croirait de prime abord. On pourrait s'imaginer que si complète que soit l'attention, la distraction qu'elle amène ne vaut point une anesthésie véritable. Ceci serait vrai pour une personne normale. Essayons de la distraire, d'occuper ailleurs son attention, nous n'y réussirons qu'avec peine. Pendant qu'on l'engage dans une conversation avec une tierce personne ou qu'on lui fait lire un ouvrage intéressant, elle garde une arrière-pensée qui l'empêche de se livrer entièrement à ces occupations ; et malgré elle, de temps en temps, son attention oscille, et se porte précisément sur les points qu'on veut lui dérober.

Il en est tout autrement chez les hystériques. On ne saurait croire avec quelle facilité l'attention de ces malades se laisse distraire ; dès qu'elles causent avec une autre personne, elles vous oublient et ne savent plus qu'on est dans la chambre ; ces malades ont, comme dit

M. Janet, un *rétrécissement du champ de la conscience*. Profitant de l'état de distraction produit, on n'a qu'à s'approcher par derrière et prononcer quelques mots à voix basse pour se mettre en relation avec le personnage inconscient. La phrase n'est point entendue par la personnalité principale, dont l'esprit est ailleurs ; mais le personnage inconscient l'écoute et en fait son profit.

Au moyen d'artifices très simples, que la moindre habitude suggère à chacun, on commence par s'assurer que la communication s'est établie ; on donne à l'inconscient de menus ordres, on lui dit de mettre la main sur la table, ou de remuer la tête, etc. Si l'ordre est exécuté, et si d'autre part la personne principale semble ne pas l'entendre et continue son occupation, lecture ou conversation, il est vraisemblable que la division de conscience s'est déjà opérée, et on n'aura plus qu'à continuer l'usage des mêmes procédés pour que cette division s'accuse davantage.

Il est en effet bien curieux de voir avec quelle rapidité l'inconscient se développe dans les expériences de ce genre. L'effet est plus saisissant, quoique peut-être moins sûr, que dans les expériences pratiquées sous le couvert de l'anesthésie. Ce que nous avons étudié jusqu'ici, dans les chapitres sur l'anesthésie hystérique, se réduit en somme à peu de chose : quelques petits mouvements de la main ou du corps, mouvements isolés, qu'il a fallu suivre de près pour y trouver de l'intelligence ; et ce n'est que par un hasard exceptionnel que l'inconscient prononce quelques mots. Par cette méthode, on arrive à se convaincre que cet inconscient existe, on donne même une démonstration excellente de son existence, mais on ne sait pas au juste ce qu'il pense ni ce qu'il est. Si l'on cherche à causer avec lui par l'intermédiaire de l'écriture, si on lui pose une question ou si on lui donne un ordre, on n'obtient pas la réponse désirée et l'ordre n'est pas exécuté ; fait-on écrire à la main : « levez-vous », le sujet le plus souvent ne se lève pas. Sa main insensible se contente de répéter l'ordre donné en l'écrivant spontanément une seconde fois[39].

Le procédé de la distraction, employé sur les mêmes personnes, donne des résultats bien meilleurs, car la question posée reçoit une réponse intelligente, et l'ordre donné est exécuté dans son sens véritable. Il y a donc une grande différence entre les effets des deux méthodes ; ce n'est, bien entendu, qu'une différence de degré, qui tient au développement qu'a pris le personnage inconscient ; en outre, on trouve des malades qui font la transition, et chez lesquels l'ordre transmis, de quelque façon que ce soit, est exécuté ponctuellement. Néanmoins il est utile de signaler une différence qui présente un grand intérêt psychologique.

Rien n'est instructif comme les conversations qu'on peut entretenir avec le personnage inconscient. Il faut d'abord que l'expérimentateur indique à ce personnage comment celui-ci transmettra les réponses ; les moyens sont nombreux ; il y en a un qui consiste dans les gestes de la main ; on conviendra que le sujet répondra oui ou non en agitant l'index ; ceci ne va pas loin ; on peut aussi avoir recours à l'écriture automatique ; on glisse un crayon dans la main du sujet, puis, au lieu de diriger la main, car dans ce cas elle répéterait indéfiniment l'impulsion graphique communiquée, on pose une question à voix basse : « Quel est votre nom ? », etc., et la main écrit la réponse. On pourrait encore convenir avec l'inconscient qu'il doit répondre verbalement. L'échange des idées une fois établi, on arrive à bien connaître l'inconscient et à résoudre de la sorte une foule de problèmes. Nous aurons à indiquer, dans la troisième partie de notre ouvrage, plusieurs applications instructives de ce procédé d'étude.

Pour le moment, nous examinerons quatre points : 1° les perceptions du personnage subconscient ; 2° l'étendue de sa mémoire ; 3° l'idée qu'il se fait de sa personnalité ; 4° sa suggestibilité.

Les perceptions de l'inconscient. — Pour les perceptions, l'observation qu'il est le plus important de faire, c'est que le personnage subconscient perçoit les sensations provoquées sur des régions anesthésiques. Pour lui, l'anesthésie n'existe point ; elle n'existe qu'au regard de la personne principale. Aussi peut-on, en utilisant les divers genres de signaux que nous avons énumérés, mesurer exactement la sensibilité d'une région soi-disant anesthésique ; un esthésiomètre est promené sur la peau, et le personnage subconscient répond par signes s'il sent une pointe ou deux. M. Pierre Janet qui a employé ce procédé a vu que la sensibilité peut être assez fine, aussi fine que celle des régions normales. J'incline à croire qu'elle peut l'être davantage.

On ne sait pas au juste si le personnage subconscient perçoit aussi ce que perçoit la conscience normale ; les auteurs font des réserves sur ce point, qui appelle de nouvelles études.

Mémoire de l'inconscient. — En ce qui concerne la mémoire, on peut s'assurer que le personnage subconscient se rappelle exactement tout ce qu'on lui a fait faire à une époque antérieure, en employant les mêmes procédés : lui a-t-on cité un fait, il y a huit jours, il y a un an, le fait n'est pas oublié ; et à la condition qu'on se mette en relation avec lui par les mêmes moyens, on pourra lui faire répéter ce qu'on lui a dit. — C'est donc le même inconscient qu'on a évoqué à des moments différents, et la mémoire prouve qu'il reste le même dans ses apparitions successives. Seulement, il faut tenir compte d'une circonstance importante qui parfois change les résultats attendus. L'inconscient est électif ; appelé à l'existence, ou développé par une personne, il se rappelle cette personne, il lui obéit de préférence aux autres, avec cette complaisance qui est un des caractères des somnambules, et l'inconscient qui est habitué à communiquer avec tel expérimentateur peut ne pas vouloir répondre à un autre. Il en résulte que la première personne venue n'est souvent pas capable de retrouver chez un sujet les phénomènes subconscients qui ont été étudiés par l'expérimentateur habituel. Nous avons déjà signalé un fait semblable dans l'état d'anesthésie ; il s'agissait alors d'obliger le bras anesthésique soulevé à conserver la pose ; le bras n'obéit pas toujours, disions-nous ; il peut rester en l'air quand une personne le soulève, et retomber quand c'est une autre. C'est un phénomène électif, c'est-à-dire un phénomène très complexe, qui se compose de sensations, de perceptions, de sympathies et d'antipathies ; il n'est pas étonnant de retrouver ces mêmes électivités dans des conditions où l'inconscient est très développé.

Personnalité de l'inconscient. — Passons maintenant à l'étude de la personnalité. Grâce à l'état de distraction il s'est produit une personnalité complète. En effet, comme le remarque M. Pierre Janet, « l'écriture subconsciente emploie à chaque instant le mot « je » ; elle est la manifestation d'une personne, exactement comme la parole normale du sujet... J'eus un jour avec Lucie la conversation suivante, pendant que son moi normal causait avec une autre personne. M'entendez-vous, lui dis-je ? — (Elle répond par écrit.) Non. — Mais pour répondre il faut entendre. — Oui, absolument. — Alors, comment faites-vous ? — Je ne sais. — Il faut bien qu'il y ait quelqu'un qui m'entende ? — Oui. — Qui cela ? — Autre que

Lucie. — Ah ! bien, une autre personne. Voulez-vous que nous lui donnions un nom ? — Non ! — Si, ce sera plus commode. — Eh bien, Adrienne. — Alors, Adrienne, m'entendez-vous ? — Oui. »

Il est évident que M. Janet, en baptisant ce personnage inconscient, mieux encore, en affirmant que quelqu'un doit exister pour lui répondre, M. Janet, dis-je, a beaucoup aidé à sa formation ; c'est même lui qui l'a créé par suggestion. Le procédé de la distraction présente cet avantage, ou si l'on veut, cet inconvénient, qu'il permet à la suggestion de s'exercer avec une puissance considérable.

Néanmoins, il faut bien remarquer que si la personnalité d' « Adrienne » a pu se créer, c'est qu'elle a rencontré une *possibilité psychologique* ; en d'autres termes, il y avait là des phénomènes désagrégés, vivant séparés de la conscience normale du sujet ; la désagrégation a préparé le personnage inconscient, et pour que celui-ci réunît et cristallisât ces éléments épars, il a fallu bien peu de chose. Du reste, l'expérience ne fait que renouveler ici l'œuvre de la nature ; il n'y a point eu de suggestion spéciale dans l'esprit de Félida, de Louis V... et de tant d'autres, chez lesquels toute une portion séparée de la conscience normale s'est organisée en personnalité secondaire.

Il est à remarquer que le personnage subconscient désigne en général le moi normal à la troisième personne, et l'appelle l'*autre*. Quand on demande à ce personnage s'il est bien la personne éveillée, le plus souvent il proteste, et prétend qu'il n'a rien de commun avec cette personne. Nous avons vu de même une malade de M. Pitres, qui, mise en somnambulisme, appelle l'autre la personne éveillée.

Suggestibilité de l'inconscient. — Arrivons aux suggestions qu'on peut faire exécuter au personnage inconscient ; la suggestibilité doit être considérée, avons-nous vu, comme un des meilleurs caractères de l'état mental que produit la distraction ; nous entendons ici par suggestion, car il faut toujours définir ce mot vague, une idée qu'une personne met en œuvre en se rendant compte de ce qu'elle fait. C'est de la suggestion intelligente par opposition à la suggestion automatique. Dans la division de conscience qui résulte de l'anesthésie, les suggestions ainsi comprises ne produisent pas souvent d'effet, faute d'une intelligence suffisante pour les comprendre ; les actes et mouvements du sujet résultent d'un automatisme de sensations et d'images ; ici, le personnage inconscient que la distraction a découpé dans la personnalité normale possède assez d'intelligence pour comprendre le sens de l'ordre murmuré à voix basse ; il va donc pouvoir exécuter des mouvements et des actes dont la conscience normale ne connaîtra pas l'origine.

Il se produit alors une situation psychologique que nous avons déjà rencontrée une fois, et sur laquelle le moment est venu d'insister. Voici une hystérique à qui, pendant qu'elle est assise et cause avec une autre personne, on a dit de se lever et de tirer sa montre ; par suite de son état de distraction, elle n'a pas entendu ce qu'on lui disait ; l'inconscient a entendu et va s'exécuter ; jusqu'ici, rien de plus simple, tout se comprend, mais une difficulté se présente maintenant. Il faut que l'hystérique se lève, quitte sa chaise, pour obéir à l'ordre reçu ; il faut que ses mains se portent à son corsage, et tirent la montre, comme on le lui a dit. De quelle façon ces actes pourront-ils s'accomplir ? Le conscient et l'inconscient vont se trouver en présence, en face l'un de l'autre ; vont-ils se voir et se reconnaître ?

À cette question, une réponse unique est impossible. Un grand nombre de variations ont lieu, d'un sujet à l'autre, dans l'exécution des actes provoqués pendant un état de distraction ; tout dépend du sujet et de la nature de la suggestion. En général, d'après le récit de M. Pierre Janet, que nous prenons pour guide dans ces descriptions, la conscience principale du sujet reste éveillée, mais elle ignore l'acte qui s'accomplit. On a dit à voix basse : « Dénouez votre tablier. » Les mains s'avancent tout doucement et le tablier est dénoué ; il tombe sans que le moi normal s'en soit aperçu.

« Un jour, dit M. Janet[40], Léonie tout affairée causait avec des personnes présentes et m'avait complètement oublié ; je lui commandai tout bas de faire des bouquets de fleurs pour les offrir aux personnes qui l'entouraient. Rien n'était curieux comme de voir sa main droite ramasser une à une des fleurs imaginaires, les déposer dans la main gauche, les lier avec une ficelle aussi réelle et les offrir gravement, le tout sans que Léonie s'en fût doutée ou ait interrompu sa conversation. »

Il y a beaucoup de malades hystériques qu'on ne peut pas suggestionner à l'état de veille, ou plus exactement, car tout est relatif, qui peuvent résister aux suggestions de tel et tel expérimentateur ; elles discuteront l'ordre, et s'il ne leur plaît pas, elles ne l'exécuteront pas. La suggestion par distraction permet de les surprendre, et les oblige à obéir, car leur personnalité principale n'entend pas la suggestion, et par conséquent ne peut pas s'y opposer, et l'acte ordonné s'exécute à l'insu des malades.

Ce qui est un procédé commode de suggestion peut devenir d'autre part l'occasion de grossières erreurs dans les expérimentations.

Il est prudent que les expérimentateurs pensent souvent à cet inconscient qui existe chez les hystériques, même à l'état de veille ; il faut apprendre à s'en méfier, et bien savoir qu'alors que l'hystérique consciente ne voit pas et n'entend pas, l'inconscient peut voir et entendre, et par conséquent recevoir des suggestions. Tout se passe, en somme, quand on étudie une hystérique, comme si on expérimentait sur le plus rusé des fourbes.

Le danger est d'autant plus grand qu'il est permanent ; il subsiste dans tous les états naturels ou artificiels, si nombreux et si variés, par lesquels peut passer une hystérique.

II

Nous avons terminé la description des procédés qui permettent de découvrir des consciences et des personnalités secondaires chez l'hystérique éveillé. Les conclusions auxquelles nous sommes parvenus sont trop complexes pour tenir dans une formule simple ; le fait le plus important qui s'en dégage, c'est la division de conscience, c'est-à-dire la juxtaposition de plusieurs existences psychologiques qui ne se confondent pas. Cette conclusion, nous l'avons déjà trouvée dans des recherches un peu différentes, quand nous avons examiné la survivance partielle d'un état somnambulique pendant la veille ; on se rappelle dans quelles circonstances cette survivance peut être mise en lumière, d'après M. Gurney ; l'écriture automatique provoquée pendant la veille garde le souvenir de ce qui s'est passé pendant l'état somnambulique, et on peut en conclure que le moi somnambulique subsiste à quelque degré pendant la veille.

Il reste à montrer, pour achever la démonstration, que le moi secondaire formé à la faveur de l'anesthésie ou de la distraction ne fait qu'un avec le moi somnambulique. C'est le moi somnambulique lui-même, qui se montre ici et là dans des conditions un peu différentes. M. Pierre Janet l'a établi par des expériences qui ne laissent aucun doute.

L'état de la mémoire a servi à cette démonstration ; c'est par la mémoire que l'on parvient à distinguer et à délimiter des personnalités coexistantes ; c'est aussi par la mémoire qu'on est parvenu à s'assurer que des états psychologiques qui apparaissaient à des moments différents et dans des occasions différentes sont les mêmes. Si l'on donne au personnage subconscient de la veille un ordre ou une idée, en lui murmurant quelques paroles à l'oreille, la conscience normale ne sait rien et n'entend rien ; il fautplacer le sujet en somnambulisme, et pour cela se servir des procédés connus et décrits plus haut (chapitre III) ; puis on l'interroge, et on constate que le plus souvent il a gardé le souvenir de la parole prononcée et peut la répéter. S'il s'en souvient, c'est qu'il se trouve dans la même condition psychologique que le personnage subconscient de l'état de veille, c'est que c'est bien lui qui a entendu ; la mémoire sert à réunir ces divers états et nous en montre l'identité.

Il est important d'ajouter que ces continuités de personnalités, dont nous venons de faire une description toute schématique, peuvent se compliquer beaucoup ; il arrive parfois que le souvenir qu'on cherche à retrouver ne se réveille pas pendant un premier somnambulisme ; pour le reproduire, il faut, une fois le sujet en somnambulisme, l'hypnotiser de nouveau comme s'il ne l'était pas déjà ; on fait naître ainsi, chez certaines hystériques, un second somnambulisme, et même un troisième, qui se distinguent des précédents par un état différent de la mémoire. Ces faits ont été observés par MM. Gurney, Pierre et Jules Janet.

Une autre considération, empruntée aussi aux précédents auteurs, permet de rattacher le moi somnambulique au moi subconscient de veille, c'est que les actes subconscients de la veille, en se développant, amènent le somnambulisme.

« J'avais déjà remarqué, a rapporté M. Pierre Janet, que deux sujets surtout, Lucie et Léonie, s'endormaient fréquemment malgré moi au milieu d'expériences sur les actes inconscients à l'état de veille, mais j'avais rapporté ce sommeil à ma seule présence et à leur habitude du somnambulisme. Le fait suivant me fit revenir de mon erreur. M. Binet avait eu l'obligeance de me montrer un des sujets sur lesquels il étudiait les actes subconscients par anesthésie, et je lui avais demandé la permission de reproduire sur ce sujet les suggestions par distraction. Les choses se passèrent tout à fait selon mon attente : le sujet (Hab…) bien éveillé causait avec M. Binet ; placé derrière lui, je lui faisais à son insu remuer la main, répondre à mes questions par signes, etc. Tout d'un coup, Hab… cessa de parler à M. Binet, et se retournant vers moi, les yeux fermés, continua correctement, par la *parole consciente*, la conversation qu'elle avait commencé avec moi par *signes subconscients* ; d'autre part, elle ne parlait plus du tout à M. Binet, elle ne l'entendait plus, en un mot elle était tombée en somnambulisme électif. Il fallut réveiller le sujet, qui naturellement avait tout oublié à son réveil. Or, Hab… ne me connaissait en aucune manière ; ce n'était donc pas ma présence qui l'avait endormie ; le sommeil était donc bien ici le résultat du développement des phénomènes subconscients, qui avaient envahi, puis effacé la conscience normale[41]. »

Toutes ces expériences nous conduisent à une même conclusion : la sous-conscience que nous venons de voir à l'œuvre est identique avec la conscience somnambulique ; c'est un fragment de la vie somnambulique qui survit à l'état de veille. Il y a longtemps déjà que M. Richet, devançant le résultat d'expériences précises, et se laissant guider par de simples vues de l'esprit, supposait qu'il existe chez beaucoup de personnes même éveillées un état d'hémi-somnambulisme, permettant à une conscience qui n'est pas la leur d'accomplir des actes intelligents.

« Supposons, dit-il, qu'il y ait chez quelques individus un état d'hémi-somnambulisme tel qu'une partie de l'encéphale perçoive des pensées, reçoive des perceptions, sans que le *moi* en soit averti. La conscience de cet individu persiste dans on intégrité apparente ; toutefois des opérations très compliquées vont s'accomplir en dehors de la conscience sans que le moi volontaire et conscient paraisse ressentir une modification quelconque. Une autre personne sera en lui qui agira, pensera, voudra, sans que la conscience, c'est-à-dire le moi réfléchi, conscient, en ait la moindre notion[42]. »

M. Richet a raison de donner à cet état le nom d'hémi-somnambulisme ; ce terme indique la parenté de cet état avec le somnambulisme véritable, et ensuite il laisse comprendre que la vie somnambulique qui se manifeste durant la veille est réduite, déprimée, par la conscience normale qui la recouvre. Le personnage somnambulique perd pendant la veille la liberté de ses allures ; son cercle d'existence est tout à fait rétréci, et sans l'étude de la mémoire, qui nous sert de fil conducteur dans nos recherches, on ne se serait jamais douté que ces deux êtres n'en font qu'un.

CHAPITRE VI
LES ACTIONS VOLONTAIRES ET INCONSCIENTES

I. Les relations des consciences distinctes. — Leur étude dans l'exécution des mouvements volontaires. — Définition de l'activité motrice volontaire. — Importance des impressions kinesthésiques.

II. Situation mentale d'une hystérique anesthésique. — Perte des sensations et des images motrices. — Conservation de la faculté de coordination. — Observations de M. Charcot et d'autres auteurs. — Interprétation proposée de ces expériences. — La théorie du courant centrifuge. — Discussion et réfutation de cette théorie. — Rôle méconnu de la division de conscience.

III. Étude détaillée de l'écriture tracée avec une main insensible, les yeux fermés. — Plusieurs catégories de malades. — Les images visuelles directrices. — Correspondance entre les images visuelles et les mouvements.

IV. Autres caractères des mouvements exécutés par les membres anesthésiques. — Diminution dans la force de pression au dynamomètre. — Allongement du temps physiologique de réaction. — Forme particulière de la contraction. — Durée de l'état de contraction.

I

DEUXIÈME PARTIE

On a vu jusqu'ici comment chez une même personne plusieurs faits de conscience peuvent vivre séparément sans se confondre, et donner lieu à l'existence simultanée de plusieurs consciences, et même, dans certains cas, de plusieurs personnalités. Nous avons surtout insisté sur la séparation des consciences ; c'était le premier fait à bien mettre en lumière. Nous devons maintenant montrer que si ces consciences sont séparées à un certain point de vue, elles peuvent être réunies à un autre point de vue, elles peuvent entretenir l'une avec l'autre des relations. Ce sont là des phénomènes très complexes, et très intéressants pour la psychologie.

Cette question n'a pour ainsi dire pas d'historique ; je crois avoir été le premier à la traiter dans mes articles de la *Revue philoso-phique*, et M. Pierre Janet l'a enrichie ensuite de plusieurs faits curieux ; je montrerai, dans la 3ᵉ partie de ce livre, combien l'étude des rapports entre les consciences distinctes éclaire les suggestions classiques du somnambulisme, dont une foule de détails sont restés jusqu'ici inexpliqués. Les relations de deux consciences peuvent prendre deux formes distinctes, l'antagonisme et la collaboration. Nous étudierons d'abord, dans ce chapitre, leur collaboration.

Si l'on suit avec attention les mouvements et les actes d'un sujet qui a perdu la sensibilité consciente dans un ou plusieurs de ses membres, on n'a pas de peine à saisir sur le fait le personnage subconscient au moment où il intervient pour aider de son travail silencieux la pensée ou la volonté de la conscience principale. Mais on ne peut bien comprendre ce rôle de l'inconscient que si on a une idée de l'activité motrice normale.

Cette activité motrice a été très bien analysée par M. William James dans son remarquable mémoire sur *le Sens de l'Effort*. Lorsque, dit-il en résumé, un sujet normal exécute, les yeux ouverts, avec un membre qui n'est ni paralysé ni insensible, une action volontaire, simple ou compliquée, ce mouvement implique tout d'abord certains états préparatoires, qui sont : 1° une idée préalable de la fin que le sujet désire atteindre ; 2° un *fiat*, un *ictus* de la volonté ; puis au moment du passage de la volonté à l'acte, d'autres éléments interviennent ; un événement physiologique ; 3° les contractions musculaires appropriées ; et un événement psychique ; 4° la perception sensible du mouvement, à mesure qu'il s'exécute.

Mettons à part les contractions musculaires, qui sont d'ordre purement physiologique ; mettons aussi à part le *fiat* de la volonté, qu'il est difficile d'analyser, et dont nous n'aurons pas à nous occuper par la suite ; il reste deux faits principaux : 1° la représentation du mouvement, avant qu'il s'accomplisse, et 2° la perception du mouvement, à mesure qu'il s'accomplit. C'est sous ces deux formes que notre intelligence entre en relation avec l'activité motrice de nos membres : une représentation antérieure au mouvement et une perception postérieure ; un état de conscience *modèle*, et un état de conscience *copie*.

La représentation antérieure, à quoi sert-elle ? à déterminer la nature et la forme du mouvement ; c'est un modèle mental du mouvement, un modèle que notre membre cherche en quelque sorte à copier ; si je veux asséner un coup de poing, et que je réfléchisse à mon acte quelque temps avant de l'accomplir, j'ai la représentation de ma main qui se ferme et de mon bras qui se lève. En quoi consiste cette représentation de l'acte ? en perceptions de mouvement renouvelées ; chez un sujet normal, cette représentation est très riche ; elle est composée d'images visuelles, tactiles, musculaires et autres ; on voit son poing qui se lève, et en même temps, on a la sensation anticipée de ce qu'on va éprouver dans le bras et dans la main au moment de la contraction. Dans les actes réflexes, les actes idéo-moteurs, l'expression des émotions, les actes associés en série, etc., la notion consciente qui précède le mouvement paraît s'effacer et perdre son importance ; ces cas mériteraient une discussion à part, que nous n'avons pas le temps de faire ; nous nous en tenons à un acte hautement volontaire, et bien réfléchi, dans lequel on a la représentation de l'acte avant de l'accomplir.

Tel est l'état de conscience qui précède le mouvement ; celui qui le suit, ou plutôt l'accompagne à mesure qu'il s'exécute, est aussi important que le précédent ; car c'est lui qui permet de coordonner le mouvement, de le diriger, de le rectifier quand le but est manqué. Comment se fait ce contrôle ?

Supposons, par exemple, que notre main soit posée sur nos genoux, ouverte ; nous voulons la fermer, et nous la fermons. Comment savons-nous qu'elle est fermée ? D'abord nous le savons parce que nous avons conscience de notre volonté ; mais une cause quelconque aurait pu s'opposer à notre mouvement, et notre acte de volonté serait resté identique ; avoir conscience de sa volonté, ce n'est donc pas avoir conscience du mouvement lui-même ; ce qui nous permet de percevoir le mouvement à mesure qu'il s'exécute, c'est la vue et la sensibilité du membre qui agit. Ces deux ordres de sensations sont de nature centripète ; ce sont des faits extérieurs, transmis au cerveau par les nerfs sensitifs ; ce sont, de plus, des impressions consécutives au mouvement exécuté ; elles sont postérieures au mouvement, elles en sont la copie ; elles donnent au sujet le sentiment de l'énergie qui a été déployée.

Le premier et le plus simple moyen d'information est celui de la vue. Lorsque l'individu a les yeux ouverts et fixés sur son membre en action, il est informé par sa perception visuelle de la position occupée par son membre et de l'acte exécuté. S'il écrit, la vue de sa plume lui apprend à chaque instant, et avec une précision parfaite, la lettre qu'il vient de tracer. La vue n'est pas seulement le témoin du mouvement, elle en est aussi, et par voie de conséquence, le régulateur ; elle le précise, le rectifie, le corrige. Lorsqu'on ferme les yeux, les mouvements difficiles ou inusités deviennent incertains, et l'on sait à quel point une personne qui commence à jouer du piano a besoin du contrôle visuel pour ne pas faire de fausses notes.

Le sens de l'ouïe nous fournit une autre source d'informations, mais de valeur bien moindre. On peut, les yeux fermés, se rendre compte qu'on écrit en écoutant le bruit de la plume sur le papier. Mais c'est surtout pour connaître la qualité des sons émis par la voix que l'oreille nous est utile. Le rôle de direction qu'elle exerce sur les mouvements des organes vocaux est tout à fait remarquable ; on a souvent observé que les sourds ont une parole rude et peu harmonieuse, parce qu'ils ne s'entendent pas parler et qu'ils ne peuvent pas régler l'émission de leur voix.

En troisième lieu, des notions sur le mouvement accompli nous viennent des sensations que l'on rapporte à la sensibilité générale ; ces sensations, plus obscures et plus mal définies que les précédentes, sont extrêmement nombreuses ; tout d'abord, lorsqu'on exécute un mouvement difficile, la bouche se ferme, la glotte se resserre, la respiration s'arrête ou précipite ses mouvements ; ces synergies musculaires doivent contribuer, selon Ferrier et W. James, à la genèse de la sensation de l'effort ; en outre, il se produit d'autres sensations, mieux localisées, qui proviennent directement des membres en action ; lorsqu'on meut son bras ou sa jambe, les yeux fermés, on sent que le membre se déplace ; sans doute on a connaissance du mouvement par le seul fait qu'on a conscience de la volonté qui le commande ; mais ce n'est pas tout ; il y a une impression spéciale, d'origine périphérique, qui nous avertit de la contraction de nos muscles volontaires ; nous connaissons l'énergie, la durée, la vitesse, l'étendue, la direction de nos mouvements ; nous connaissons la situation de nos membres et des différentes parties de notre corps ; enfin, nous connaissons les mouvements actifs et passifs exécutés par notre corps pris en totalité. Ces impressions de mouvements (sensations kinesthésiques de Bastian) auxquelles la psychologie moderne fait jouer un rôle considérable, dérivent probablement des muscles contractés, des ligaments tirés, des articulations comprimées, de la peau tendue ou relâchée, plissée ou froissée. Ce sont elles qui, indépendamment de la vue, nous donnent la notion de la résistance des corps, de leur poids, de leur consistance, de leur forme. Seulement, on n'est pas encore parvenu à déterminer avec certitude ce qui, dans ces sensations totales de mouvement, revient au muscle, à la peau, aux surfaces articulaires[43].

II

Si maintenant on considère un hystérique présentant un membre insensible, on pensera que ce malade est apte à nous montrer, par la méthode de différence, quelles sont les fonctions remplies par la sensibilité de la peau, du muscle et de l'articulation. En effet, les malades de ce genre, dès qu'ils cessent de voir leurs membres insensibles, n'ont plus de conscience de leur position ; ils ignorent s'ils sont en état de flexion ou d'extension, ils ne sentent pas quels sont les mouvements passifs que l'expérimentateur leur imprime. Briquet parle d'une hystérique, à ce point insensible de tout le corps qu'on pouvait, après lui avoir bandé les yeux, l'enlever de son lit et l'étendre par terre sans qu'elle eût la moindre idée de ce qui s'était passé. Elle comparait la sensation qu'elle éprouvait ordinairement à ce que devrait éprouver une personne suspendue en l'air par un ballon. J'ai observé à la Salpêtrière un certain nombre d'hystériques qui sont anesthésiques totales et sur lesquelles il est facile de répéter des expériences analogues à celle de Briquet.

Les auteurs ont donc cherché, depuis longtemps, à profiter de l'expérience toute faite que leur offre la maladie hystérique ; il a paru important de savoir quels sont les désordres de l'activité volontaire qui sont produits chez les hystériques par la perte des sensations kinesthésiques. Ce mode de recherche n'offre aucune difficulté ; on prie le sujet de fermer les yeux, ou mieux encore on lui cache la tête derrière un écran et, ceci fait, on l'invite à exécuter un certain nombre d'actes, simples ou compliqués, avec son membre insensible.

Quand l'expérience est disposée de la sorte, dans quelle situation le sujet se trouve-t-il placé ? Pour voir ce qui lui manque, reportons-nous au schéma de l'activité volontaire et normale. L'hystérique conserve la faculté de vouloir lemouvement, ce que nous avons appelé d'un mot sommaire le *fiat* de la volonté. Les muscles, n'étant point paralysés, peuvent se contracter. Tout ceci subsiste, mais les deux états de conscience *modèle* et *copie* sont gravement atteints. D'abord la perception du mouvement, à mesure qu'il s'exécute, est supprimée ; plus de sensations visuelles, puisqu'on interpose un écran ; plus de sensations tactiles et kinesthésiques en retour, puisque le membre est anesthésique. Ainsi, le sujet cesse d'être en communication avec son membre, il n'en reçoit plus de nouvelles. Voilà pour l'état de conscience *copie*. Quant au *modèle*, cette représentation si complexe et si riche chez une personne normale, nous allons voir qu'elle s'est notablement appauvrie.

En effet, le sujet ne peut plus se représenter le mouvement sous la forme motrice ; il a perdu à la fois les sensations kinesthésiques et les images correspondantes ; c'est du moins la règle ; l'anesthésie d'un sens entraîne en général la perte de la mémoire de ce sens[44]. À défaut d'image motrice pour se représenter l'acte avant de l'exécuter, l'hystérique peut faire appel à d'autres images, qui jusqu'à un certain point remplaceront les précédentes ; il pourra surtout employer les images visuelles, si du moins il a une bonne mémoire visuelle, ce qui n'est pas toujours le cas ; il se fera donc tant bien que mal une représentation mentale du mouvement à accomplir. Les images auditives ne peuvent guère lui servir. L'image visuelle est en somme tout ce qui lui reste.

Alfred Binet

Pas absolument tout, cependant : nous avons mentionné simplement la perte des sensations kinesthésiques ; ce n'est pas une perte complète, absolue, ou, du moins, cette perte n'a lieu que pour la personnalité principale ; tout ce qu'on doit admettre, c'est que le *moi* principal du sujet a perdu la perception de ces sensations ; mais à côté et en dehors de ce moi, il y a une autre conscience capable de recueillir et de coordonner les sensations qui sont en apparenceperdues ; nous en avons donné déjà de nombreuses preuves.

Du reste, il suffit de quelques expériences très simples pour mettre en lumière la collaboration des deux personnalités. Il est beaucoup de sujets qui corrigent à leur insu la déviation qu'on imprime à leur main pendant que celle-ci exécute un mouvement volontaire. Ainsi on leur laisse croire que leur main insensible est sur les genoux ; on l'éloigne doucement du corps et on la place dans une position insolite : puis on commande au sujet, qui a les yeux fermés, de toucher son front avec la main insensible, qui est, croit-il, sur ses genoux. Il y a des malades dont la main est désorientée ; d'autres au contraire corrigent sans le savoir la déviation, et leur main insensible, qu'on l'élève en l'air, ou qu'on la place derrière le dos, se dirige toujours directement vers la figure.

Il est clair que chaque malade a sa façon propre de réagir, ce qui tient à ce que les deux personnalités ne collaborent jamais de la même façon ; chez les unes, la collaboration est tout à fait rudimentaire, chez d'autres elle est au contraire si parfaite qu'il semble n'exister aucun trouble de la sensibilité ; entre ces deux extrêmes on trouve tous les intermédiaires.

Dressons, pour finir ces préliminaires, le bilan d'une hystérique anesthésique. Elle a pour exécuter des mouvements, quand elle ne se sert pas de la vue :

1° Sa mémoire visuelle, qui peut être excellente, ou passable, ou très mauvaise ;

2° Des sensations et images kinesthésiques qui forment une sous-conscience, et cette sous-conscience peut être plus ou moins bien coordonnée ; tantôt elle prête un concours très efficace à la personnalité principale, tantôt elle ne lui sert de rien.

Nous voyons déjà toutes les complications que la théorie prévoit dans l'exécution des mouvements. Il y en a quelques autres, d'importance moindre, que nous passons sous silence, pour simplifier. Citons maintenant quelques observations.

III

Les mouvements de l'écriture sont de ceux qui se conservent le mieux chez les hystériques anesthésiques ; de plus, ils se prêtent assez bien à l'analyse ; aussi feront-ils l'objet de notre première étude ; nous allons résumer ici des observations faites avec M. Féré sur une trentaine de malades.

Ce sont ces expériences qui m'ont conduit à reconnaître la division de conscience chez les hystériques. J'avais eu l'idée *a priori* que si une hystérique écrivait les yeux fermés avec sa main insensible, l'absence de sensations musculaires se ferait gravement sentir et l'écriture serait tout à fait incoordonnée. J'ignorais complètement, à ce moment, la nature de l'anesthésie hystérique. Je fis l'expérience et le résultat donna tort à mon idée préconçue. Je fus amené alors, avec M. Féré, à étudier les sensations kinesthésiques, et progressivement je constatai avec lui le rôle des images visuelles et la séparation des consciences.

La plupart des malades hystériques peuvent écrire les yeux fermés, avec leur main insensible ; pour ces expériences il faut préférer ceux qui ont la main droite insensible. L'écriture tracée les yeux fermés ne diffère pas beaucoup de l'écriture tracée les yeux ouverts ; un observateur non prévenu ne les distinguerait pas ; les deux spécimens d'écriture ont la même grandeur, et nous paraissent appartenir au même type graphique ; parfois on observe le redoublement ou l'omission d'un jambage ou d'une lettre, irrégularités légères que l'on retrouve chez un sujet normal écrivant les yeux fermés ; parfois aussi l'écriture tracée les yeux fermés se distingue par son amplitude. Quand le malade est insensible de la main gauche et écrit avec cette main, l'écriture peut être renversée de droite à gauche ; c'est ce qu'on appelle l'écriture « en miroir » ; mais le plus souvent les malades écrivent de gauche à droite, dans le sens normal.

Il est important de fixer avec précision quelles sont les impressions éprouvées par le sujet hystérique au moment où il écrit avec sa main insensible. Il s'agit là, il est vrai, d'un état subjectif, qu'on ne peut connaître que par conjecture, en interrogeant les malades et en essayant de comprendre des explications qui ne sont pas toujours claires. Cependant nous sommes convaincu que chez les hystériques anesthésiques l'état psychique qui dirige les mouvements de l'écriture n'est pas le même que celui d'un scripteur normal. En effet, tous ceux qui ont de l'insensibilité profonde dans le bras et la main s'accordent à dire qu'*ils ne se sentent pas écrire* ; en d'autres termes, ils n'ont pas conscience du mouvement volontaire exécuté par leur main. Aussi, les mouvements de l'écriture, exécutés par la main anesthésique, sont-ils à la fois volontaires et inconscients. Au contraire, quand le sujet se sert de sa main sensible, il a la notion des mouvements graphiques qu'il exécute et il apprécie très bien la différence.

De plus, chez la plupart des malades, l'écriture inconsciente de la main insensible est guidée par un état de conscience visuel ; les sujets, interrogés avec précision, affirment presque tous qu'*ils se voient écrivant* ; cela veut dire qu'ils se représentent dans leur esprit l'image de leur main qui écrit, ou l'image de la lettre qu'ils écrivent ; c'est ce modèle que copie le mouvement graphique inconscient. Bien entendu, ce fait n'est pas constant, il est seulement assez général, et tient à ce que les malades appartiennent au type visuel[45]. J'ai pu étudier à cet égard une malade très intéressante, qui a si peu de mémoire visuelle qu'elle ne peut pas se rappeler la couleur des yeux de ses meilleures amies, à moins qu'on ait fait allusion devant elle à cette couleur (alors, c'est la mémoire verbale qui intervient) ; cette malade, quand elle écrit les yeux fermés avec sa main sensible, fait appel à la mémoire motrice ; elle se rend bien compte que les yeux fermés, elle ne copie pas dans son esprit un modèle visuel ; elle se représente le mouvement qu'elle doit exécuter. Si on lui demande d'écrire avec la main insensible, elle peut à peine tracer quelques lettres informes ; cela tient probablement à ce que, dans ces conditions, la mémoire motrice l'abandonne ; en effet, elle ne peut se représenter, en termes musculaires, les mouvements d'une main insensible ; la sensation motrice étant perdue pour sa conscience, l'image motrice l'est également ; et d'autre part, comme la malade n'a presque pas de mémoire visuelle, il ne reste à sa disposition aucune image pour guider sa main.

Les autres malades, qui ont une mémoire visuelle meilleure, sont obligés de recourir à un artifice pour écrire les yeux fermés avec leur main insensible ; ils ont soin de ne pas fermer les yeux tout de suite ; ils veulent regarder leur main, quand elle tient la plume et qu'elle est déjà en position sur le papier, afin de pouvoir se la représenter ensuite avec plus de netteté et de force. Ce petit détail d'expérience qui manque rarement peut servir à contrôler le témoignage des sujets.

Du moment que l'hystérique, dans les conditions particulières où on le place, ne sent pas sa main écrire, on peut supposer qu'il ne peut pas davantage percevoir exactement à quel moment il commence à écrire, à quel moment il finit, et quelle lettre il trace à un moment donné. Mais une observation attentive montre qu'à ce point de vue les sujets ne se comportent pas tous de la même façon ; il faut en distinguer au moins deux catégories.

Les premiers, très nombreux, ne se rendent pas du tout compte de ce que fait leur main ; s'ils arrivent, sans trop se tromper, à dire les yeux fermés quand ils ont fini d'écrire un mot, c'est parce qu'ils calculent, comme ils le remarquent eux-mêmes, le temps écoulé depuis le commencement de l'acte. Ils ne perçoivent rien, mais ils font une conjecture. On peut les mettre facilement en défaut pour peu qu'on complique l'expérience, par exemple en les priant d'écrire un certain nombre de fois la même lettre ; malgré tous leurs efforts, ils ne font point le compte exact ; ayant douze lettres à écrire, ils en écrivent presque toujours quelques-unes de plus ou de moins. Lorsqu'on les en avertit, ils en sont étonnés, car ils prétendent s'être vus écrivant le nombre de fois prescrit. Un second genre de sujets, chez lesquels les mouvements de l'écriture sont aussi inconscients que chez les premiers, arrivent néanmoins à écrire, les yeux fermés, le nombre exact de lettres qu'on leur indique, ils se rapprochent donc beaucoup plus que les précédents de l'état psychologique d'un scripteur normal ; cependant avec un peu de soin, on peut encore trouver des différences ; ainsi, quand on arrête brusquement leur main insensible, et qu'on leur demande d'indiquer avec précision quelle lettre ils viennent de tracer, bien souvent ils se trompent.

Alfred Binet

IV

D'une manière générale, les mouvements graphiques sont bien conservés et s'exécutent correctement. Mais il n'en est pas ainsi des autres mouvements. Nous allons examiner ces autres mouvements et faire à ce sujet quelques observations.

Il faudrait, pour bien faire, passer en revue une série de malades et prendre des observations sur chacun d'eux, car chacun présente un grand nombre de phénomènes qui lui sont propres. Nous ne pouvons entreprendre un aussi long travail. Nous sommes obligé de réunir tous les malades, et aussi un peu, de les confondre dans une description générale ; ce procédé expéditif a des inconvénients, car notre description, si elle est vraie dans son ensemble, ne s'appliquant à aucun malade en particulier, ne sera vraie de personne.

Les auteurs qui ont écrit sur l'anesthésie hystérique sont arrivés souvent à des conclusions contradictoires, qui tiennent à ce que l'on peut tout rencontrer chez l'hystérique anesthésique, depuis la paralysie complète des mouvements jusqu'à leur intégrité parfaite. On a eu le tort de ne tenir compte que de l'un ou l'autre de ces phénomènes et d'en tirer des conclusions particulières, qui en général se sont trouvées fausses. Nous devons essayer de fournir des explications capables de s'appliquer à des faits en apparence contradictoires. Voici ces faits.

La majorité des sujets hystériques arrive, les yeux fermés, à se servir de leur membre insensible avec presque autant de précision et de sûreté que s'ils avaient les yeux ouverts. « Certains sujets, dit M. Charcot[46], certains sujets, hystériques pour la plupart, privés de tous les modes de la sensibilité dans un membre, ont conservé cependant en grande partie la faculté de mouvoir ce membre librement, les yeux étant fermés. Notre malade Pin… offre aujourd'hui un bel exemple du genre. Chez lui, comme on l'a vu, la sensibilité cutanée et la sensibilité profonde sont complètement éteintes dans toute l'étendue du membre supérieur gauche, et, lorsque les yeux sont fermés, il ne possède aucune notion des mouvements passifs imprimés aux divers segments de ce membre, non plus que de la position que ceux-ci affectent. Les yeux étant ouverts, les mouvements volontaires, généraux et partiels, du membre, tant pour la variété que pour la précision, présentent tous les caractères de l'état normal. Ces mouvements persistent, en grande partie, quand les yeux sont fermés ; seulement, ils sont plus incertains, comme hésitants, nullement incoordonnés toutefois ; ils s'opèrent en un mot comme à tâtons. Pin… peut encore, les yeux clos, diriger ses doigts avec une certaine précision vers son nez, sa bouche, son oreille, ou encore vers un objet placé à distance, et réussit à atteindre le but. » Plus récemment, en mai 1887, M. Babinski a insisté sur ces mêmes faits dans une communication à la Société de psychologie physiologique. Nous-même, dans un travail en collaboration avec M. Féré, nous sommes arrivé, d'une façon indépendante, au même résultat ; nous avons constaté que si l'on étudie des sujets hystériques, chez lesquels la perte de conscience des mouvements passifs est si fréquente, et coïncide le plus souvent avec l'insensibilité de la peau, on reconnaît facilement, et pour ainsi dire au premier examen, que même lorsque le sujet ne voit pas son membre, les mouvements volontaires de ce membre survivent presque toujours à la perte de conscience des mouvements passifs. C'est ainsi que le sujet peut, sans le secours de la vue, donner une direction générale aux mouvements volontaires de son bras insensible, fléchir isolément le doigt qu'on lui désigne, ramener en avant le bras insensible qu'on a placé derrière son dos, tirer la langue et la rentrer, se tenir debout, maintenir un objet entre ses doigts, écrire, serrer un dynamomètre et parfois même graduer l'effort de pression.

Les faits de ce genre ont été vus depuis longtemps, mais donnaient lieu à des interprétations inexactes. Quelques auteurs disaient : « Les hystériques ne perdent que rarement le sens musculaire, et alors que toutes les autres sensibilités tactiles ou affectives sont abolies, elles ont conservé la faculté de coudre, de tricoter, d'écrire, mouvements qui exigent des sensations très parfaites et très complexes. »

On comprend maintenant la confusion commise par ces auteurs ; partant de ce fait que des mouvements coordonnés sont possibles pour des membres insensibles, ils en concluaient que le sens musculaire est conservé ; or rien n'est moins exact ; la vérité est que les mouvements volontaires peuvent survivre à la perte de conscience des mouvements passifs, c'est-à-dire à la perte de ce qu'on appelle le sens musculaire ; seulement, la perte n'est pas absolue, elle n'a lieu que pour la personnalité principale, et à côté d'elle une autre pensée, une autre conscience coordonne les sensations provenant des membres insensibles et combine les mouvements.

D'autres auteurs ont proposé une interprétation différente, mais qui n'est pas plus juste. Nous devons en dire quelques mots, car la question qui est ici en jeu est très importante : c'est la question du sens musculaire, de sa nature et de son siège.

Nous avons rappelé plus haut quels sont les états de conscience qui nous mettent en relation avec notre activité motrice. On a pensé que le sujet qui exécute un mouvement volontaire est averti, en outre, de l'exécution de ce mouvement par des impressions d'un autre ordre ; ces impressions, au lieu d'être centripètes, seraient centrales ; elles correspondraient au courant de sortie de l'influx moteur ; le sujet aurait le sentiment de l'innervation, de la décharge motrice, au moment même où la décharge se fait dans les cellules motrices de l'axe cérébro-spinal, par conséquent avant que les contractions musculaires appropriées se produisent. Cette hypothèse n'est pas née d'hier ; elle est au contraire fort ancienne. Développée déjà par J. Müller, le physiologiste bien connu, elle a été reprise de nos jours par Bain, Hughlings-Jackson, Wundt, Bernhardt, etc.

Récemment, quelques auteurs, en étudiant l'hystérie, ont cru y trouver un argument en faveur de la thèse que nous venons d'indiquer, et que l'on désigne sous le nom de « thèse du courant centrifuge ». Ces auteurs ont pensé que si les hystériques peuvent coordonner les mouvements de leurs membres insensibles, les yeux fermés, c'est une preuve que les sujets de ce genre possèdent un sentiment d'innervation motrice guidant leurs mouvements volontaires ; en effet, disent-ils, ces malades ont perdu le secours des sensations motrices, puisque le membre dont ils se servent est insensible ; ils sont en outre privés temporairement du sens de la vue, par la fermeture des yeux ; donc, pour qu'ils restent, dans ces conditions, capables de diriger leur activité volontaire, qu'ils puissent par exemple porter directement leur main sur un point de leur face, il faut qu'un état de conscience les éclaire incessamment sur la nature de leurs mouvements, et leur indique à chaque instant la position de leur membre ; cet état de conscience nécessaire ne peut être que le sentiment de la décharge, le sentiment de l'innervation motrice.

Cette interprétation, on l'a compris, doit être rejetée, car elle découle logiquement d'une observation inexacte. Il n'est pas vrai que les malades anesthésiques perdent le bénéfice des sensations kinesthésiques ; ces sensations appartiennent à une seconde conscience, qui peut collaborer avec la conscience normale.

En résumé, tout s'explique par 1° : la conservation d'une bonne mémoire visuelle ; 2° la survivance des sensations et images motrices dans une conscience séparée.

Nous avons distingué deux catégories de sujets et nous avons décrit les premiers. Les seconds, quand ils cessent de voir leurs membres anesthésiques, deviennent incapables de les diriger et même de les mouvoir.

Cette incoordination, plus exactement cette impuissance motrice, qui, chez certains hystériques, survient après l'occlusion des yeux, a été étudiée par Duchenne de Boulogne sous le nom de « perte de la conscience musculaire ». Ce nom a le tort de supposer une explication du phénomène, explication qui est même inexacte, et par conséquent ont doit la rejeter. Si l'explication est difficile, les observations sont très nettes. Il s'agit d'hystériques qui sont incapables, quand on éteint la lumière, de se lever de leur chaise ou de tendre la main ; pendant la nuit, ces malades restent immobiles dans leur lit, sans pouvoir changer de place ; surpris par le crépuscule dans la campagne, ils ne peuvent plus marcher. Quand ils marchent en plein jour, on les voit s'avancer la tête baissée ; leur regard est fixé sur leurs pieds ; si on les distrait, et qu'ils cessent de regarder leur main, ils lâchent les objets qu'ils tenaient, et on a cité l'exemple d'une mère qui, dans ces conditions, était sur le point de laisser tomber l'enfant auquel elle donnait le sein ; j'en ai vu qui fléchissent sur eux-mêmes et tombent, dès qu'on ferme leurs yeux. Quand on place la main anesthésique de ces malades derrière leur dos, ils ne peuvent pas la retirer, et il faut qu'une autre personne leur rende ce service. On pourrait remplir plusieurs pages en citant tous les exemples qui ont été rapportés par les auteurs. Nous en avons, pour notre part, observé un bon nombre, qui ne nous ont laissé aucun doute dans l'esprit[47].

Pour expliquer cette impuissance motrice qui succède à l'occlusion des yeux, il faudrait faire l'étude détaillée de chaque malade ; nous croyons peu à la vérité d'une explication générale ; chaque malade, nous l'avons dit souvent, doit être envisagé séparément, et ce qui est vrai de l'un est souvent faux d'un autre. Ne pouvant pas faire ici une étude aussi minutieuse, nous nous bornerons à quelques indications.

On a vu par l'analyse détaillée de l'activité motrice quel est le concours d'états de conscience, de perceptions et de représentations, qui est nécessaire pour l'accomplissement d'un mouvement les yeux fermés. L'altération de chacun de ces états retentira sur le mouvement. Prenons d'abord la représentation antérieure à l'acte ; cette représentation est généralement de nature visuelle chez une hystérique anesthésique. Si la mémoire visuelle du sujet est mauvaise, s'il ne peut pas voir clairement, dans son esprit, la position de sa main et le mouvement à exécuter, il ne saura pas au juste quel est le mouvement qu'il doit commander à son membre, et en conséquence il y aura impuissance motrice plus ou moins complète. Même résultat si on a empêché le sujet de regarder sa main avant de lui fermer les yeux, ou bien s'il ignore la position actuelle de son membre ; son ignorance l'empêche de se représenter visuellement sa main, et par conséquent il ne peut plus la diriger[48].

Il est des cas cependant où le mouvement du membre anesthésique n'a pas besoin d'être dirigé par une image visuelle consciente et peut se produire correctement, bien que le sujet soit incapable de se le représenter. M. Pitres en a donné un exemple fort intéressant ; on imprime un mouvement de rotation aux deux mains ; ce mouvement peut continuer après la fermeture des yeux, parce que l'une des deux mains n'est point anesthésique, et qu'elle associe l'autre à son mouvement, elle l'entraîne.

L'hystérique arrive encore à se passer de l'image visuelle en la remplaçant par une image tactile du même ordre, qui joue le même rôle, c'est-à-dire avertit le sujet de la position de sa main ; ainsi Lasègue a vu, et M. Pitres après lui, que quand le sujet a les yeux fermés et ne peut agiter volontairement les doigts d'une main anesthésique, on peut rendre ce mouvement possible en posant la main du sujet sur sa tête qui est sensible ; le contact provoque des sensations tactiles conscientes qui renseignent le sujet sur la position de sa main et dès lors la main peut se mouvoir.

DEUXIÈME PARTIE

La cause de l'impuissance motrice peut résider aussi dans l'absence des sensations kinesthésiques ; il est vrai que ces sensations ne sont pas perdues ; elles se retrouvent dans d'autres consciences ; mais ces secondes consciences sont souvent mal organisées ; elles ne savent pas collaborer avec la conscience principale, et les éléments psychologiques qui les composent restent disséminés et ne rendent aucun service. Nous avons montré déjà plus d'un fait qui prouve l'importance de la coordination dans la mise en œuvre des phénomènes subconscients.

Aux deux circonstances que nous venons de signaler, et qui sont capables d'expliquer dans un certain nombre de cas l'affaiblissement musculaire des malades hystériques quand on leur ferme les yeux, il faut ajouter, avec quelque réserve, une troisième circonstance : la lumière paraît être pour ces malades à système nerveux affaibli un excitant physiologique nécessaire ; si on leur ferme les yeux ou qu'on les place dans l'obscurité, un grand nombre de leurs fonctions physiologiques se ralentissent ; leur force dynamométrique diminue, même dans le côté sensible ; les mouvements des membres sensibles deviennent moins précis et moins rapides ; leur mémoire et leur pensée sont plus paresseuses. C'est bien la suppression de la lumière qui produit ces résultats, comme M. Féré l'a fait voir dans une série d'expériences. L'expérience de Strumpel conduit à la même conclusion[49].

V

Nous n'avons pas encore terminé l'étude des mouvements volontaires exécutés par des membres anesthésiques ; ces mouvements présentent plusieurs caractères objectifs, qui dépendent de l'anesthésie et qu'on peut résumer de la manière suivante :

1° Une diminution dans la force de pression dynamométrique ;

2° Un allongement du temps physiologique de réaction ;

3° Une forme particulière de la contraction volontaire ;

4° Une augmentation dans la durée de l'état de contraction, augmentation produite par l'absence de fatigue et d'effort.

La simple énumération de ces différents points fera sans doute supposer qu'il s'agit de phénomènes purement physiologiques, qui n'intéressent que médiocrement la psychologie ; ce serait une erreur. La psychologie n'a pas à tirer profit seulement des expériences qui se passent en conversations ; il y a des phénomènes purement matériels, tels qu'une contraction musculaire, qui peuvent nous renseigner sur un phénomène mental, et c'est précisément ce qui se passe ici.

Quand l'hystérique exécute un mouvement volontaire avec sa main insensible, c'est une sous-conscience, avons-nous vu, qui reçoit l'ordre et qui se charge de l'exécuter ; or si l'on étudie de près la façon dont cet ordre est exécuté, si on recueille la contraction musculaire avec des appareils de précision, on trouve dans le tracé de cette contraction des caractères qui démontrent l'existence d'une sous-conscience. C'est là une question fort intéressante, et qui mérite qu'on s'y arrête un instant.

1° *Force de pression dynamométrique.* — On mesure dans la clinique médicale la force volontaire d'un sujet au moyen du dynamomètre, qui indique la force de contraction des muscles fléchisseurs des doigts.

Depuis les recherches de Briquet, et de Burcq, l'inventeur de la métallothérapie, on sait que la force de pression est moindre dans le côté anesthésique que dans le côté sain. Cette différence, sans être constante, est cependant si générale qu'elle peut servir de signe objectif à l'anesthésie ; depuis que nous faisons des études de psychologie sur les hystériques, nous relevons toujours l'état des forces dans la main droite et dans la main gauche, et nous n'avons pas trouvé plus de deux ou trois exceptions à la règle de Burcq. M. Pitres en a signalé aussi quelques-unes[50].

La différence de force entre les deux côtés offre une grande variété suivant les sujets ; tantôt, elle est presque insignifiante et consiste en quelques kilogrammes de plus ou de moins ; par exemple, la main anesthésique donnera une pression de 25 kilogrammes et la main sensible une pression de 28 kilogrammes. Si c'est le côté gauche qui est anesthésique, une différence de 2 ou 3 kilogrammes n'indique pas un affaiblissement, car elle est normale chez les droitiers. Dans d'autres cas, la différence, plus accusée, peut s'élever à 10 ou même 20 kilogrammes et davantage. On ignore la raison de ces différences, et on n'est pas parvenu à les rattacher à une cause bien détermi-née, par exemple au degré de l'anesthésie.

Comme compensation, l'anesthésie hystérique produit souvent une augmentation de force dans les membres qui ont conservé leur sensibilité ; on peut constater cette augmentation de force en modifiant la sensibilité par voie de suggestion, et en explorant l'état des forces avant et après. (Binet.)

Si l'anesthésie se complique de paralysie, le membre symétrique qui n'est ni insensible ni paralysé présente une augmentation de force (Binet et Féré) ; c'est là un caractère d'autant plus important que dans les paralysies de causes organiques (Pitres, Friedlander) le côté non paralysé présente un affaiblissement moteur.

La diminution du chiffre de pression dans un membre insensible dépend de cette insensibilité, et par conséquent, dans une certaine mesure, de la division de conscience : ce qui le prouve bien, c'est qu'en frappant d'insensibilité, par suggestion, un membre sain, on diminue son chiffre de pression. Comment expliquer ce résultat ? Nous pouvons supposer que la force de contraction — qui dépend autant de la volonté que du muscle — est en relation avec le degré de développement du moi qui commande la contraction ; si le moi se réduit à quelques phénomènes psychologiques élémentaires, il n'y aura point en jeu d'états émotionnels aussi importants que s'il s'agit d'un moi complet, d'une personnalité véritable. Ainsi pour-rait-on comprendre que le personnage sous-conscient a moins de force que le personnage principal ; il serait facile de contrôler cette hypothèse en prenant la force dynamométrique d'une même per-sonnalité à ses diverses étapes de développement.

Quoi qu'il en soit de notre hypothèse, que nous indiquons à titre de suggestion, il y a un cas où le chiffre de contraction dépend certainement, d'une façon directe, de causes psychologiques : c'est celui où on oblige le sujet à serrer simultanément avec les deux mains ; alors le chiffre de pression s'abaisse dans des proportions souvent considérables. Cette diminution tient évidemment à un défaut d'attention ; le sujet est forcé de penser et de vouloir simul-tanémentdeux mouvements volontaires ; on l'oblige à partager son attention entre les deux actes ; et c'est pour ce motif qu'il donne une pression faible. C'est là, ce nous semble, une démonstration excellente des idées émises par M. Pierre Janet sur le rétrécissement du champ de la conscience chez les hystériques. Nous avons déjà parlé de ce rétrécissement, à propos de la distraction ; nous donnons maintenant, pour la première fois peut-être, une preuve matérielle de sa réalité.

2° *Temps physiologique de réaction.* — L'anesthésie produit un allongement du temps physiologique de réaction pour les mouvements volontaires.

Duchenne (de Boulogne) a mis le fait en relief dans une expérience très nette et bien simple, une vraie expérience clinique. On prie un sujet hémianesthésique de rapprocher ses deux mains et de les ouvrir et fermer simultanément. Le sujet doit avoir les yeux fermés. Le plus souvent, une des deux mains est en retard sur l'autre ; c'est la main anesthésique. Mais les résultats varient un peu suivant les sujets, et suivant les conditions où on les place.

En général quand les yeux sont ouverts, les mouvements des deux mains sont à peu près simultanés ; ceci tient à ce que le sujet porte de préférence son attention et son regard sur la main anesthésique, dont il hâte en quelque sorte le mouvement. Mais si on lui ferme les yeux, la simultanéité des mouvements est gravement compromise. Presque toujours, chez les malades que nous avons observés, le retard de la main anesthésique devient très appréciable à une inspection sommaire ; tantôt elle exécute un nombre de mouvements égal à celui de la main sensible, mais avec un retard constant ; tantôt elle diminue le nombre de ses mouvements, et ne se fermera par exemple que cinq fois pendant que la main sensible se ferme douze à quinze fois ; ces mouvements de la main anesthésique sont souvent incomplets ; la fermeture du poing est à peine esquissée, et les ongles ne se cachent pas dans la paume de la main ; il peut arriver, par exagération du phénomène précédent, que la main anesthésique reste immobile, alors que le sujet, qui a les yeux fermés, est persuadé qu'il l'ouvre et la ferme alternativement. On pourrait dire, dans ce cas, que le retard est infini.

Cette description générale ne convient pas à tous les malades, et nous en citerons quelques-uns pour faire voir quelle série de variations peut présenter un phénomène qui est en somme assez simple. Léonie L… est anesthésique à droite, et hypoesthésique à gauche ; les temps de réaction sont plus longs à droite qu'à gauche, les yeux ouverts ; la différence augmente quand les yeux sont fermés. Dem… est anesthésique à droite seulement. Quand le sujet ferme les deux mains en les regardant, et dans ce cas il a soin de les rapprocher, le mouvement est simultané ; des mesures rigoureuses prises avec des appareils enregistreurs ne laissent aucun doute à cet égard. Si Dem… ferme les yeux, la main droite insensible se ferme en même temps que l'autre, à la condition que Dem… pense spécialement et fortement à sa main droite ; dès que son attention se fatigue, la main droite cesse tout mouvement. Il en résulte que lorsqu'on prie Dem… de serrer deux tubes de caoutchouc reliés à un appareil enregistreur, on a d'abord cinq ou six mouvements simultanés des deux mains, puis on n'obtient plus que des mouvements de la main sensible. Il faut interpeller le sujet, lui montrer qu'il n'a pas employé la main anesthésique et solliciter vivement son attention pour obtenir de nouveau des mouvements des deux mains. Enfin, nous citerons Saint-A…, anesthésique à droite ; chez elle, que les yeux soient ouverts ou fermés, les contractions des deux mains sont simultanées.

Voici maintenant quelques chiffres de temps de réaction ; chez P. S., anesthésique à droite, les temps de réaction à une excitation sonore (bruit sec d'un métronome) sont :

	Côté sensible.	Côté insensible.
Temps moyen	0,16	0,35
Temps maximum	0,18	0,50
Temps minimum	0,11	0,28
Variation moyenne	0,018	0,073

Ces quelques chiffres montrent que non seulement le temps de réaction est plus court du côté sensible, mais encore que la réaction est plus régulière, car la variation moyenne est beaucoup plus faible. Le temps maximum du côté sensible est même resté inférieur au temps minimum du côté anesthésique.

M. Féré a fait des expériences analogues qui l'ont conduit au même résultat ; il a observé en outre que lorsque la sensation qui sert de signal est mal perçue, ce qui peut tenir à ce que le signal est donné en touchant une région peu sensible, le temps de réaction est encore retardé.

Nous avons dit plus haut, en étudiant la force de pression, que lorsque les deux mains serrent simultanément, le chiffre de pression se trouve abaissé des deux côtés à la fois ; c'est du moins ce qui se passe chez quelques sujets hystériques. Ce qui vérifie cette première expérience, c'est qu'on peut la répéter sur les temps de réaction ; ces temps deviennent plus longs lorsque les deux mains sensible et anesthésique doivent répondre en même temps au signal. Voici quelques chiffres, obtenus chez P. S., dans cette dernière condition ; pour tout le reste du dispositif, l'expérience ne diffère pas de la précédente.

	Côté sensible.	Côté insensible.
Temps moyen	0,277	0,709
Temps maximum	0,29	0,88
Temps minimum	0,18	0,45
Variation moyenne	0,027	0,078

La comparaison de ces chiffres avec ceux que nous avons donnés plus haut montre que l'allongement du temps de réaction produit par l'action combinée des deux mains se fait sentir des deux côtés, mais qu'il est beaucoup plus considérable pour le côté anesthésique.

C'est chez ce même sujet P. S., pour le dire en passant, que nous avons constaté, pendant les réactions du côté anesthésique, la réaction supplémentaire dont nous avons parlé[51] ; cette réaction diffère de la réaction ordinaire du côté insensible, d'abord par des caractères psychiques que nous avons déjà signalés, et ensuite et surtout par le moment où elle se produit ; la réaction ordinaire (dans une réponse bilatérale) se produit après un temps moyen de 0,709, la réaction exceptionnelle après un temps moyen de 0,23.

En définitive, le retard du temps de réaction, comme la diminution du chiffre de pression, peut être mis dans une certaine mesure sur le compte de la désagrégation mentale ; ce sont des signes auxquels on peut reconnaître la forme inférieure d'une conscience ; ils sont, à ce point de vue, comparables aux phénomènes d'imitation, que l'on rencontre si fréquemment dans les consciences rudimentaires.

3° *Forme de la contraction volontaire.* — Deux mots suffiront. Si on compare la courbe de contraction du côté sensible à celle du côté anesthésique, on constate que la ligne d'ascension est généralement plus courte, et plus redressée dans la contraction volontaire du côté sensible. La différence est extrêmement nette, chez quelques malades, lorsque les deux contractions ont été faites simultanément.

4° *Durée de l'état de contraction.* — Les différences signalées jusqu'ici entre les mouvements volontaires du côté sensible et du côté anesthésique n'ont point l'importance de celles qu'il nous reste à voir. Nous allons nous occuper de la durée de l'état de contraction, ou de la tension musculaire. Nous allons rechercher pendant combien de temps le sujet peut se maintenir en état de contraction.

Il peut sembler que c'est là un phénomène purement musculaire ; mais ce serait une erreur de le croire. Nous avons vu déjà quelle influence l'attention peut exercer sur le temps de réaction, à ce point que lorsque tel malade, Dem…, par exemple, pense à sa main insensible, elle répond à l'excitation, tandis que lorsqu'elle cesse d'y penser la main devient immobile. Nous avons vu aussi que lorsqu'on oblige le sujet hystérique à presser en même temps le dynamomètre des deux mains, le chiffre de pression est plus faible que celui donné par chaque main pressant isolément ; ce qui tient très probablement, avons-nous dit, à ce que dans le premier cas le sujet est obligé de diviser son attention, au lieu de la concentrer sur une seule main. Les études que nous faisons sur les mouvements volontaires sont donc, par plus d'un côté, des études psychologiques, et constituent une analyse de l'acte de volonté autant qu'une analyse d'un phénomène moteur. C'est ce que les observations qui suivent vont démontrer encore.

Il est utile, dans ces sortes d'expériences, de commencer par se soumettre soi-même aux épreuves qu'on fait subir aux sujets ; on peut ainsi se rendre compte des conditions mentales où l'hystérique se trouve placé. Si l'on essaye de mesurer le temps pendant lequel on est capable de conserver une pose fatigante, ou de presser sur le dynamomètre, on s'aperçoit tout de suite que ce temps est livré à l'arbitraire du sujet. En effet, en me prenant comme exemple, j'observe que, quand je presse le dynamographe, il se passe en moi des phénomènes très complexes, dont on n'a pas l'habitude de tenir compte. Si quelqu'un m'interroge sur ce que j'éprouve, je dirai peut-être que j'ai ressenti au bout de quelque temps un sentiment de fatigue qui m'a obligé à lâcher l'instrument. Ce n'est pas absolument exact ; la fin de la contraction musculaire n'a pas été amenée directement par la fatigue ; quand la fatigue s'est produite, j'ai réfléchi à la sensation douloureuse que j'éprouvais, et je me suis demandé si elle était suffisamment intense pour que je suspendisse mon effort ; j'ai délibéré sur ce point, j'ai réfléchi à la longueur de la courbe dynamographique ; je me suis proposé de résister encore pendant une demi-révolution du cylindre, etc. Après avoir délibéré, j'ai pris une décision, j'ai résolu de desserrer mes doigts ; c'est donc en définitive ma volonté qui a fixé le terme de l'état de contraction ; la fatigue et les autres motifs assez frivoles que je viens de signaler n'ont été que des causes indirectes ; la cause directe qui amène la fin de la contraction volontaire, c'est la volonté du sujet.

Je ne doute pas que des états de conscience analogues se produisent chez l'hystérique ; je soupçonne par conséquent que si tel sujet pris comme type soutient très peu de temps un effort de contraction, cela peut tenir autant à un affaiblissement de sa volonté, à un caprice, à un sentiment d'ennui ou de mauvaise humeur, enfin à une circonstance frivole, qu'à un affaiblissement réel du pouvoir moteur ; de même un long effort pourra être attribué à une bonne volonté exceptionnelle produite par la vanité, la coquetterie, etc., et par conséquent la longueur de l'état de contraction ne saurait avoir une valeur absolue.

Ceci ne s'applique bien entendu qu'autant que l'hystérique se trouve placé dans les conditions d'un sujet normal, c'est-à-dire, se servant d'un membre sensible, et exposé aux sensations de la fatigue et de l'effort. Ce sont les mouvements du membre sensible qui sont surtout soumis à ces influences psychologiques dont nous venons de parler.

Quand le sujet hystérique se sert de son membre insensible, les conditions mentales de l'expérience sont tout à fait différentes ; la volonté consciente (c'est-à-dire la volonté de la personnalité principale) n'intervient qu'à un seul moment de l'expérience, au début ; prie-t-on le sujet de serrer un dynamomètre et de continuer la pression, sa volonté commande la contraction, la met en train ; puis la main continue à serrer sans qu'il en ait conscience et sans qu'il ait besoin de s'en préoccuper ; de même, quand on lui demande de garder une attitude, de maintenir le bras horizontalement étendu, si le bras est anesthésique, le sujet n'a qu'à prendre la pose qu'on lui commande ; puis il ne reçoit plus aucune sensation provenant de son bras, il n'a plus à s'en occuper ; et le bras reste en l'air, comme oublié. On voit donc que les deux situations mentales ne sont pas comparables.

Le premier fait à signaler, c'est que le membre insensible reste en général plus longtemps en état de contraction que le membre sensible ; la force de contraction est moins considérable, mais en revanche, la durée est plus grande.Si l'on prend la courbe dynamographique du côté sensible et du côté anesthésique et si on les compare, on constate cette différence de longueur et, en même temps, la courbe du côté anesthésique est plus lisse, plus régulière : elle ne

Fig. 2. — Courbe dynamographique d'un sujet hystérique. Les trois figures sont des fragments d'un même tracé qui se lit de droite à gauche ; dans chaque figure, la courbe d'en haut appartient à la main sensible, et la courbe d'en bas appartient à la main anesthésique. La première de ces courbes est courte ; on ne la suit que sur la première et la seconde portion du tracé ; elle disparaît sur la troisième, où l'on ne voit plus que la ligne des abscisses ; de plus, elle est un peu tremblée et irrégulière, et dans sa première phase, elle s'élève assez haut. La courbe de la main anesthésique est plus longue ; après une ligne d'ascension lente, elle se développe presque probablement à la ligne des abscisses, et on la suit sur les trois portions du tracé, qu'elle parcourt deux fois avant de se con-

fondre avec la ligne des abscisses. (Réduit au tiers.)

présente point de tremblement. C'est ce que montre bien la figure contenant deux courbes dynamographiques prises sur P. S., qui est anesthésique à droite ; en haut, est reproduite la courbe de contraction de la main gauche, sensible ; elle est courte et tremblée ; la courbe de contraction de la main droite, anesthésique, a été prise aussitôt après et avec le même dispositif expérimental ; elle est environ deux fois et demie plus longue, et plus lisse, plus régulière.

D'autre part le chiffre maximum de pression est moins considérable que dans le premier cas, et on voit en effet que la courbe ne s'élève pas autant au-dessus de la ligne des abscisses ; on pourrait donc supposer qu'il y a là une compensation, et que si le sujet essayait de maintenir une pression légère avec sa main sensible, il arriverait à reproduire la courbe de contraction de la main anesthésique ; mais ce serait une erreur ; j'ai pu m'en convaincre.

La vraie raison pour laquelle la courbe de contraction donnée par la main anesthésique est la plus longue est une raison d'ordre psychologique ; la longueur de la courbe tient à l'absence de sensation de fatigue ; c'est la sensation de fatigue qui d'ordinaire, chez un sujet de bonne volonté, met un terme, par son caractère déprimant, à un effort longtemps continué ; la fatigue intervient bien avant l'épuisement musculaire et nous en garantit. Dans une conscience secondaire étroite, la sensation de fatigue ne se produit pas, ou du moins, si elle se produit, elle n'est pas aussi nette, aussi intense, aussi bien coordonnée avec les mouvements du bras que dans une conscience large et riche ; elle n'avertit pas le sujet, elle ne fait pas cesser l'état de contraction. Le prolongement de cet état est donc, comme tous les autres caractères que nous avons signalés, la marque d'une forme inférieure de la conscience.

Il résulte de ce qui précède qu'on trouve en germe, dans les contractions de la main insensible, les caractères des contractures hystériques spontanées ou provoquées ; ces caractères sont : 1° un état de demi-contraction, car quand un membre est contracturé, on peut encore augmenter la contracture par la faradisation (Richer) et de plus le bruit musculaire du muscle contracturé est plus faible que celui du muscle en état de contraction volontaire (Boudet de Paris et Brissaud) ; 2° quand on exerce une traction sur un membre contracturé, il cède à la traction, mais bien plus lentement qu'un membre raidi par la volonté ; il cède en outre, sans fatigue, sans modification du rythme respiratoire (Charcot et Richer).

On peut étudier sous une autre forme le travail moteur du membre insensible : c'est la conservation d'une attitude. Le sujet peut garder très longtemps avec le bras insensible, plus longtemps en général qu'avec le bras sensible, une position fatigante ; il peut donc se mettre volontairement en état de catalepsie partielle.

Tous ces faits nous montrent que les phénomènes de catalepsie et de contracture sont, dans une certaine mesure, l'expression des divisions de conscience ; ils supposent l'éveil de consciences fragmentaires, qui ne contiennent guère que des images motrices et qui sont trop petites pour connaître le phénomène de la fatigue.

CHAPITRE VII
L'ÉCRITURE AUTOMATIQUE CHEZ LES HYSTÉRIQUES

Écriture automatique. — Définition. — Procédé nécessaire pour la provoquer. — Ses caractères, son exagération chez les hystériques. — Son emploi. — Théorie. — L'écriture automatique ne consiste pas dans un simple réflexe d'idées. — Complexité du phénomène ; expérience de M. Babinski. — Expérience de M. Onanoff sur le temps de réaction. — Description générale des mouvements subconscients produits par des états psychologiques conscients. — Enregistrement de ces mouvements. — Influence de l'anesthésie sur leur développement. — Influence de l'intensité des excitations sur l'amplitude des mouvements.

I

La collaboration de plusieurs consciences, chez l'hystérique, se manifeste d'une façon tout à fait remarquable dans ce qu'on a appelé « l'écriture automatique » ; l'intérêt de ce phénomène se trouve encore augmenté par la fréquence avec laquelle il se produit dans un très grand nombre de circonstances, chez les spirites et même chez les sujets sains ; mais nulle part, croyons-nous, son mécanisme n'est aussi facile à étudier et à démontrer que chez les hystériques ; aussi la question mérite-t-elle bien d'être traitée dans un chapitre distinct.

Nous avons déjà parlé de l'écriture automatique et notamment au chapitre IV, quand nous cherchions à démontrer l'existence du personnage subconscient pendant l'état de veille. Rappelons brièvement les faits : nous avons vu que si on dirige la main anes-thésique pour lui faire écrire un mot, la main répète ce mot ; c'est un premier exemple d'écriture automatique ; nous avons vu aussi que, dans une division de conscience produite par distraction, l'inconscient peut répondre par l'écriture aux questions qu'on lui pose à voix basse ; c'est un second exemple d'écriture automatique, et ici, l'écriture est plus développée, car elle ne se contente pas de reproduire la question, elle y répond.

Dans les deux circonstances que nous rappelons, le mouvement de l'écriture sert de moyen d'expression au personnage inconscient et, de plus, il traduit des perceptions et des idées qui appartiennent à ce personnage, et que la conscience principale ne connaît pas. La séparation des consciences est complète, absolue.

Dans nos recherches actuelles, où nous étudions les relations des consciences distinctes, l'écriture automatique va jouer un rôle dif-férent ; elle va servir de trait d'union entre les deux consciences ; l'idée à traduire appartient à l'une des consciences, et le mouve-ment graphique qui exprime cette idée appartient à l'autre. On le voit, c'est une collaboration.

Voici comment l'expérience réalise cette collaboration. On prie l'hystérique de penser pendant quelque temps à un objet, ou à un mot ; on ne lui dit pas autre chose ; on ne lui commande de rien écrire, car si cet ordre lui était donné, on provoquerait un acte volon-taire du genre de ceux que nous venons d'étudier dans le chapitre précédent ; en ce moment, ce n'est pas un mouvement que nous voulons étudier, mais une idée ; pour que le but soit atteint, il est bon de choisir, parmi les idées qu'on suggère, une de celles qui ne contiennent pas une invitation motrice évidente ; si par exemple on prie l'hystérique de penser à la personne avec qui elle vient de causer, à la lettre qu'elle vient de recevoir, ou à un autre souvenir du même genre, il est clair qu'on ne suscite pas en elle une idée d'acte à exécuter, mais un simple phénomène d'idéation.

Laissons-la s'absorber un moment dans son idée, puis glissons un crayon dans sa main insensible, qui lui est cachée derrière un écran ; bientôt la main s'agite ; elle serre le crayon, elle se met à écrire, et ce qu'elle écrit, c'est le mot pensé. Quand le sujet se représente, non pas un signe, mais un objet complet, comme une tête, une figure humaine, on voit parfois la main anesthésique qui cherche à tracer le dessin de ces objets, révélant ainsi à l'expérimentateur le fond intime de la pensée de son sujet.

Cette expérience, qui peut paraître délicate à réaliser, est au contraire très facile, et réussit chez beaucoup de malades qui ne présentent guère d'autres phénomènes de dédoublement mental. La traduction graphique d'un état de l'esprit par la personnalité secondaire doit donc être considérée comme un acte subconscient d'un ordre élémentaire chez les hystériques. Ainsi que nous l'avons dit, on peut reproduire l'expérience de l'écriture automatique chez une foule de personnes non hystériques ; ce qui est spécial à l'hystérie, c'est l'exagération du phénomène ; le mouvement est si net et pour ainsi dire si grossier que pour le voir il suffit de regarder la main insensible.

La figure 3 n'a d'autre intérêt que de montrer avec quelle facilité l'écriture automatique se manifeste. Une hystérique était assise dans le laboratoire, près d'une table ; à quelques mètres, un robinet ouvert laissait tomber de l'eau avec bruit. On glisse un crayon dans la main droite anesthésique de la malade, sans qu'elle s'en aperçoive, et l'écriture traduit l'agacement que le bruit de l'eau lui causait.

Ainsi, l'écriture automatique peut exprimer soit les pensées qu'on suggère à l'hystérique, soit ses pensées volontaires ; si sa main tient une plume ou un crayon, elle enregistre aussitôt l'état de conscience prédominant. Il n'est même pas besoin que l'idée soit obsédante, car il suffit que le sujet lise à haute voix pour que la plume se mette à écrire. Naturellement, la plume ne va pas aussi vite que la lecture ; aussi, arrive-t-il généralement que l'écriture automatique trace seulement quelques mots du texte lu ; ici, c'est un mot entier, plus loin, une seule lettre, ou un chiffre. Quand le mot entier est écrit, il ne coïncide plus avec la lecture qui va toujours ; le sujet est parfois arrivé deux ou trois lignes plus loin, quand la main achève d'écrire le mot ; il y a donc simultanéité de deux pensées différentes. J'ai remarqué que souvent les sujets écrivent moins facilement pendant qu'on provoque à leur insu l'écriture

Fig. 3. — Écriture automatique d'une hystérique. Elle a écrit :
« C'est agaçant, cette fontaine. »

automatique ; ils hésitent, s'arrêtent, paraissent troublés ou agacés, sans pouvoir en donner la raison.

Les mouvements automatiques sont, dans une certaine mesure, en relation avec l'intensité des pensées. Dès que la malade fait un effort intellectuel pour se rappeler, ou pour raisonner, ou pour deviner quelque chose, on voit sa main insensible, tenant un crayon, qui prend l'attitude nécessaire pour écrire ; dès que le problème est résolu ou abandonné, la main laisse tomber la plume et s'affaisse dans une attitude de résolution.

II

Dans tous les cas précédents, c'est une représentation mentale consciente qui provoque un mouvement subconscient. Fixons par un exemple le point où le phénomène reste conscient. On demande au sujet quel est son âge. Au moment où il va répondre, ou même quelques secondes avant qu'il réponde, la plume qu'on a eu le soin de glisser entre l'index et le pouce anesthésiques fait

Alfred Binet

la mêmeréponse écrite. Le sujet a la représentation consciente de son âge, il n'a pas conscience de ce qu'il écrit. Le processus psycho-moteur est conscient dans sa première moitié, subconscient dans la seconde.

Si on s'en tenait à ce qui précède, on pourrait croire que l'écriture automatique consiste dans de simples mouvements réflexes produits par des idées. Il sera facile de montrer l'insuffisance de cette interprétation ; en réalité, il y a dans toutes ces expériences deux pensées qui s'entrecroisent et collaborent l'une avec l'autre. Ainsi, le membre insensible ne commence à écrire, en général, que lorsqu'on a mis une plume entre les doigts. Tant que la main ne reçoit pas l'attitude nécessaire pour écrire, elle reste immobile, ou bien exécute des mouvements vagues, indéterminés, faciles à distinguer d'un mouvement graphique véritable. Chez quelques sujets, il est vrai, la main insensible écrit sans qu'on lui ait donné l'attitude nécessaire ; elle écrit, à défaut de plume, avec le bout de son index, ce qui exige un mouvement tout différent. Ainsi l'attitude imprimée au membre change la forme de la réponse. Nous avons vu déjà un fait semblable dans les mouvements subconscients qui répondent à une sensation également subconsciente[52]. Cette influence de l'attitude est une première complication du phénomène.

En voici d'autres, comme le montre l'ingénieuse expérience qui a été imaginée par M. Babinski, et qu'il a bien voulu me communiquer[53]. On demande au sujet, pris à l'état de veille, de penser à un chiffre ; puis on prend sa main insensible, et à son insu, par exemple derrière son dos, on lui soulève le doigt un certain nombre de fois ; quand on arrive au chiffre pensé, le doigt se raidit, et indique ainsi le chiffre à l'expérimentateur. Inutile de remarquer que ce résultat ne peut guère s'expliquer par un simple mouvement réflexe. Pour arrêter l'expérimentateur au moment voulu, il faut qu'il y ait dans le sujet une intelligence qui laisse fléchir le doigt, compte le nombre des flexions, puis quand ce nombre est égal au nombre pensé, raidit le doigt dans l'intention évidente d'arrêter l'expérimentateur dans sa numération.

M. Onanoff a cherché à mesurer le temps de réaction de ces mouvements inconscients produits par des idées conscientes. Voici comment il a disposé l'expérience. On propose au sujet de penser à un nombre. Supposons qu'il ait pensé au nombre 2. On touche le membre une première fois ; le moment du contact est marqué sur le cylindre enregistreur ; le doigt du sujet ne bouge pas ; on touche une seconde fois, le doigt du sujet se déplace ; le contact de l'expérimentateur et le mouvement du sujet s'inscrivent sur le même cylindre et la distance entre les deux marques donne la mesure du temps de la réaction subconsciente. La lecture des tracés a montré que le temps de la réaction subconsciente est moindre que le temps de réaction d'un même sujet accomplissant un mouvement volontaire, avec son membre non anesthésié. En effet, le temps est de 0",07 à 0",11, chez des sujets présentant dans les mouvements volontaires un temps de réaction de 0",127 à 0",196. Cette expérience fournit un bon signe objectif contre la simulation ; elle s'accorde du reste avec celle que nous avons rapportée plus haut relativement à la réaction subconsciente qui accompagne un mouvement volontaire d'un membre anesthésique.

En appendice à la série d'expériences précédentes, nous devons noter un fait un peu différent, qui prouve avec quelle complexité de formes parfois se réalise la collaboration des deux consciences. Dans l'écriture automatique que nous avons décrite, une des consciences représente l'idée et l'autre l'exprime. Il est possible que la conscience principale, au lieu de provoquer le processus d'un acte dans le domaine de l'autre conscience, provoque seulement une tendance, une orientation particulière des idées ; voici dans quelles circonstances se produit cette sorte d'induction psychique, que je crois très intéressante, car on la retrouve en dehors de l'hystérie, et dans des cas très nombreux. On demande au sujet le nom d'une personne ou d'un objet qu'il a peine à se rappeler ; on peut faire l'expérience sur une date, sur un événement quelconque ; le sujet cherche à se rappeler, mais n'y parvient pas ; il dit qu'il a le mot sur le bout de la langue, mais ses efforts pour le prononcer ne servent à rien. Si alors on met un crayon dans la main anesthésique, qui est habituée déjà à l'écriture automatique, il peut arriver que celle-ci écrive sur-le-champ le mot que le sujet cherche vainement. Ceci nous prouve : d'abord que la seconde conscience peut avoir une mémoire plus étendue, sur certains points, que la mémoire de la première conscience ; l'observation est intéressante, et vaut la peine d'être enregistrée, car des expériences très bien faites ont conduit au même résultat d'autres observateurs, et ont montré également que la mémoire inconsciente est plus étendue que la mémoire consciente[54]. Mais ce n'est pas pour mettre en lumière ce fait que j'ai rapporté l'expérience précédente ; c'est pour donner un nouvel exemple de collaboration des deux consciences. Dans cette recherche d'un mot oublié, la première conscience donne l'impulsion à la seconde ; il y a donc eu là une influence complexe et assez difficile à définir, réelle pourtant, entre les deux consciences.

Il est bien curieux que malgré ces communications si directes et si intimes, les deux consciences restent séparées, et que l'une d'elles au moins, la conscience principale, continue à ignorer complètement l'existence de l'autre. Il m'a semblé qu'une telle situation ne se prolonge jamais longtemps, et que si on multiplie expérimentalement les points de contact de ces deux consciences, l'une d'elles, l'anormale, tend à se développer aux dépens de l'autre ; nous avons déjà assisté une fois à ce développement des phénomènes subconscients, capables d'envahir le moi normal et même de l'effacer[55]. Nous avons vu que si pendant un état de distraction on excite un peu le personnage subconscient, la personne normale s'endort, et le personnage subconscient passe au premier plan, ce qui amène le somnambulisme. Il se produit ici un fait du même genre. Si on oblige une hystérique à penser à une série d'idées, pendant qu'à son insu l'écriture automatique se manifeste et traduit tous ses états de conscience, il arrive un moment où la malade s'arrête avec inquiétude ; elle sent fuir les idées qu'elle vient d'évoquer, elle en perd la conscience nette ; si c'est à un calcul mental qu'on l'a occupée, elle s'embrouille au milieu de ses chiffres, ne se les rappelle plus, et se déclare incapable de trouver le nombre total, alors que l'écriture automatique, qui, elle, n'a rien oublié, écrit le nombre sans hésitation. Le subconscient, dans ces expériences, s'étend sur le terrain de la conscience principale, et accapare quelques-unes de ses idées ; facilement, il pourrait les accaparer toutes et amener le somnambulisme.

III

Il faut, pour rester fidèle aux faits, élargir un peu la description de ce que nous avons appelé l'écriture automatique. Ce terme, depuis longtemps consacré par l'usage, mais fort incolore, ne peut s'appliquer qu'à une catégorie restreinte de mouvements, aux mouvements graphiques ignorés de la conscience principale. En réalité, ce ne sont pas les seuls qui peuvent se produire dans les conditions que nous avons fixées. Les sensations, les idées, les états de toutes sortes qui se produisent dans la conscience principale peuvent amener dans la conscience secondaire un très grand nombre de mouvements variés. Si l'écriture se produit pour enregistrer ces états, c'est parce qu'on a mis un crayon dans la main, ou pour une autre raison analogue. Rien n'est plus facile que de modifier la forme de l'enregistrement, car elle dépend en grande partie de l'attitude donnée au membre insensible ou de l'appareil enregistreur qu'on met en contact avec lui. Plaçons dans la main insensible un tube de caoutchouc relié à un cylindre enregistreur, et prions le sujet de penser à un nombre ; la main va changer la nature de son mouvement ; au lieu d'écrire, elle presse le tube et le nombre de pressions indique le chiffre pensé. La netteté de ces pressions est montrée par la figure 4.

Si l'on met l'appareil d'exploration sur une autre partie du corps, quelle qu'elle soit, cette partie du corps exprimera à sa manière l'idée dominante du sujet. Le mouvement respiratoire lui-même peut se trouver modifié par cette influence psychologique.

Ces résultats curieux s'expliquent de la façon la plus satisfaisante lorsqu'on a compris le jeu des sous-consciences. Le personnage inconscient a saisi l'idée poursuivie par l'expérimentateur et il fait son possible pour s'y soumettre.

La méthode graphique a l'avantage d'éclaircir un certain nombre de particularités qui passeraient inaperçues ou resteraient bien peu visibles si on s'en tenait à l'écriture automatique. Le premier point sur lequel nous voulons attirer l'attention, c'est l'influence qu'exerce sur les mouvements du personnage subconscient l'intensité de l'excitation. Nous avons dit que l'écriture automatique traduit spécialement les états d'obsession. Il est clair que si, en un même instant, par hypothèse, deux idées de force inégale sillonnent le champ de la conscience, c'est l'idée la plus forte, la plus colorée, la plus intéressante qui dirigera le mouvement subconscient de la main. Il est intéressant de voir cette différence se marquer sur les tracés. Nous réalisons l'expérience en plaçant un métronome près du sujet, et nous prions celui-ci de ne pas écouter les battements ; sa main insensible tient, à son insu, un dynamographe relié à un cylindre enregistreur, et on peut voir par la ligne droite qui se trace d'abord sur le cylindre, que la main n'a exercé aucune pression (fig. 5). Le sujet s'efforçant de ne pas entendre le bruit de l'instrument, l'excitation auditive a, au point de vue psychologique, diminué de force. Puis, renversant les conditions de l'expérience, on demande au sujet d'écouter avec attention le métronome, et on voit qu'aussitôt de fortes pressions de la main qui se font rythmiquement et restent inconscientes, viennent montrer que la sensation acoustique a augmenté d'intensité, ou en tout cas d'importance.

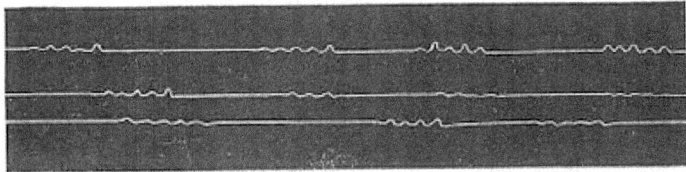

Fig. 4. — Une hystérique tient dans sa main droite insensible un tube de caoutchouc, relié à un cylindre enregistreur de Marey ; elle pense au chiffre 5 ; les pressions de la main expriment ce chiffre, sans qu'elle en ait conscience.

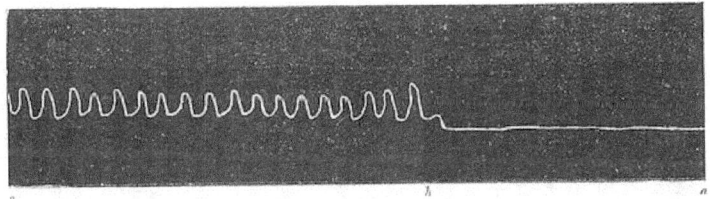

Fig. 5. — Expérience sur une hystérique hémianesthésique. Le sujet tient dans sa main gauche insensible un dynamographe, pendant qu'un métronome est mis en mouvement. De *a* à *b*, le sujet s'efforce de ne pas écouter les battements du métronome ; de *b* à *c*, le sujet les écoute. Le tracé se lit de droite à gauche.

Il est un second point que les appareils graphiques mettent bien en lumière, et c'est en le signalant que nous terminerons ce chapitre.

Les mouvements subconscients du genre de ceux que nous étudions s'accomplissent en général dans les parties insensibles du corps ; c'est là du moins que l'expérimentateur cherche surtout à les produire, parce qu'il désire être mis à l'abri des simulations par la présence d'une anesthésie bien contrôlée. Mais l'anesthésie n'est pas une condition nécessaire de la division de conscience, et un état de distraction est capable de produire des effets analogues. Nous avons donc pensé qu'il serait utile d'étudier l'influence qu'exerce l'anesthésie sur l'intensité des mouvements subconscients.

La recherche a été faite sur une jeune fille hystérique qui était insensible du bras droit. Deux appareils enregistreurs sont placés, l'un sur le bras droit, l'autre sur le bras gauche et dans une première expérience, on fait battre un métronome ; dans une seconde, on prie le sujet de penser à un chiffre. Quatre tracés réunis dans la figure 6 expriment les résultats de ces premières épreuves. Au premier coup d'œil, on voit que les mouvements subconscients, très nets sur les tracés qui correspondent au membre insensible, ne sont pas marqués sur le tracé du membre sensible ; il ne faut pas faire trop grand fond sur cette différence, car elle résulte d'une comparaison entre tracés pris avec deux appareils différents ; or comme jamais on n'obtient des tambours et des leviers qui soient strictement comparables, on ne peut dire dans quelle mesure la différence des tracés dépend des phénomènes enregistrés, et dans quelle mesure elle dépend des appareils.

Mais, pour tirer profit des tracés précédents, il faut, sans modifier les appareils en place, changer la distribution de la sensibilité du sujet ; une suggestion hypnotique nous suffira pour frapper le bras gauche d'insensibilité et de paralysie ; puis le sujet est réveillé, le cylindre est remis en mouvement, et on recueille, comme avant, deux sortes de mouvements subconscients, d'abord en utilisant le bruit du métronome, et ensuite en priant le sujet de penser à un chiffre. Les tracés qu'on obtient (fig. 7) ne doivent pas être comparés entre eux, pour les raisons que nous avons indiquées ; ils doivent être comparés à ceux de la figure précédente.

Alfred Binet

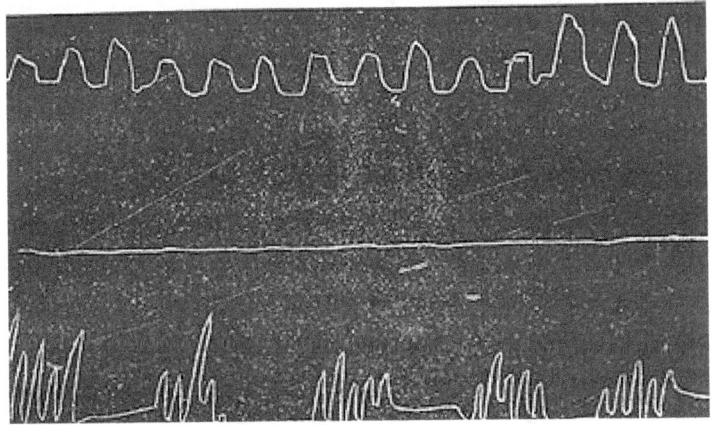

Fig. 6. — Enregistrement graphique de mouvements inconscients chez une hystérique. Le premier tracé et le second correspondent à une même expérience ; un métronome est mis en mouvement à côté du sujet : le tracé du bras insensible (1) indique que des mouvements inconscients se sont produits dans ce bras sous l'influence du bruit ; le tracé du bras sensible (2) n'indique aucun mouvement. Les deux tracés suivants ont été pris pendant que le sujet pense au nombre cinq ; le tracé du bras insensible (3) présente des mouvements inconscients, qui traduisent bien l'idée du nombre cinq, celui du bras sensible (4) n'en indique pas.

J'attire simplement l'attention sur les lignes qui concernent le bras gauche ; pendant qu'il est sensible, les mouvements inconscients qu'il présente sont nuls ; dès qu'il est frappé de paralysie, ces mouvements deviennent très considérables. La différence est si nette qu'elle se passe de tout commentaire.

Ajoutons encore une remarque de détail qui est peut-être nécessaire, car si précise qu'elle soit, la méthode graphique a besoin d'être interprétée incessamment pour ne point donner lieu à des erreurs. Il ne faudrait pas croire que les membres sensibles ne présentent aucun mouvement subconscient. Le résultat négatif des tracés est dû en grande partie à ce qu'on a fait une exploration bilatérale ; les deux tambours enregistreurs ont été appliqués simultanément sur une région sensible et sur une région insensible. Par là, on a en quelque sorte obligé le personnage inconscient à s'occuper simultanément de deux points du corps ; il a préféré se rendre dans la région insensible. Si l'exploration est unilatérale, si le tambour est appliqué seulement sur la région sensible, on obtient des tracés tout différents, où la présence des mouvements subconscients est bien marquée.

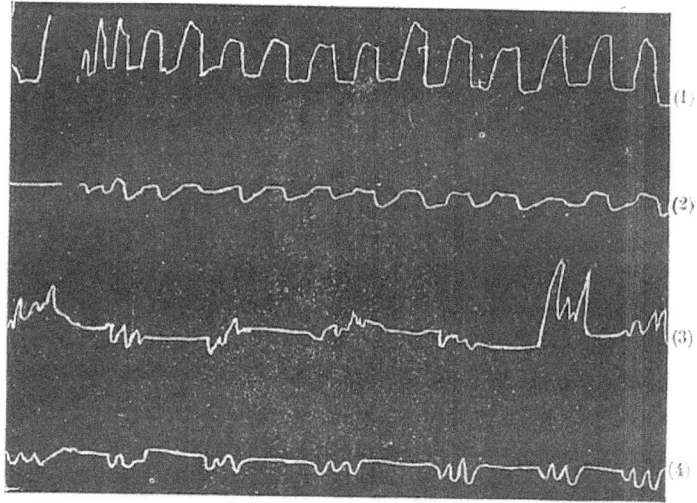

Fig. 7. — Même expérience que celle de la figure précédente avec cette différence que le bras sensible a été frappé d'anesthésie et de paralysie par suggestion. Les tracés 1 et 3 correspondent au bras primitivement anesthésique (anesthésie spontanée) ; les tracés 2 et 4 correspondent au bras rendu anesthésique par suggestion.

CHAPITRE VIII
LES IDÉES D'ORIGINE SUBCONSCIENTE

Les idées d'origine subconsciente. — En quel sens l'hystérique perçoit les effets d'une excitation sur une région insensible. — L'expérience des piqûres. — Idée abstraite suggérée. — Caractère obsédant de cette idée. — Illusion fréquente des sujets soumis à l'expérience. — Expériences analogues pendant un état de distraction. — Hallucination suggérée à la seconde conscience et perçue par la première. — Conclusion.

I

Dans les recherches que nous exposons en ce moment sur la collaboration des consciences distinctes, nous avons vu jusqu'ici que l'idée conçue, la volonté d'exécuter un acte, enfin le point de départ et l'initiative du phénomène appartiennent à la conscience principale, à celle qui parle par la bouche du sujet éveillé. Les rôles peuvent être intervertis, et le courant peut changer de sens. Nous allons voir l'initiative passer à la seconde conscience, à celle qui ne parle pas, et qui reste dans bien des cas si rudimentaire qu'on a cru longtemps qu'elle se réduisait à quelques petits mouvements insignifiants. Il peut arriver qu'une sensation perçue par la seconde conscience éveille une idée qui sera transmise à la première conscience, sans que celle-ci en reconnaisse l'origine.

Nous avons supposé qu'il suffisait d'avoir reconnu l'insensibilité d'une région quelconque, chez un sujet hystérique, puis de cacher au sujet la vue de cette région par un écran pour lui faire ignorer complètement tous les phénomènes qu'on provoque dans des parties insensibles de son corps. Ce n'est là, avouons-le, qu'une situation idéale ; il faudrait que la division de conscience fût bien parfaite, tout à fait schématique, pour que le moi normal du sujet ne perçût absolument rien de ce qui se passe dans une partie de son organisme. Si nous avons fait cette supposition, tout en la sachant erronée, c'est parce qu'il faut mettre de l'ordre dans la description des faits ; nous ne pouvons pas décrire à la fois la division de conscience, et les influences réciproques de deux consciences distinctes, qui rendent la division moins parfaite. Nous allons maintenant revenir sur nos premières descriptions, et y ajouter quelques traits, afin de les rendre plus fidèles.

Ce qui est tout à fait exact, au moins d'après ce que j'ai observé, c'est que le sujet ne perçoit pas les excitations qu'on applique sur une région insensible ; il ne les perçoit pas avec leur forme réelle, et ne les localise pas au point excité. Si on lui pique la paume de la main avec une épingle, il ne rapporte pas à cet endroit une sensation de piqûre ; du reste, s'il le faisait, il cesserait par là même d'être anesthésique. Les sensations provoquées dans les régions anesthésiques restent donc inconscientes ; mais elles produisent d'autres phénomènes, qui pénètrent dans la conscience normale ; ce sont des idées, des images, et parfois des perceptions fausses, des hallucinations. Ainsi, le sujet ne perçoit pas l'excitation, mais il peut avoir l'idée de cette excitation, sans savoir bien entendu pourquoi et comment cette idée lui est venue.

Voici une expérience qui permettra de saisir ce curieux effet mieux qu'une longue description. Nous prenons la main insensible, nous la plaçons derrière l'écran, et nous la piquons neuf fois avec une épingle ; pendant ce temps, ou après avoir cessé les piqûres, nous demandons au sujet de penser à un chiffre quelconque et de nous le dire ; il répond qu'il a choisi le chiffre 9, c'est-à-dire celui qui correspond au nombre des piqûres. Il n'a point senti le coup d'épingle, il ne sait pas qu'on l'a piqué, il est resté anesthésique ; et cependant il a bien senti quelque chose, comme le prouve la concordance que nous venons de signaler. L'excitation, quoique non sentie, non perçue par son moi normal, a produit un certain effet sur ce moi ; elle y a amené une idée, l'idée du nombre des piqûres[56].

Ce résultat ne semble nullement singulier quand on arrive à embrasser d'un seul coup d'œil l'ensemble des altérations de conscience ; on voit alors que tout s'enchaîne, et que tel fait, qui est étrange quand on le regarde isolément, est un effet logique et nécessaire. Mais les connaissances générales ne s'acquièrent pas de prime abord ; quand je commençais ces études sur l'anesthésie, je ne compris rien au phénomène que je viens d'indiquer, et quand je commençai à comprendre, je me crus la dupe d'une illusion. À plusieurs reprises, je notais sur mon cahier d'observations qu'une hystérique, dont l'anesthésie avait été bien contrôlée, affirmait qu'à un certain moment elle avait deviné ce qu'on faisait sur la région anesthésique. Un jour, une femme, la nommée Mel…, anesthésique du bras droit, à qui je faisais écrire le mot Salpêtrière, déclara qu'elle avait vu ce mot lui apparaître « écrit en blanc sur fond noir » et cependant, elle n'avait pas vu sa main, et celle-ci ne sentait ni les contacts ni les piqûres. J'écrivis ce singulier témoignage, mais étant occupé à d'autres recherches, je ne continuai pas celle-là. Deux ans après, j'eus l'occasion de reprendre mes études sur l'anesthésie hystérique ; je fis méthodiquement l'examen de cette question, et ne tardai pas à m'assurer qu'en effet une excitation non sentie peut amener une idée dans l'esprit du malade.

En somme, voici comment il nous semble qu'on doit se représenter ce processus, pour le rendre compréhensible. Toute excitation sensorielle produit chez un individu normal, la suggestion d'une série d'images associées ; l'individu normal a conscience de tout cela, des images évoquées comme de la sensation qui en est le point de départ ; chez l'hystérique, la sensation excitatrice reste dans l'ombre ; elle demeure inconsciente ; mais elle conserve sa propriété suggestive, et continue à évoquer le même cortège d'images que si elle était perçue et reconnue. Le processus a donc son développement habituel ; si l'on fait six piqûres sur le dos d'une main sensible, le sujet les comptera et pensera par conséquent au chiffre six comme le ferait un individu normal ; seulement, chez l'hystérique, la première partie du processus se passe dans une conscience, et la seconde dans une autre.

Nous trouverons plus d'un exemple de ces phénomènes psychologiques dans des observations de suggestion rapportées par d'autres auteurs ; nous les désignerons et nous les étudierons sous le nom de *suggestions à point de repère inconscient*. Le caractère particulier des expériences que nous allons exposer maintenant, c'est que l'excitation non sentie éveille des associations d'idées naturelles, et en quelque sorte normales ; l'idée de nombre survenant après une suite de piqûres n'est point une idée artificielle, elle résume tout un côté de la perception et la représente sous une autre forme. Il est très curieux de voir ces associations naturelles se conserver malgré la désagrégation mentale, et servir de trait d'union entre des consciences distinctes qui ne se connaissent plus.

Voilà donc une idée d'origine subconsciente qui émerge dans la conscience normale de l'hystérique. Que va devenir cette idée ? Quelle forme va-t-elle prendre ? Quels événements va-t-elle provoquer ? Il pourrait se produire ici une foule de complications, dont nous montrerons d'ailleurs plusieurs exemples quand à l'appui des faits actuels nous en citerons d'autres empruntés à la pathologie mentale ; tantôt l'idée subconsciente devient une voix qui parle au sujet, qui le conseille ou le menace ; tantôt elle est la source d'une

DEUXIÈME PARTIE

impulsion motrice, provoque des mouvements et des actes, etc. ; elle peut encore devenir l'origine d'un délire. Rien de tout cela n'a eu lieu chez nos sujets, nous ignorons pourquoi ; l'expérimentation suppose un certain nombre de conditions artificielles, souvent ignorées, qui aiguillent un phénomène dans une certaine direction, au milieu d'une foule de directions possibles ; nos expériences ont pris la direction du sens visuel ; l'idée suggérée par les sensations subconscientes a toujours été une idée visuelle, et souvent même une hallucination de la vue.

Je ne crois pas avoir notablement contribué à donner cette forme aux idées suggérées, car je suis resté bien longtemps sans la comprendre ; quand je faisais trois excitations, par exemple, sur une main anesthésique, le sujet répondait simplement à la question : « À quoi pensez-vous ? — Je pense au chiffre 3. » Cette réponse n'indiquait pas autre chose qu'une idée quelconque, peut-être même une idée abstraite. Mais peu à peu quelques réponses se précisèrent ; tel sujet disait : « Je pense à trois sous la forme de trois points. » Un autre disait : « Je vois des barres, des bâtons. » Un troisième : « Je vois des colonnes ». Je ne savais que penser de ces bizarreries, et je les mettais sur le compte de l'imagination des malades ; mais un jour, brusquement, je m'aperçus que le sujet voyait des points quand je le piquais, et qu'il voyait des bâtons ou des colonnes quand j'agitais son doigt anesthésique ; plus de doute, c'était une image visuelle de sa main ou de l'excitation qui lui apparaissait, et toutes mes expériences ultérieures vinrent confirmer mon interprétation.

II

Nous allons étudier deux points principaux :

1° Quelles sont les excitations inconscientes qui peuvent impressionner indirectement la conscience normale du sujet ;

2° Sous quelle forme ces excitations pénètrent dans cette conscience.

Toutes les excitations d'un organe sensoriel anesthésique peuvent éveiller, par voie de suggestion, des idées conscientes. Nous avons cité des excitations tactiles ; il faut ajouter qu'en mettant en jeu le sens musculaire on arrive au même résultat ; fait-on écrire à la main une lettre ou un mot, le sujet, prié de penser à une lettre ou à un mot, peut indiquer ceux qu'on lui a fait écrire sans qu'il le sût ; de même, imprime-t-on plusieurs fois le même mouvement à un doigt, le nombre de ces mouvements deviendra le nombre pensé. On peut aussi, en appliquant sur le tégument des lettres ou des dessins en relief, susciter l'image de lettres et de dessins dans l'esprit du sujet, qui en parlera si on lui demande à quoi il pense ; on reconnaîtra aussi de cette façon que le sujet peut se représenter sa main ou son bras anesthésique dans la position où précisément on vient de les placer hors de sa vue. Il suffit aussi de lui demander de penser à un point quelconque de sa main pour s'apercevoir que c'est le point où on le pique, ce qui prouve qu'il localise en quelque sorte l'excitation, quoiqu'il ne la perçoive pas. Ces procédés fournissent un moyen détourné de mesurer avec un esthésiomètre la sensibilité d'un membre anesthésique. D'une manière générale, les choses se passent comme si le sujet percevait l'excitation traduite dans le langage d'un autre sens que le sens tactile ou musculaire ; ainsi tous les détails de l'excitation tactile qui peuvent être transposés, par exemple dans le langage visuel, seront conservés.

L'expérience peut être conduite de telle façon que l'excitation soit, non de nature sensorielle, mais de nature intellectuelle ; faisons écrire à la main anesthésique plusieurs chiffres, et disposons les uns au-dessous des autres, comme pour faire une addition ; le moi du sujet pensera, non pas à toute la série de ces chiffres, mais au chiffre total.

Ces divers genres d'excitation ne produisent pas toujours les effets psychiques dont nous allons parler ; si le sujet est fortement préoccupé, il est bien possible que le léger retentissement de toutes ces excitations ne soit pas entendu et remarqué ; il faut s'adresser au malade, le faire asseoir dans une pièce où on ne fait aucun bruit ; on prend ensuite sa main insensible, on la cache et on l'excite. Il est probable que le personnage inconscient qui est dans tout hystérique comprend vite la pensée de l'expérimentateur ; il entend celui-ci interroger le sujet et lui demander de penser à un chiffre ; il perçoit en même temps que l'expérimentateur fait un nombre déterminé de piqûres à la main insensible ; avec un peu de perspicacité, il doit comprendre le but de la recherche ; alors il s'y prête, et il cherche à influencer la conscience normale du sujet ; il la sug-gestionne à son tour, comme nous verrons plus loin, dans le chap-itre VI, qu'il le fait en mainte autre circonstance ; c'est cet incon-scient, je n'en doute pas, qui *souffle* à la conscience prime l'idée du nombre, et celle-ci reçoit l'idée sans savoir d'où elle lui vient. Nous ne croyons donc pas qu'on puisse décrire le processus comme une série d'associations d'idées ; il y a dans tout cela des actions et des réactions d'un ordre plus complexe.

Passons sur cette partie un peu obscure de la question, et arriv-ons au résultat final. L'idée, dont nous avons étudié l'origine, vient d'apparaître dans la conscience normale ; c'est par exemple une idée de nombre ; on a fait neuf piqûres à la main anesthésique, et le sujet a pensé au nombre neuf. Comment est-il arrivé à ce nombre ? On pourrait croire qu'il a compté les sensations ; et même, il est évident qu'il faut que quelqu'un les ait comptées pour en savoir la somme ; mais ce quelqu'un, souvent, n'est pas la conscience nor-male ; la conscience normale ne sait rien de tout cela ; le sujet ne peut dire qu'une chose, c'est qu'il a pensé au chiffre 9 ; une autre conscience a fait l'addition et la lui a servie toute faite ; il ne connaît que la somme.

Le sujet, ignorant l'origine de l'idée du neuf, n'hésite pas à se l'attribuer ; il a l'illusion qu'il a choisi librement ce chiffre, et il est persuadé que, s'il l'avait voulu, il aurait pu en choisir un autre ; mais on lui montrera le contraire en refaisant la même expérience, ce qui le met dans l'impossibilité temporaire de penser à un autre chiffre que celui-là. J'ai aussi employé quelquefois l'artifice suivant qui intrigue beaucoup les malades ; on écrit un chiffre quelconque, par exemple trois, sur un morceau de papier, qu'on plie en qua-tre, puis on donne ce papier au malade en le priant de choisir un chiffre quelconque et d'y penser quelques instants ; pendant que le malade cherche le chiffre, on fait sur sa main anesthésique trois piqûres, ce qui l'oblige à penser au chiffre trois ; puis, quand il a déclaré ce trois qu'il croit avoir choisi au hasard, on lui fait déplier le papier, et on lui montre qu'on avait prévu d'avance sa pensée ; la réussite de cette petite expérience est à peu près certaine.

Tout ce qui précède montre bien que le malade ne saisit point l'origine de l'idée qui vient tout à coup, brusquement, envahir le champ de sa conscience normale. Jamais, remarquons-le avec insistance, jamais les sujets que nous avons étudiés ne se sont doutés de l'origine de ces idées ; la séparation de conscience a toujours été complète, absolue, malgré les communications qui s'établissent entre les deux consciences.

C'est un des caractères les plus curieux de cette expérience que l'état d'obsession où elle place la personne pendant un moment ; cet état commence parfois dès qu'on fait la première piqûre ; le sujet ne peut pas penser à un nombre avant que la série de piqûres soit terminée, fût-elle de cent ; et, comme nous l'avons dit, c'est le nombre des excitations qui s'impose à son esprit. Il y a cependant quelques sujets qui réussissent à se soustraire à cette action obsédante, en employant un subterfuge ; priés de penser à un chiffre, ils se servent du nombre des excitations comme chiffre des dizaines, ou bien ils peuvent le faire entrer dans une autre combinaison.

À la longue, quand les expériences se répètent, les idées suggérées par des perceptions inconscientes deviennent extrêmement intenses ; je les ai vues prendre le plus souvent la forme d'images visuelles. L'image visuelle est devenue aussi éblouissante au dire des malades qu'une sensation produite par la lumière électrique ; elle s'extériorisait et pouvait couvrir les objets extérieurs à la façon d'une hallucination, si bien que le sujet qui lit un journal pendant l'expérience est obligé de suspendre la lecture, il cesse de voir les caractères imprimés ; quand les sujets arrivent à ce degré de sensibilité, des excitations extrêmement légères apparaissent aussitôt sous la forme visuelle, et il arrive parfois qu'ils croient *voir* l'excitation qui est portée sur le tégument.

Un exemple sera nécessaire pour se faire une idée nette de ce qui se passe. J'applique un jour sur la nuque anesthésique d'une jeune fille hystérique un petit disque en cuivre, de 2 cent. 5 de diamètre, et portant un petit dessin en relief ; le disque, que la malade n'avait jamais vu, cela va sans dire, est maintenu pendant quelques instants au contact de la peau ; la malade s'agite, elle se plaint d'avoir des éblouissements ; elle voit des taches lumineuses de forme circulaire qui brillent devant ses yeux ; chaque fois qu'on augmente la pression sur le disque, l'éclat de la sensation augmente, et si la pression devient trop forte, elle peut produire le même effet qu'un jet de lumière électrique, elle immobilise la malade en catalepsie. Mais n'allons pas jusque-là ; maintenons simplement le contact, pour chercher jusqu'à quel point la perception du disque de cuivre se fait exactement. Pour ne pas faire des interrogations fertiles en suggestions, je prie la malade de prendre un crayon et de dessiner ce qu'elle voit. C'est une pauvre fille sans grande instruction, qui n'a jamais appris à dessiner, et qui, en outre, est atteinte d'amyotrophie juvénile ; les masses musculaires de son bras, dont elle se sert pour dessiner, sont atrophiées au point qu'elle peut à peine le soulever jusqu'à sa tête. Malgré ces conditions défectueuses, la malade arrive à tracer le dessin suivant, que nous plaçons ici à côté de l'original ; et pour permettre lacomparaison, nous ajoutons un troisième dessin, fait dans les mêmes conditions par une personne normale. Cette expérience nous révèle chez l'inconscient une acuité de perception bien remarquable (fig. 8).

Fig. 8. — (1), le modèle du dessin en relief qui est appliqué sur la région nucale du sujet en expérience, de façon à provoquer une impression tactile complexe ; (2), représentation par le dessin de l'impression provoquée ; sujet normal ; (3), représentation par le dessin de l'impression provoquée ; sujet hystérique. (Lavr.)

Trois ans après, nous revoyons la même malade, nous répétons sur elle la même expérience avec un dessin différent, et nous obtenons encore un résultat bien curieux, qui est représenté par la figure 9.

Alfred Binet

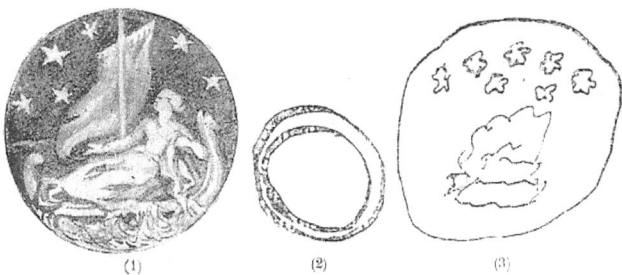

Fig. 9. — (1), le modèle du dessin en relief qui est appliqué sur la région nucale du sujet en expérience, de façon à provoquer une impression tactile complexe ; (2), représentation par le dessin de l'impression provoquée ; sujet normal ; (3), représentation par le dessin de l'impression provoquée ; sujet hystérique. (Lavr.)

Il est possible que ces expériences donnent la clef du phénomène décrit souvent sous le nom de *transposition des sens*, et qui consisterait dans l'aptitude présentée par certaines personnes à voir au moyen des organes du toucher. Les détails que nous venons de rapporter montrent que la transposition des sens tout en étant, à strictement parler, une illusion, résulte cependant d'un phénomène psychologique de suggestion d'images, qui est bien réel[57].

III

Il est toujours intéressant de trouver la confirmation d'une expérience dans d'autres expériences d'un genre différent ; c'est pour cette raison que nous montrerons que dans les divisions de conscience produites par distraction on rencontre également des influences psychiques exercées par la conscience secondaire sur la conscience principale.

En général, dans l'état de distraction, la division de conscience s'opère d'une façon si systématique que les consciences multiples ne se mélangent pas. Nous avons vu que lorsque, par un ordre donné à l'inconscient, on le force à se lever ou à marcher, le personnage principal ne s'aperçoit de rien ; il croit rester assis et immobile, tandis que ses bras et son corps entier obéissent à l'ordre

168

reçu. Une hallucination lui couvre les yeux et l'empêche de voir les actes de l'inconscient. Dans ces cas, la séparation des consciences reste aussi complète qu'elle peut l'être.

Mais il y a d'autres circonstances où le mélange s'opère, et M. Pierre Janet en a cité quelques-unes qui sont bien curieuses. On a adressé une suggestion d'hallucination à l'inconscient. « Le commandement n'est pas entendu par le sujet, l'origine de l'hallucination est inconsciente, mais l'hallucination elle-même est consciente, et entre tout d'un coup dans l'esprit du sujet. Ainsi, pendant que Léonie ne m'écoute pas, je lui dis tout bas que la personne à qui elle parle a une redingote du plus beau vert. Léonie semble n'avoir rien entendu, et cause encore avec cette personne, puis elle s'interrompt et éclate de rire : « Oh ! mon Dieu, comment vous êtes-vous habillé ainsi, et dire que je ne m'en étais pas encore aperçue. » Je lui dis de même tout bas qu'elle a un bonbon dans la bouche ; elle semble bien n'avoir rien entendu, et si je l'interroge, elle ne sait ce que j'ai dit, mais la voici cependant qui fait des grimaces et qui s'écrie : « Ah ! qui est-ce qui m'a donc mis cela dans la bouche ? » Ce phénomène est fort complexe, il comprend un mélange de faits inconscients et de faits conscients reliés à un certain point de vue et cependant séparés à un autre[58]. »

L'auteur arrive, on le voit, à la même conclusion que nous. L'exemple cité est d'autant plus intéressant qu'il peut être considéré comme le type de la plupart des suggestions. Nous reviendrons plus tard sur cette question importante.

Et maintenant, si nous jetons un coup d'œil d'ensemble sur l'objet des trois chapitres précédents, nous voyons que la division de conscience, telle qu'elle existe chez l'hystérique, ne constitue pas une démarcation brusque, suspendant toute relation entre les consciences. Loin de là ; les phénomènes psychologiques de chaque groupe exercent sur le groupe voisin une influence incessante, et la division de conscience ne suspend même pas le jeu de l'association des idées ; il arrive qu'une idée associée à une autre l'éveille et la suggère, bien que les deux appartiennent à des consciences différentes. La division laisse donc subsister l'automatisme des images, des sensations et des mouvements ; elle consiste seulement dans une limitation de la conscience ; chacun des moi ne connaît que ce qui se passe dans son domaine.

Alfred Binet

Dans tout ce qui précède et dans tout ce qui va suivre, nous ne cessons pas de rester dans un sujet très limité ; nous ne cultivons qu'un petit coin du vaste domaine de la pathologie mentale et nerveuse ; ainsi, nous négligeons complètement l'étude des aliénés, pensant que sur ce point rien de décisif n'a été fait depuis l'ouvrage de M. Ribot, qui a bien montré dans quelle mesure ces malades peuvent présenter des personnalités multiples. Il faut cependant franchir ici, une fois seulement, les limites que nous nous sommes tracées, car les faits que nous venons d'étudier trouvent dans la pathologie mentale une application tellement directe qu'on ne peut se dispenser de la signaler.

En effet, s'il est exact qu'on rencontre fréquemment chez les aliénés et dans une foule d'autres conditions morbides des séparations de conscience, on doit rencontrer bien plus fréquemment encore des consciences qui, quoique séparées, continuent à agir les unes sur les autres, ce qui produit des résultats d'une grande complexité.

Nos expériences, qui ont porté presque uniquement sur des suggestions d'images visuelles, ne donnent pas une idée du nombre considérable de formes que la communication de consciences peut revêtir ; il peut se produire non seulement des hallucinations visuelles, mais des hallucinations de tous les autres sens et des idées fixes ; la volonté et les sentiments peuvent être également affectés, et c'est là probablement ce qui expliquerait un certain nombre des impulsions irrésistibles que le malade subit sans perdre la conscience de son identité.

Dans ces derniers temps M. Séglas[59] a montré plus clairement qu'on ne l'avait fait jusqu'ici que certains malades peuvent contenir des groupes distincts de phénomènes psychologiques, et qu'il peut y avoir entre ces groupes, à des moments donnés, des communications d'idées ; ces idées prennent chez les aliénés de préférence la forme auditive ou la forme motrice ; le plus communément, ce sont des voix qui se font entendre au malade ; les voix prononcent des paroles ayant un sens, et répondant, comme on a pu s'en assurer, à un état de préoccupation dont le malade n'a point la conscience claire ; parfois, le malade n'entend pas distinctement le son, mais il perçoit un mouvement d'articulation qui se produit dans sa bouche, et il comprend le sens des paroles qui sont sur le point d'être émises ; c'est l'hallucination motrice verbale ; d'autres fois, sa main écrit spontanément sans qu'il en ait conscience. Il n'est pas besoin d'insister longuement pour montrer l'intérêt de ces observations et leur analogie avec celles que l'on fait sur les hystériques.

CHAPITRE IX
LA PLURALITÉ DES CONSCIENCES CHEZ LES SUJETS SAINS

I. Historique. — Le pendule explorateur. — Idées de Chevreul. — L'écriture automatique. — La lecture de pensée. — Expériences de M. Richet et de M. Gley. — Interprétation des recherches précédentes. — Les propriétés motrices des images. — Insuffisance de cette explication.

II. La division de l'attention volontaire. — Ses effets ordinaires. — L'inconscience fréquente, preuve d'une tendance au dédoublement.

III. Les manifestations subconscientes pendant l'état de distraction. — Anesthésie. — Répétition des mouvements communiqués. — Caractère intelligent de cette répétition. — La suggestion par le sens du toucher. — L'écriture automatique. — Conclusion.

I

Il est aujourd'hui devenu banal de remarquer que la plupart des expériences qu'on a pratiquées sur des personnes hystériques se répètent avec des résultats à peu près équivalents mais amoindris chez des personnes saines, et que par conséquent l'hystérie, dont les troubles intellectuels ont été étudiés avec une si grande prédilection par la psychologie française contemporaine, doit être considérée comme un réactif permettant de rendre plus apparents certains phénomènes délicats de l'intelligence normale. Nous allons trouver ici une nouvelle démonstration de cette vérité.

Deux procédés d'exposition sont à notre disposition. On pourrait d'abord chercher des exemples de dissociation mentale dans les observations de la vie courante, montrer par exemple que de tous temps les moralistes et les poètes ont soutenu qu'il existe en chacun de nous plusieurs moi, qui se révèlent principalement dans les manifestations violentes de la passion. Malgré l'intérêt littéraire de ces recherches, nous croyons utile de les négliger, parce qu'elles donnent des résultats trop incertains ; il est préférable, à tous les points de vue, d'employer un autre procédé.

Nous allons nous borner à relater les expériences qui ont été faites sur des personnes saines ou à peu près, et qui contiennent des preuves de dissociation de conscience ; ces expériences sont précises, autant du moins que des expériences psychologiques peuvent l'être ; et leurs résultats, sans avoir la généralité et le caractère brillant des descriptions des poètes, nous paraissent mille fois préférables[60].

Toutes les expériences qui vont suivre ont pour trait commun de placer une personne dans une condition telle qu'elle trahit au dehors, sans le vouloir et souvent sans le savoir, la pensée secrète qui l'occupe. En d'autres termes, cette personne est amenée à exécuter des mouvements inconscients.

L'interprétation psychologique de ces expériences a un peu varié ; celle qu'on avait imaginée autrefois était assez simple. On admettait que le caractère principal des mouvements inconscients est une action des pensées sur les mouvements ; toute pensée, et particulièrement si elle est concrète, si elle est image, a une tendance à se dépenser en mouvement ; elle contient en elle un germe moteur ; bien plus, elle est un mouvement qui commence, qui s'ébauche ; penser, a-t-on dit avec raison, c'est se retenir d'agir, c'est exercer une action d'arrêt sur la tendance motrice des images qui occupent l'esprit à un moment donné. Supposons que pour une raison quelconque cet arrêt n'ait pas lieu ; la pensée va se traduire en acte, l'état psychique interne va prendre une forme extérieure, indépendamment de la volonté de la personne, et souvent à son insu. C'est l'automatisme des images, et pour qu'il se manifeste, une seule condition est requise, ne pas l'empêcher, laisser faire.

Telle est, résumée en quelques mots, la théorie de l'automatisme qu'on a admise pendant longtemps ; il semble, comme nous l'avons dit, qu'on doive un peu la compliquer, en y ajoutant le jeu simultané de plusieurs synthèses mentales. Les mouvements inconscients des individus normaux doivent être considérés, à ce qu'il semble, non comme de simples effets des propriétés motrices des images, mais comme des effets d'un dédoublement mental très léger. Par là ils se rattachent aux observations et aux expériences qui ont été faites sur les hystériques, et on pourra chemin faisant s'assurer que ce sont comme des épisodes incomplets, fragmentaires de l'histoire des pluralités de conscience.

Il faut maintenant citer les faits et les expériences. En suivant l'ordre historique, nous examinerons d'abord l'expérience du pendule explorateur, qui, comme on le sait, a été bien analysée pour la première fois par Chevreul ; nous étudierons ensuite l'écriture automatique et la lecture de pensées.

Le pendule explorateur est un instrument assez simple ; il se compose d'un corps solide suspendu à un fil, dont l'extrémité libre est tenue entre les doigts. Mais si l'instrument est simple, les phénomènes qu'il permet d'observer sont assez délicats, et l'interprétation qu'on en a donnée a beaucoup varié.

Il est utile de reproduire presque entièrement la lettre que Chevreul écrivit à Ampère sur « une classe particulière de mouvements musculaires ». Cette lettre fut publiée dans la *Revue des Deux Mondes* le 1er mai 1832 ; elle contient un résumé des expériences de Chevreul sur le pendule explorateur.

« Mon cher ami,

« Vous me demandez une description des expériences que je fis en 1812 pour savoir s'il est vrai, comme plusieurs personnes me l'avaient assuré, qu'*un pendule formé d'un corps lourd et d'un fil flexible oscille lorsqu'on le tient à la main au-dessus de certains corps, quoique le bras soit immobile.* Vous pensez que ces expériences ont quelque importance ; en me rendant aux raisons que vous m'avez données de les publier, qu'il me soit permis de dire qu'il a fallu toute la foi que j'ai en vos lumières pour me déterminer à mettre sous les yeux du public des faits d'un genre si différent de ceux dont je l'ai entretenu jusqu'ici. Quoi qu'il en soit, je vais, suivant votre désir, exposer mes observations ; je les présenterai dans l'ordre où je les ai faites.

« Le pendule dont je me servis était un anneau de fer suspendu à un fil de chanvre ; il avait été disposé par une personne qui désirait vivement que je vérifiasse moi-même le phénomène qui se manifestait lorsqu'elle le mettait au-dessus de l'eau, d'un bloc de métal, ou d'un être vivant ; phénomène dont elle me rendit témoin. Ce ne fut pas, je l'avoue, sans surprise, que je le vis se reproduire, lorsqu'ayant saisi moi-même de la main droite le fil du pendule, j'eus placé ce dernier au-dessus du mercure de ma cuve pneumato-chimique, d'une enclume, de plusieurs animaux, etc. Je conclus de mes expériences que s'il n'y avait, comme on me l'assurait, qu'un certain nombre de corps aptes à déterminer les oscillations du pendule, il pourrait arriver qu'en interposant d'autres corps entre les premiers et le pendule en mouvement, celui-ci s'arrêterait. Malgré ma présomption, mon étonnement fut grand, lorsqu'après avoir pris de la main gauche une plaque de verre, un gâteau de résine, etc., et avoir placé un de ces corps entre du mercure et le pendule qui oscillait au-dessus, je vis les oscillations diminu-er d'amplitude et s'anéantir entièrement. Elles recommencèrent lorsque le corps intermédiaire eut été retiré, et s'anéantirent de nouveau par l'interposition du même corps. Cette succession de phénomènes se répéta un grand nombre de fois et avec une con-stance vraiment remarquable, soit que le corps intermédiaire fût tenu par moi, soit qu'il le fût par une autre personne. Plus ces effets me paraissaient extraordinaires, et plus je sentais le besoin de véri-fier s'ils étaient réellement étrangers à tout mouvement musculaire du bras, ainsi qu'on me l'avait affirmé de la manière la plus positive. Cela me conduisit à appuyer le bras droit, qui tenait le pendule, sur un support de bois que je faisais avancer à volonté de l'épaule à la main et revenir de la main vers l'épaule. Je remarquai bientôt que, dans la première circonstance, le mouvement du pendule décrois-sait d'autant plus que l'appui s'approchait davantage de la main, et qu'il cessait lorsque les doigts qui tenaient le fil étaient eux-mêmes appuyés, tandis que dans la seconde circonstance, l'effet contraire avait lieu ; cependant pour des distances égales du support au fil, le mouvement était plus lent qu'auparavant. Je pensai, d'après cela, qu'il était très probable qu'un mouvement musculaire qui avait lieu à mon insu déterminait le phénomène, et je devais d'autant plus prendre cette opinion en considération que j'avais un sou-venir, vague à la vérité, d'avoir été dans un état tout particulier, lorsque mes yeux suivaient les oscillations que décrivait le pendule que je tenais à la main.

« Je refis mes expériences, le bras parfaitement libre, et je me convainquis que le souvenir dont je viens de parler n'était pas une illusion de mon esprit, car je sentis très bien qu'en même temps que mes yeux suivaient le pendule qui oscillait, il y avait en moi une *disposition*, ou tendance au mouvement, qui, toute involontaire qu'elle semblait, était d'autant plus satisfaite que le pendule décrivait de plus grands arcs ; dès lors, je pensai que si je répétais les expériences les yeux bandés, les résultats pourraient être tout différents de ceux que j'observais ; c'est précisément ce qui arriva. Pendant que le pendule oscillait au-dessus dumercure, on m'appliqua un bandeau sur les yeux : le mouvement diminua bientôt ; mais quoique les oscillations fussent faibles, elles ne diminuèrent pas sensiblement par la présence des corps qui avaient paru les arrêter dans mes premières expériences. Enfin, à partir du moment où le pendule fut en repos, je le tins encore pendant un quart d'heure au-dessus du mercure, sans qu'il se remît en mouvement, et dans ce temps-là, et toujours à mon insu, on avait interposé et retiré plusieurs fois, soit le plateau de verre, soit le gâteau de résine.

« Voici comment j'interprète ces phénomènes :

« Lorsque je tenais le pendule à la main, le mouvement musculaire de mon bras, quoique insensible pour moi, fit sortir le pendule de l'état de repos, et les oscillations une fois commencées furent bientôt augmentées par l'influence que la vue exerça pour me mettre dans cet état particulier de *disposition ou tendance au mouvement*. Maintenant, il faut bien reconnaître que le mouvement musculaire, lors même qu'il s'est accru par cette *même disposition*, est cependant assez faible pour s'arrêter, je ne dis pas sous l'empire de la volonté, mais lorsqu'on a simplement la *pensée d'essayer si telle chose l'arrêtera*. Il y a donc une liaison intime établie entre l'exécution de certains mouvements et l'acte de la pensée qui y est relative, quoique cette pensée ne soit point encore la volonté qui commande aux organes musculaires. C'est en cela que les phénomènes que j'ai décrits me semblent de quelque intérêt pour la psychologie, et même pour l'histoire des sciences ; ils prouvent combien il est facile de prendre des illusions pour des réalités, toutes les fois que nous nous occupons d'un phénomène où nos organes ont quelque part, et cela dans des circonstances qui n'ont pas été analysées suffisamment.

« En effet, que je me sois borné à faire osciller le pendule au-dessus de certains corps, et aux expériences où ses oscillations furent arrêtées, quand on interposa du verre, de la résine, etc., entre le pendule et les corps qui semblaient en déterminer le mouvement, et certainement je n'aurais point eu de raison pour ne pas croire à la baguette divinatoire et à autre chose du même genre. Maintenant, on concevra sans peine comment des hommes de très bonne foi, et éclairés d'ailleurs, sont quelquefois portés à recourir à des idées tout à fait chimériques pour expliquer des phénomènes qui ne sortent pas réellement du monde physique que nous connaissons[61]. Une fois convaincu que rien de vraiment extraordinaire n'existait dans les effets qui m'avaient causé tant de surprise, je me suis trouvé dans une disposition si différente de celle où j'étais la première fois que je les observai, que longtemps après et à diverses époques, j'ai essayé, mais toujours en vain, de les reproduire…

« Les faits précédents, et l'interprétation que j'en ai donnée, m'ont conduit à les enchaîner à d'autres que nous pouvons observer tous les jours ; par cet enchaînement, l'analyse de ceux-ci devient à la fois plus simple et plus précise qu'elle ne l'a été, en même temps que l'on forme un ensemble de faits dont l'interprétation générale est susceptible d'une grande extension. Mais avant d'aller plus loin, rappelons bien que mes observations présentent deux circonstances principales :

« I. Penser qu'un pendule tenu à la main peut se mouvoir, et qu'il se meuve sans qu'on ait la conscience que l'organe musculaire lui imprime aucune impulsion : *voilà un premier fait.*

« II. Voir ce pendule osciller, et que ses oscillations deviennent plus étendues par l'influence de la vue sur l'organe musculaire, et toujours sans qu'on en ait la conscience : *voilà un second fait.*

« La tendance au mouvement déterminée en nous par la vue d'un corps en mouvement se retrouve dans plusieurs cas, par exemple :

« 1° Lorsque l'attention étant entièrement fixée sur un oiseau qui vole, sur une pierre qui fend l'air, sur de l'eau qui coule, le corps du spectateur se dirige d'une manière plus ou moins prononcée vers la ligne du mouvement ;

« 2° Lorsqu'un joueur de boule ou de billard suivant de l'œil le mobile auquel il a imprimé le mouvement, porte son corps dans la direction qu'il désire voir suivre à ce mobile, comme s'il lui était possible encore de le diriger vers le but qu'il a voulu lui faire atteindre…

« La tendance au mouvement dans un sens déterminé, résultant de l'attention qu'on donne à un certain objet, me semble la cause première de plusieurs phénomènes qu'on rapporte généralement à l'*imitation* ; ainsi, dans le cas où la vue et même l'audition porte notre pensée sur une personne qui bâille, le mouvement musculaire du bâillement en est ordinairement chez nous la conséquence ; je pourrais en dire autant de la communication du rire, et cet exemple même présente, plus que tout autre analogue, une circonstance qui me paraît appuyer beaucoup l'interprétation que je donne de ces phénomènes ; c'est que le rire, faible d'abord, peut, s'il se prolonge, passez-moi l'expression, *s'accélérer* (comme nous avons vu les oscillations du pendule tenu à la main augmenter d'amplitude sous l'influence de la vue), et le rire *s'accélérant* peut aller jusqu'à la convulsion. »

Le mérite de Chevreul est d'avoir bien vu que les oscillations du pendule ont une cause psychologique et tiennent à l'état d'esprit de l'observateur en expérience ; le pendule, en somme, n'est qu'un instrument commode pour enregistrer les mouvements inconscients de la main ; et il les rend visibles en les amplifiant. Si on cherche à condenser en quelques mots les explications un peu diffuses de Chevreul, on voit qu'il a attribué le phénomène à ce que l'on désigne aujourd'hui sous le nom de pouvoir moteur des images. Nous reviendrons sur cette explication, après avoir cité quelques autres exemples de mouvements inconscients.

L'écriture automatique peut être considérée comme une action psychologique de même ordre que celle du pendule explorateur ; l'action est seulement un peu plus délicate et plus complexe ; voici en quoi elle consiste et dans quelles conditions on peut la provoquer. Nous empruntons les détails suivants à une note intéressante que M. Gley a publiée à propos d'un de nos articles sur l'anesthésie hystérique et sur les mouvements inconscients qu'on peut y observer.

« La personne sur laquelle je fais l'expérience, dit M. Gley, prend une plume ou un crayon ; je lui dis de penser à un nom et que je vais, sans qu'elle me dise rien, bien entendu, écrire ce nom ; alors je lui saisis la main et, tenant celle-ci et *paraissant* la diriger comme lorsqu'on apprend à écrire à un enfant, en réalité je la laisse aller, car c'est la personne même qui écrit le nom en question sans en avoir conscience. Inversement, on peut tenir soi-même la plume et se faire conduire la main par le sujet en expérience. La pratique toutefois m'a montré qu'on réussit mieux de la première manière. Une précaution utile à prendre consiste à faire fermer les yeux au sujet ou à le prier de regarder droit devant lui ou en l'air, bref, ailleurs que sur le papier.

« J'ai réussi cette petite expérience sur un très grand nombre de personnes d'âges divers et de l'un ou de l'autre sexe, de conditions sociales variées, très bonnes en général. C'est dire qu'il n'y a pas à tenir compte d'un état plus ou moins morbide du système nerveux (hystérie par exemple). Dans la plupart des cas, les mouvements graphiques sont absolument inconscients ; dans quelques cas, au bout d'un temps variable, mais toujours très appréciable, le sujet s'aperçoit qu'il exécute des mouvements ; ceux-ci cessent conséquemment d'être inconscients pour devenir simplement involontaires. J'ai toujours réussi jusqu'à présent, et du premier coup, avec les personnes qui savent un peu dessiner, à plus forte raison avec des peintres, avec des sculpteurs, etc. »

Des expériences analogues ont été faites avec les mêmes résultats par un très grand nombre d'auteurs, Preyer, Sikorsky, etc. Les variantes sont si insignifiantes qu'elles ne méritent pas d'être signalées.

Il est facile de reconnaître que l'écriture automatique est la même opération psychologique que celle du pendule explorateur ; dans les deux cas un mouvement se produit, sans que le sujet en ait conscience, et ce mouvement de la main traduit une pensée interne ; c'est la pensée d'une direction dans l'espace, comme dans l'expérience de Chevreul, ou la pensée d'un mot à écrire, comme dans l'expérience de l'écriture automatique. L'analogie des deux expériences est si frappante qu'on leur a donné, et avec raison, une explication commune. Ceux qui ont cherché à expliquer les mouvements du pendule explorateur par le pouvoir moteur des images ont invoqué ici le même fait psychologique. À ce titre, il sera intéressant de reproduire l'interprétation de M. Gley.

« Si les choses se passent ainsi, c'est, je crois, parce qu'il entre dans toute représentation des éléments moteurs, ceux-ci jouant pour la constitution et par suite dans le rappel de l'image un rôle plus ou moins important suivant les individus. Qu'est-ce en particulier qu'un nom ? Il y a déjà longtemps que M. Charcot a montré de la façon la plus claire (voy. en particulier *Progrès médical*, 1883) que le mot est un complexus, constitué par l'association de quatre espèces d'images : auditive, visuelle, motrice d'articulation et motrice graphique ; et ses recherches anatomo-cliniques ont prouvé que du trouble de l'un ou de l'autre des organes cérébraux nécessaires à cette fonction si complexe du langage résulte une forme déterminée d'aphasie (surdité ou cécité verbales, aphasie motrice, agraphie).

« Mais chaque groupe d'images n'est pas également important chez tous les individus. On sait très bien que les uns ont plutôt des images auditives, les autres sont plutôt des visuels, suivant l'expression usitée aujourd'hui, et les autres des moteurs. Penser à un nom pour les uns c'est donc surtout, et pour quelques-uns même, c'est exclusivement entendre ce nom (image auditive) ; pour les autres, c'est le voir ; pour d'autres encore, c'est le prononcer (image motrice d'articulation) et pour un dernier groupe c'est l'écrire (image graphique). Qu'on n'oublie pas que pour beaucoup (les *indifférents*, comme les a appelés M. Charcot), les images des trois catégories peuvent être utilisées. Par suite, je suis porté à croire que, si on trouvait un auditif pur, et qu'on tentât avec l'expérience dont il s'agit ici, on n'obtiendrait aucun résultat.

« Je ferai cependant une réserve. Ne se pourrait-il pas que même chez un auditif, dans quelques cas, soit sous l'influence de la légère émotion produite par cette expérience d'apparence un peu étonnante pour le vulgaire, soit surtout à cause de l'attitude prise (et M. Binet dans l'article cité plus haut a bien montré l'importance de l'attitude pour la production de ces mouvements inconscients chez les hystériques), soit pour ces deux raisons réunies, l'expérience réussît ? — Mais alors une conclusion ne s'impose-t-elle pas ? C'est que dans toute image il y a des éléments moteurs, comme éléments intégrants : aucune perception de la vue n'est possible sans mouvements des muscles de l'œil et du muscle accommodateur ; la formation de toute image tonale ne résulte pas seulement de la

Alfred Binet

transmission au cerveau des sons entendus, mais implique aussi des mouvements des muscles intrinsèques de l'oreille. Tous ces phénomènes de mouvement laissent leur trace dans le cerveau ; et ces *résidus*moteurs doivent s'associer aux autres résidus de même nature qui résultent des mouvements graphiques. Seulement cette association est sans doute plus ou moins forte. En tout cas, on voit que, même chez les auditifs ou les visuels purs, toute image comprend des éléments moteurs qui, dans certains cas, peuvent réveiller des images graphiques, bien que celles-ci chez ces individus ne jouent aucun rôle dans l'exercice habituel de la pensée.

« Il importe de remarquer maintenant que très généralement cette partie motrice de la représentation mentale est inconsciente, si toutefois l'on excepte le phénomène connu sous le nom de *parole intérieure* ; encore sait-on qu'il est besoin d'ordinaire d'une certaine habitude de l'observation de soi-même pour que la parole intérieure n'échappe pas à la conscience. En effet, toute représentation mentale n'est qu'une résultante ; c'est de cette résultante seule, ce semble, que l'on a habituellement conscience : les éléments simples constituants ne se dégagent pas. C'est ainsi que le timbre d'un son est dû à ce que des notes accessoires s'unissent à la note principale ; et le son musical perçu est formé par des sensations plus simples, agglomérées pour ainsi dire, et qui ne sont point perçues ; sans elles néanmoins, la sensation n'aurait point lieu. Pour montrer que cette dernière implique les premières à titre d'éléments intégrants, il faut un artifice expérimental. De cette manière peut, ce me semble, s'interpréter l'expérience que j'ai décrite. De même, les phénomènes organiques, cardiaques, vaso-moteurs, sécrétoires, etc., qui accompagnent presque tous, sinon tous les états affectifs, aident sans doute ces états à se constituer et peut-être même précèdent le phénomène conscient, loin de le suivre ; ils n'en restent pas moins, dans nombre de cas, inconscients.

« Comme conséquence ultime on pourrait dire que, pour toute une classe d'individus surtout (les moteurs), se représenter un acte, c'est en ébaucher l'exécution. Et ainsi on trouverait une raison psychologique profonde à la vieille maxime juridique, à savoir que l'intention doit être réputée pour le fait. »

La *lecture de pensée*, ou ce qu'on appelle de ce nom, suppose l'existence de mouvements inconscients, qui sont de même nature, à peu près, que l'écriture automatique. Cette opération a été souvent étudiée et décrite, surtout par des gens du monde, et elle constitue en effet un jeu de société ; elle fait partie de ce qu'on pourrait appeler la psychologie amusante. Cependant quelques hommes de science se sont occupés de la question, d'abord M. Bird en Amérique, puis MM. Richet, Gley, de Varigny, qui ont fait plusieurs communications à la Société de Biologie en 1884, et MM. Robertson, Galton, Romanes, etc., en Angleterre, Preyer, Sikorsky, etc., en Allemagne. Voici comment l'expérience se dispose dans la plupart des cas. Une personne est priée de penser fortement, avec autant de fixité que possible, à un objet ; l'objet peut être absent, ou présent. Une seconde personne prend la main de la première, et doit chercher à deviner sa pensée, sans l'interroger verbalement. S'il s'agit d'un objet présent dans le lieu où l'on se trouve, et qu'on a eu le soin de cacher, la personne qui devine doit se diriger avec l'autre personne vers l'endroit de la cachette. Telle est l'expérience ; le nombre des réussites exclut l'explication du hasard et l'honorabilité des personnes avec lesquelles on a pu la réussir exclut toute idée de simulation. Comment donc une personne peut-elle deviner la pensée d'une autre, en lui tenant simplement la main ? C'est par les mouvements de cette main, mouvements faibles, délicats, presque imperceptibles, mais cependant bien significatifs pour quiconque a le tact un peu exercé et l'esprit prompt ; grâce à ces mouvements, on est conduit vers l'objet cherché avec une précision dont on ne se doute pas avant d'avoir fait soi-même l'expérience. M. Bird a donc eu raison de donner à cette lecture le nom de lecture de mouvements musculaires (muscle-reading).

La nature exacte de ces mouvements est difficile à décrire, elle varie du reste beaucoup d'une personne à l'autre ; mais il est facile de comprendre ce qu'ils peuvent être dans un certain nombre de cas. Lorsqu'on entraîne loin de l'objet caché la personne qui pense à cet objet, il peut arriver que sa main résiste un peu, extrêmement peu, à ce mouvement ; elle résistera moins si le mouvement la dirige vers l'objet ; et enfin, quand elle passera devant, il se pourra qu'elle exécute avec la main un petit mouvement de flexion ou d'extension, ou qu'elle ait un petit soubresaut qui indiquera que l'objet est là. Les personnes calmes, pondérées, qui ne donnent pas de signes d'impatience, qui savent gouverner leurs muscles, n'ont pas de ces mouvements.

Remarquons bien que les mouvements ne sont en général ni volontaires ni conscients pour la personne qui les exécute. Il y a mieux encore ; il peut arriver que la personne qui joue le rôle de devin ne perçoive pas les mouvements, et cependant se dirige vers l'objet ou devine la pensée sans se rendre compte du moyen qu'elle emploie pour y arriver.

Cette explication de la lecture des pensées par les mouvements de la main a été bien établie par M. Bird, pour la première fois. M. Gley a eu l'idée ingénieuse d'enregistrer directement les mouvements ; et les résultats de cette méthode si démonstrative sont assez intéressants pour mériter une publication intégrale.

« Comme on peut le voir sur les graphiques, dit M. Gley, il se produit tout le temps de l'expérience dans la main du sujet des contractions fibrillaires, des petits mouvements de pression, etc., qui indiquent, on le comprend aisément, la direction à suivre et qui, en général, augmentent d'intensité quand on arrive devant l'objet. À ce moment d'ailleurs, on est encore renseigné par l'immobilité soudaine du sujet, par la cessation de tous mouvements dans sa main, et on éprouve même la sensation du relâchement qui survient dans ses muscles. Il y a là une sorte de phénomène d'arrêt, consécutif à l'état de tension continue, de tonicité exagérée, par lequel ses muscles viennent de passer. — Quant aux mouvements eux-mêmes, il est possible d'en distinguer de deux sortes, suivant les sujets : parmi ceux-ci en effet, les uns donnent les petits mouvements de la main, les frémissements musculaires dont je viens de parler ; chez les autres, il y a comme un mouvement de traction de tout le bras et de la main, et dans ce cas, on se sent quasi entraîné vers l'objet ; chez quelques-uns enfin on observe à la fois cette traction et les pressions de la main. D'autre part, il m'a semblé dans plusieurs expériences que les sujets qui présentent les mouvements de pression sont ceux dont la main se relâche, lorsqu'on est arrivé devant l'objet ; la main des autres, au contraire, à ce moment reste contractée comme par une sorte de geste impératif.

« J'ai inscrit ces mouvements d'une manière très simple. Je place dans la paume de la main droite du sujet le tambour d'un cardiographe double ; ma propre main s'applique sur la face métallique de ce tambour, et sur le dos de ma main se voient les doigts du sujet. Ce petit appareil est mis en relation avec un tambour dont le levier style écrit sur un cylindre enregistreur. Dans quelques expériences je me suis servi du myographe pour l'homme, placé sur les muscles fléchisseurs de l'avant-bras, et j'ai obtenu des tracés analogues. — Comme je ne pouvais pas augmenter démesurément la longueur des tubes de caoutchouc transmetteurs, la recherche de l'objet ne s'est jamais faite que dans un rayon assez court, et par conséquent ces expériences ont toujours eu peu de durée.

« Assurément l'analyse des mouvements obtenus de cette façon n'est pas très facile ; est-elle même possible ? car la forme de ces légères contractions musculaires, fibrillaires si l'on veut, est peu distincte, ce qui tient sans doute au mode d'inscription que j'ai imaginé, dont je ne me dissimule pas les défauts. Mais j'ai cru que pour le moment, alors qu'on a essayé de parler de suggestion mentale, l'essentiel était de montrer la réalité des mouvements dont il s'agit et par conséquent d'en fournir une preuve objective et véritable[62]. »

M. Gley, dans des expériences ultérieures faites avec M. Richet, a vu qu'à la suite d'un empoisonnement léger par le haschisch, qui a pour effet d'augmenter la vivacité des images mentales, l'écriture automatique et les autres mouvements subconscients peuvent se manifester chez des personnes qui ne présentent pas ces réactions pendant leur état normal.

Les expériences que nous venons de résumer ont été groupées sous le nom de mouvements inconscients, et, comme nous l'avons déjà dit, elles ont été expliquées le plus souvent par les propriétés motrices des représentations mentales. Il nous reste à montrer que cette interprétation, sans être absolument inexacte, est insuffisante, et que l'espèce de mimique inconsciente par laquelle une personne traduit dans certains cas une pensée interne ne peut s'expliquer que par des phénomènes de double conscience. Nous chercherons par conséquent à substituer aux théories communément admises, une théorie un peu différente, plus générale et plus compréhensive.

Le lecteur qui nous a suivi jusqu'ici a dû être frappé, et à plusieurs reprises, de l'analogie qui existe entre les mouvements dits inconscients des sujets sains et les réactions si variées des personnalités secondaires des hystériques. Tous ces phénomènes sont identiques au fond ; ils ne diffèrent que par le milieu, les circonstances extérieures ou le degré de développement. Prenons par exemple l'écriture automatique. On peut, comme le montre M. Gley, amener une personne normale à écrire le mot auquel elle pense ; sa main l'écrit sans le vouloir. Il en est de même pour l'hystérique, chez lequel l'écriture automatique est développée à tel point qu'il n'est besoin d'aucun dispositif spécial, d'aucun tour de main, pour l'observer. Or, nous avons vu en détail que cette écriture automatique de l'hystérique n'est point un phénomène isolé, sans lien avec le reste ; c'est une partie dans un ensemble ; c'est un des mille moyens par lesquels les personnalités secondaires affleurent et se manifestent ; et il existe des rapports multiples entre cette manifestation de la pluralité de conscience et les autres. Pourquoi n'en serait-il pas de même chez un individu normal ? Il est bien probable que chez lui aussi l'écriture automatique, étant de même ordre que chez les hystériques, fait partie d'un même ensemble de phénomènes, et remonte à une même cause primordiale, la désagrégation.

L'hypothèse que nous présentons paraîtra si vraisemblable à quiconque a observé de près l'hystérie qu'il semblera inutile de la démontrer. Nous avons cru cependant qu'il serait intéressant d'étudier méthodiquement la question, en soumettant quelques sujets normaux exactement à la même série d'expériences que des hystériques. Nous résumerons par conséquent nos idées personnelles sur la question.

Si la pluralité de consciences et de personnalités chez les hystériques avait pour condition nécessaire l'anesthésie d'une partie du corps, on renoncerait à en trouver l'équivalent chez une personne normale, dont la sensibilité est intacte. Mais on a vu déjà que la division de conscience peut se produire à une autre occasion ; ce que fait l'insensibilité des organes sensoriels, un état particulier de l'esprit peut le faire aussi. Il en est de même chez des sujets sains ; ces sujets peuvent présenter des attitudes spéciales de l'esprit qui permettent à la désagrégation mentale de se manifester.

Ces conditions mentales sont assez nombreuses, mais nous n'en examinerons que deux.

DEUXIÈME PARTIE

Nous étudierons d'abord une situation qui est très nette et très facile à définir : c'est celle où une personne s'efforce de comprendre, en même temps, dans sa conscience, plusieurs phénomènes psychologiques différents : par exemple elle cherche à percevoir en même temps un grand nombre de sensations, provenant d'objets différents ; ou bien elle essaye d'exécuter un certain nombre de mouvements qui n'ont rien de commun, ni la forme, ni le but.

En second lieu, nous examinerons ce qui se produit quand l'attention du sujet, au lieu de se diviser entre les divers phénomènes qu'on provoque en lui, ne se fixe que sur un seul, déterminant ainsi un état de distraction pour tout le reste. Nous verrons que cette orientation particulière de l'attention produit des effets bien différents de ceux qu'on observe dans le cas d'attention collective.

II

Chacun a remarqué qu'il est difficile de suivre en même temps deux pensées différentes, comme lire et écouter une conversation : une des opérations est entravée par l'autre ; pour savoir exactement ce qui se passe dans ce cas, on peut faire l'expérience suivante : une personne est priée d'exécuter en même temps une opération intellectuelle, et une opération musculaire. Comme la méthode graphique permet de décomposer cette dernière opération en un tracé, on pourra, au moyen des caractères présentés par ce tracé, connaître l'altération mentale qui résulte du conflit.

L'opération motrice qu'on doit enregistrer peut être très simple : ainsi, on place entre les mains de la personne en expérience un tube de caoutchouc fermé et relié à un appareil enregistreur ; on la prie de serrer le tube un certain nombre de fois suivant un certain rythme qu'elle doit s'efforcer de conserver pendant le cours de l'expérience ; puis on lui demande d'exécuter en même temps un travail intellectuel, tel qu'une lecture à haute voix, la récitation d'un morceau appris par cœur, un calcul mental ou la solution d'un problème quelconque.

Le tracé pris dans ces conditions présente des irrégularités qui commencent au moment où le travail mental supplémentaire se produit, et finissent avec ce travail. Étudions ces irrégularités. En quoi consistent-elles ? La plus légère est un allongement des intervalles de repos qui séparent chaque pression de la main. Quand on n'a l'esprit occupé par aucune autre opération, on arrive assez facilement à placer entre les pressions de la main des intervalles de repos sensiblement égaux. Cette faculté de mesurer le temps est celle qui se trouble la première. Je l'observe sur moi-même lorsque je fais une addition de tête pendant qu'avec la main droite je fais une série de pressions en essayant de conserver les intervalles que j'ai d'abord adoptés ; les pressions qui coïncident avec cette petite opération de calcul sont plus espacées que les précédentes ; parfois le ralentissement persiste après que le calcul a cessé. Chez d'autres personnes, il y a un allongement très considérable ; parfois on cesse de serrer, sans le vouloir, pendant deux ou trois secondes ; il y a, peut-on dire, un oubli, une perte de mémoire temporaire.

Il se produit aussi, très fréquemment, des altérations dans la forme de la courbe ; sa hauteur diminue, ou sa ligne d'ascension s'allonge.

Dans le cas où on doit faire plusieurs pressions entre chaque intervalle de repos, il peut arriver que le nombre des pressions soit diminué ou augmenté. Parfois on oublie complètement le nombre convenu. On a commencé par faire cinq pressions ; puis, pendant le calcul mental, ce nombre tombe à quatre ou s'élève à six ; le calcul terminé, quand on peut fixer de nouveau son attention sur les mouvements de la main, on ne sait plus combien de fois on doit presser.

Il est aussi très fréquent de voir l'incoordination s'introduire dans le tracé ; deux séries de contractions qui devraient être séparées par un intervalle de repos se mélangent ; la contraction musculaire peut présenter les formes les plus accidentées ; une seconde contraction commence avant que la première ait cessé ; deux contractions successives sont tout à fait inégales comme durée ; il y en a qui peuvent se prolonger pendant plus d'une seconde, tandis que d'autres durent à peine un dixième de seconde ; enfin, dans certains tracés, il y a du tremblement. Ces irrégularités peuvent être considérées comme un véritable délire moteur, qui est du reste l'expression d'un délire d'idéation correspondant.

DEUXIÈME PARTIE

Mais les modifications les plus intéressantes sont celles qui se produisent dans le domaine de la conscience, et par là ces expériences ne sont point sans analogie avec celles que l'on peut faire sur l'hystérique. Exerçant des pressions pendant qu'on fait un calcul mental, on perd la conscience nette des mouvements exécutés ; l'expérience terminée, on est souvent incapable de dire si on a serré une fois de trop ou une fois de moins, ou si la forme de la contraction est restée régulière ou non. Ce n'est pas de l'inconscience, car on sait qu'on a serré ; c'est une conscience vague, affaiblie. L'altération de la conscience, fait bien instructif, peut exister parfois alors que le tracé est tout à fait régulier et ne révèle aucun désordre mental. Aussi, prié de serrer par série de cinq pendant un calcul mental, on arrive parfois à faire le nombre de pressions voulues, mais sans le savoir ; et avant d'avoir vu son tracé, on ne peut pas dire s'il est bon ou mauvais.

Cette perte de conscience, dans les conditions indiquées, donne un caractère psychologique intéressant aux mouvements de la main ; ils restent des mouvements volontaires, mais ils deviennent inconscients, comme ceux que nous avons étudiés au chapitre V.

Il est bien probable que les personnes qui produisent, sans en avoir conscience, des tracés réguliers, présentent une tendance très nette à la division de conscience et à l'indépendance de plusieurs synthèses mentales.

Le dispositif d'expérience, que nous venons de décrire, ne permet d'étudier qu'une seule des opérations mentales en conflit, celle qui a une forme motrice et qui s'inscrit sur le cylindre ; il est facile d'obtenir simultanément le tracé des deux opérations, et pour cela on prie la personne d'exécuter simultanément avec chaque main un travail différent.

Dans ce cas, comme dans ceux que nous venons d'examiner, la perfection des deux opérations est en général beaucoup moins grande que si on les exécutait chacune isolément. Mais le fait le plus frappant, c'est la tendance que présente chacun des deux genres de mouvements à introduire quelques-uns de ses éléments caractéristiques dans l'autre mouvement. Les deux synthèses motrices étant en présence, chacune semble chercher à influencer l'autre. Nous avions déjà constaté ce fait quand nous cherchions à faire coexister une opération intellectuelle avec un mouvement compliqué de la main. Nous avions remarqué chez une personne que, pendant qu'elle lisait des vers à haute voix, sa main en suivait le rythme. Mais l'accord était fugitif. Lorsque ce sont des mouvements des deux mains qui coïncident, cette influence est beaucoup plus nette.

Résumant ce qui précède, nous pouvons retenir ce qui suit : lorsqu'une personne partage son attention entre deux opérations psychiques volontaires, qu'elle s'efforce d'exécuter simultanément, chacune des opérations, surtout au début, est faite moins correctement que si elle était faite isolément ; en second lieu, il arrive souvent qu'une des opérations tend à imposer aux autres sa forme particulière, son rythme.

Mais ce qui domine, ce qui nous semble surtout important à constater, c'est que chez certaines personnes, il se produit une division de conscience ; une des opérations en conflit sort de la conscience du sujet, et continue à s'exécuter sans qu'il la dirige et qu'il la perçoive nettement.

III

Ce que la division de l'attention arrive à faire quelquefois, on peut le provoquer directement, et plus sûrement, par un autre procédé, l'état de distraction. On se rappelle qu'il est facile d'entretenir chez les hystériques, en concentrant sur un seul point leur attention, un état de distraction assez intense pour que des phénomènes subconscients extrêmement compliqués se développent. Nous avons cherché à répéter la même expérience sur des sujets sains, et nous avons obtenu des résultats équivalents.

Ainsi qu'il était facile de le prévoir, on retrouve sur des personnes saines, non seulement l'écriture automatique, mais toute la série d'actes subconscients, dont l'écriture automatique n'est qu'un terme, et qui, par leur ensemble, sont les signes de la division de conscience. Il y a donc, croyons-nous, ressemblance très grande à ce point de vue entre les hystériques et les individus sains.

Le dispositif de l'expérience est le même dans les deux cas ; peut-être cependant faut-il, quand le sujet n'est pas hystérique, user de quelques précautions supplémentaires pour augmenter l'état de distraction, qui n'est point aussi intense que dans l'hystérie. En général, il ne suffit point de faire lire à une personne un livre intéressant, ou de la faire causer avec un tiers, pour que lorsqu'on lui prend la main, elle ne s'occupe point de ce qu'on va faire avec cette main ; malgré elle, son attention revient vers l'expérimentateur, au lieu de se fixer ailleurs, et il faut ici fortifier l'état de distraction par un artifice.

Celui que j'ai employé est si naturel qu'il viendra certainement à l'esprit de tous ceux qui voudront répéter mes observations. Nous allons voir que dans la plupart des expériences on oblige la main de la personne à se mouvoir spontanément en dehors de sa volonté. Le point important est d'éviter que la personne remarque ces mouvements spontanés de sa main ; car si elle s'en occupait, l'inconscience et l'automatisme disparaîtraient. Pour parer à cet inconvénient, il faut laisser croire que la main est continuellement inerte et passive, et que c'est l'expérimentateur qui, de temps en temps, pour les besoins d'une expérience qu'on n'explique pas, imprime à la main un mouvement. Cela suffit pour tranquilliser le sujet, qui dès lors abandonne sa main sans résistance, s'en désintéresse, et se trouve dans des conditions mentales excellentes pour que sa conscience se divise.

Après ces quelques mots préliminaires, nous allons indiquer rapidement les principales épreuves psychologiques qu'on peut faire subir au sujet.

C'est d'abord l'anesthésie par distraction. La personne distraite n'est point devenue absolument insensible comme une hystérique distraite, dont on peut traverser la peau ou lever le bras sans qu'elle s'en aperçoive ; sa sensibilité n'est pas détruite, mais la finesse de certaines de ses perceptions est bien diminuée ; deux pointes de compas appliquées sur la main et enlevées rapidement donnent la sensation d'une piqûre unique, alors qu'avec le même écart, et sur la même région, les deux pointes auraient été perçues isolément si le sujet avait fixé son attention sur sa main ; c'est donc de l'anesthésie par distraction ; elle est fugitive, par conséquent trompeuse, mais elle existe.

Les mouvements passifs de répétition sont aussi très faciles à provoquer. Un crayon étant placé dans la main du sujet, qui est prié de le tenir comme s'il voulait écrire, on dirige la main et on lui fait tracer un mouvement uniforme, choisissant celui qu'elle exécute avec le plus de facilité, des traits, des hachures, des boucles ou des petits points. Après avoir communiqué ce mouvement pendant quelques minutes, on abandonne doucement la main à elle-même, ou on reste en contact avec elle, pour que la personne ne s'aperçoive de rien ; mais on cesse d'exercer une action directrice sur les mouvements. La main abandonnée à elle-même fait quelques légers mouvements. On reprend l'expérience d'entraînement, on la répète avec patience pendant plusieurs minutes, le mouvement de répétition se perfectionne ; au bout de quatre séances, j'ai vu chez une personne la répétition si nette que la main ne traça pas moins de quatre-vingts boucles sans s'arrêter.

La présence de ces mouvements subconscients de répétition nous apprend qu'il y a là un personnage inconscient, que l'expérience vient de dégager ; mais il est clair que ce personnage est loin d'avoir le même développement que chez une hystérique. La peine qu'on éprouve à lui faire répéter des mouvements en est la preuve. L'expérimentateur ne peut pas imprimer des mouvements au hasard ; il est obligé de choisir ceux qui réussissent le mieux. En général ceux qu'on peut exécuter d'un seul trait sans changement de direction et sans arrêt se répètent assez bien.

Les mouvements graphiques, par leur délicatesse, attirent moins l'attention du sujet que des mouvements de flexion et d'extension des membres ; ceux-ci cependant peuvent être répétés par l'inconscient, et à ce propos, il est curieux de remarquer que la flexion du poignet se répète mieux que la flexion isolée d'un doigt.

Le caractère tout à fait rudimentaire de l'inconscient est bien marqué par la facilité avec laquelle on lui donne certaines habitudes. Lorsqu'on a fait écrire plusieurs fois de suite des boucles, la main s'accoutume à ce mouvement et le reproduit à tort et à travers ; car si l'on veut ensuite lui faire tracer des hachures, les mouvements se déforment bien vite et se changent en boucles. La mémoire de cet inconscient est si peu étendue qu'il n'est même pas capable de conserver le souvenir de plusieurs espèces de mouvements.

L'inconscient n'a pas seulement de la mémoire, il peut encore recevoir et exécuter quelques suggestions, qui sont, il est vrai, d'un ordre absolument élémentaire. Ces suggestions peuvent être don-nées au moyen du toucher. Avec une simple pression, on agit sur la main et on la fait mouvoir dans toutes les directions. Ce n'est point une impulsion mécanique, c'est bien une suggestion tactile. Si avec une pression, on fait mouvoir la main, une autre pression, tout aussi légère, l'arrête, l'immobilise ; une autre pression, d'un genre un peu différent, la fait écrire. Il est difficile de dire la différence de ces pressions ; mais l'expérimentateur, en les faisant, a une certaine intention, et cette intention est souvent comprise avec beaucoup de finesse par la main de la personne. Rien n'est plus curieux que cette sorte d'hypnotisation partielle, grâce à laquelle une personne croit être et se trouve en effet complètement éveillée et en posses-sion d'elle-même, tandis que sa main obéit docilement aux ordres tactiles de l'expérimentateur.

Ces quelques détails me semblent suffire amplement pour dé-montrer la possibilité d'éveiller un inconscient chez des personnes saines ou à peu près saines. Cet inconscient, nous le répétons, n'a ni le développement ni l'éclat de celui des hystériques ; ce n'est pas lui qui écrira spontanément des lettres et des confessions, mais c'est déjà quelque chose qu'il existe.

Son existence, bien constatée, nous permet de montrer que l'écriture automatique, telle qu'on la provoque chez des personnes saines, telle que M. Gley l'a décrite, est un phénomène de divi-sion de conscience, et non un simple effet du pouvoir moteur des images. En effet, prévenu par mes expériences antérieures sur les hystériques, j'ai pu retrouver dans l'écriture automatique des per-sonnes saines certains traits qui ne laissent aucun doute.

Examinons bien la façon dont la main se comporte pendant l'expérience de l'écriture automatique. Si on la guide, cherchant à deviner ses mouvements, on ne voit rien ; mais si on l'abandonne à elle-même, on constate un fait bien significatif : avec une légère pression, on l'empêche d'écrire ; avec une petite poussée, on accé-lère le mouvement graphique ; la main étant devenue immobile, il suffit souvent de la toucher pour qu'elle recommence à écrire. Elle reste donc, pendant toute l'expérience, suggestible ; et cette sug-gestibilité montre bien, à notre avis, qu'un inconscient dirige ses mouvements. Du reste, nos autres expériences nous en ont déjà appris l'existence et le rôle, et tout ce que nous avons observé et décrit chez les hystériques vient plaider en faveur de cette opinion.

TROISIÈME PARTIE
LES ALTÉRATIONS DE LA PERSONNALITÉ DANS LES EXPÉRIENCES DE SUGGESTION

CHAPITRE PREMIER
LES PERSONNALITÉS FICTIVES CRÉÉES PAR SUGGESTION

La suggestion : définition. — Changements de personnalité volontaires ou simulés. — Changements de personnalité produits par suggestion. — Expériences de M. Richet. — Expériences de MM. Ferrari, Héricourt et Richet sur les modifications de l'écriture produites par les changements de personnalité. — Discussion des expériences. — Le changement de personnalité a pour condition une amnésie. — Division de conscience qui en résulte. — Controverse sur le mode d'exécution de certaines suggestions. — Opinion de M. Delbœuf. — Opinion de M. Bernheim. — Conciliation.

Le problème psychologique que nous étudions dans ce livre présente comme caractère principal de rester toujours un, sous ses formes multiples ; chaque chapitre nouveau ne fait qu'amener un aspect nouveau du même phénomène. Nous allons en trouver ici la preuve.

Nous devons étudier dans cette troisième partie ce qui se passe dans la situation psychologique suivante : une personne a été régulièrement mise dans un état de somnambulisme artificiel ; elle a reçu une suggestion, donnée par les procédés classiques ; cette suggestion s'exécute soit pendant le somnambulisme, soit après le retour de l'état de veille. Notre but est de prouver, par l'analyse des expériences, que la suggestion provoque le plus souvent une division de conscience et ne peut se réaliser qu'à ce prix.

Or, il n'est pas difficile de montrer par quel lien logique cette nouvelle étude se rattache aux précédentes.

Nous avons étudié jusqu'ici des suggestions communiquées au personnage subconscient pendant un état de distraction ou d'anesthésie. Nous savons que le personnage subconscient n'est pas autre chose qu'un personnage somnambulique ; c'est donc la même personne, prise dans des conditions un peu différentes, qui va recevoir les suggestions et les exécuter.

En se plaçant au point de vue particulier des altérations de la personnalité, on peut diviser les suggestions en deux groupes : celles qui ont pour but et pour effet direct de créer une personnalité nouvelle, et celles dont le but, tout différent de celui-là, ne peut cependant être atteint que par une division de conscience. Un chapitre distinct sera consacré à chacune de ces catégories de suggestion. Il y a sans doute des relations très étroites et même des phénomènes de passage entre les deux catégories que nous établissons ; mais nous ne devons pas moins conserver nos classifications, et même en exagérer un peu l'importance ; car les phénomènes de division de conscience sont si complexes et parfois si subtils que si on les réunissait tous dans une description commune on n'arriverait pas à les faire comprendre.

La suggestion peut, avons-nous dit, avoir à la fois pour but et pour effet direct de créer une personnalité nouvelle. C'est alors l'expérimentateur qui fait choix de cette personnalité et oblige le sujet à la réaliser. Les expériences de ce genre, qui réussissent sur un grand nombre de somnambules, et qui produisent le plus souvent des effets très curieux, sont connues depuis assez longtemps, et elles ont été, on peut le dire, répétées à satiété dans ces dernières années. M. Richet est le premier auteur qui les ait étudiées méthodiquement, et la description qu'il en a donnée est assez intéressante pour mériter d'être reproduite in extenso ; c'est une observation type.

Comme introduction à ces faits nouveaux, rappelons brièvement, avec l'auteur, quelques notions de psychologie courante.

Lorsque nous sommes éveillés et en pleine possession de toutes nos facultés, nous pouvons imaginer des sentiments différents de ceux que nous éprouvons d'ordinaire. Par exemple, alors que je suis tranquillement assis à ma table, occupé à composer ce livre, je puis concevoir les sentiments que dans telle ou telle situation vont éprouver un soldat, une femme, un peintre, un Anglais. Mais quelles que soient les conceptions fantaisistes que nous formions, nous ne cessons pas d'être conscients de notre existence personnelle. L'imagination a beau s'élancer dans l'espace, il reste toujours le souvenir de nous-mêmes. Chacun de nous sait qu'il est lui et non pas un autre, qu'il a fait ceci hier, qu'il a écrit une lettre tout à l'heure, qu'il doit écrire telle autre lettre demain, qu'il y a huit jours il était hors de Paris, etc. C'est ce souvenir des faits passés, souvenir toujours présent à l'esprit, qui fait la conscience de notre personnalité.

Il en est tout autrement chez les deux femmes A et B, que M. Richet a étudiées.

« Endormies et soumises à certaines influences, A… et B… oublient qui elles sont ; leur âge, leurs vêtements, leur sexe, leur situation sociale, leur nationalité, le lieu et l'heure où elles vivent, tout cela a disparu. Il ne reste plus dans l'intelligence qu'une seule image, qu'une seule conscience : c'est la conscience et l'image de l'être nouveau qui apparaît dans leur imagination.

« Elles ont perdu la notion de leur ancienne existence. Elles vivent, parlent, pensent, absolument comme le type qu'on leur a présenté. Avec quelle prodigieuse intensité de vie se trouvent réalisés ces types, ceux-là seuls qui ont assisté à ces expériences peuvent le savoir. Une description ne saurait en donner qu'une image bien affaiblie et imparfaite.

« Au lieu de concevoir un type, elles le réalisent, l'objectivent. Ce n'est pas à la façon de l'halluciné, qui assiste en spectateur à des images se déroulant devant lui ; c'est comme un acteur, qui, pris de folie, s'imaginerait que le drame qu'il joue est une réalité, non une fiction, et qu'il a été transformé, de corps et d'âme, dans le personnage qu'il est chargé de jouer.

« Pour que cette transformation de la personnalité s'opère, il suffit d'un mot prononcé avec une certaine autorité. Je dis à A… : « Vous voilà une vieille femme » ; elle se voit changée en vieille femme, et sa physionomie, sa démarche, ses sentiments sont ceux d'une vieille femme. Je dis à B… : « Vous voilà une petite fille » ; et elle prend aussitôt le langage, les jeux, les goûts d'une petite fille.

« Encore que le récit de ces scènes soit tout à fait terne et incolore comparé à ce que donne le spectacle de ces étonnantes et subites transformations, je vais cependant essayer d'en indiquer quelques-uns.

« Voici quelques-unes des *objectivations* de M… :

« *En paysanne*. Elle se frotte les yeux, s'étire. « Quelle heure est-il ? quatre heures du matin ! » (Elle marche comme si elle faisait traîner ses sabots…) « Voyons, il faut que je me lève ! allons à l'étable. Hue ! la rousse ! allons, tourne-toi… » (Elle fait semblant de traire une vache…) « Laisse-moi tranquille, Gros-Jean. Voyons, Gros-Jean, laisse-moi tranquille, que je te dis !… Quand j'aurai fini mon ouvrage. Tu sais bien que je n'ai pas fini mon ouvrage. Ah ! oui, oui ! plus tard… »

« *En actrice*. Sa figure prend un aspect souriant, au lieu de l'air dur et ennuyé qu'elle avait tout à l'heure. « Vous voyez bien ma jupe. Eh bien ! c'est mon directeur qui l'a fait rallonger[63]. Ils sont assommants, ces directeurs. Moi je trouve que plus la jupe est courte, mieux ça vaut. Il y en a toujours trop. Simple feuille de vigne. Mon Dieu, c'est assez ! Tu trouves aussi, n'est-ce pas, mon petit, qu'il n'y a pas besoin d'autre chose qu'une feuille de vigne ? Regarde donc cette grande bringue de Lucie, a-t-elle des jambes, hein !

« Dis donc, mon petit ! (Elle se met à rire.) Tu es bien timide avec les femmes ; tu as tort. Viens donc me voir quelquefois. Tu sais, à trois heures, je suis chez moi tous les jours. Viens donc me faire une petite visite, et apporte-moi quelque chose. »

« *En général*. « Passez-moi ma longue-vue. C'est bien ! c'est bien ! Où est le commandant du premier zouave ? Il y a là des Kroumirs ! Je les vois qui montent le ravin… Commandant, prenez une compagnie et chargez-moi ces gens-là. Qu'on prenne aussi une batterie de campagne… Ils sont bons, ces zouaves ! Comme ils grimpent bien… Qu'est-ce que vous me voulez, vous… ? Comment, pas d'ordre ? (*À part*[64].) C'est un mauvais officier, celui-là ; il ne sait rien faire. — Vous, tenez… à gauche. Allez vite. — (*À part*.) Celui-là vaut mieux… Ce n'est pas encore tout à fait bien. (*Haut*.) Voyons, mon cheval, mon épée. (Elle fait le geste de boucler son épée à la ceinture.) Avançons. Ah ! je suis blessé ! »

Alfred Binet

« *En prêtre*. (Elle s'imagine être l'archevêque de Paris, sa figure prend un aspect très sérieux. Sa voix est d'une douceur mielleuse et traînante qui contraste avec le ton rude et cassant qu'elle avait dans l'objectivation précédente.) (*À part.*) « Il faut pourtant que j'achève mon mandement. » (Elle se prend la tête entre les mains et réfléchit.) (*Haut.*) « Ah ! c'est vous, monsieur le grand vicaire ; que me voulez-vous ? Je ne voudrais pas être dérangé… Oui, c'est aujourd'hui le 1ᵉʳ janvier, et il faut aller à la cathédrale… Toute cette foule est bien respectueuse, n'est-ce pas, monsieur le grand vicaire ? Il y a beaucoup de religion dans le peuple, quoi qu'on fasse. Ah ! un enfant ! qu'il approche, je vais le bénir. Bien, mon enfant. (Elle lui donne sa bague imaginaire à baiser.) (Pendant toute cette scène, avec la main droite elle fait à droite et à gauche des gestes de bénédiction…) « Maintenant, j'ai une corvée : il faut que j'aille présenter mes hommages au président de la République… Monsieur le Président, je viens vous offrir tous mes vœux. L'église espère que vous vivrez de longues années ; elle sait qu'elle n'a rien à craindre, malgré de cruelles attaques, tant qu'à la tête du gouvernement de la République se trouve un parfait honnête homme. » (Elle se tait et semble écouter avec attention.) (À part.) « Oui, de l'eau bénite de cour. Enfin !… Prions ! » (Elle s'agenouille.)

« *En religieuse.* Elle se met aussitôt à genoux, et commence à réciter ses prières en faisant force signes de croix, puis elle se relève : « Allons à l'hôpital. Il y a un blessé dans cette salle. Eh bien ! mon ami, n'est-ce pas que cela va mieux ce matin ? Voyons ! laissez-moi défaire votre bandage. (Elle fait le geste de dérouler une bande.) Je vais avec beaucoup de douceur ; n'est-ce pas que cela vous soulage ? Voyons ! mon pauvre ami, ayez autant de courage devant la douleur que devant l'ennemi. »

« Je pourrais encore citer d'autres objectivations de A… soit en vieille femme, soit en petite fille, soit en jeune homme, soit en *cocotte*. Mais il me paraît que les exemples donnés ci-dessus sont suffisants pour qu'on se fasse quelque idée de cette transformation absolue de la personnalité dans tel ou tel type imaginaire. Ce n'est pas un simple rêve : c'est un *rêve vécu*.

« Les objectivations de B… sont tout aussi saisissantes que celles de A… En voici quelques-unes :

TROISIÈME PARTIE

« *En général.* — Elle fait « hum, hum ! » à plusieurs reprises, prend un air dur, et parle d'un ton saccadé… Allons boire ! — Garçon, une absinthe ! Qu'est-ce que ce godelureau ? Allons, laissez-moi passer… Qu'est-ce que tu me veux ? » (On lui remet un papier, qu'elle fait semblant de lire.) « Qu'est-ce qui est là ? » (Rép. C'est un homme de la 1ʳᵉ du 3.) — « Ah ! bon ! voilà ! (Elle griffonne quelque chose d'illisible.) Vous remettrez ça au capitaine adjudant-major. Et filez vite. — Eh bien ! et cette absinthe ? » (On lui demande s'il est décoré). « Parbleu ! » — (Rép. C'est qu'il a couru des histoires sur votre compte.) — « Ah ! quelles histoires ? Ah ! mais ! Ah ! mais ! Sacrebleu ! Quelles histoires ? Prenez garde de m'échauffer les oreilles. Qu'est-ce qui m'a f… un clampin comme ça ? » (Elle se met dans une violente colère, qui se termine presque par une crise de nerfs.)

« *En matelot.* Elle marche en titubant, comme le matelot qui descend à terre après une longue traversée. « Ah ! te voilà, ma vieille branche ! allons vadrouiller ! je connais un caboulot où nous serons très bien. Il y a là des filles chouettes. » Nous renonçons à décrire le reste de l'histoire.

« *En vieille femme.* On lui demande : « Comment allez-vous ? » elle baisse la tête en disant : « Hein ! » — « Comment allez-vous ? » Elle dit de nouveau : « Hein ! Parlez plus haut, j'ai l'oreille dure. » Elle s'assoit en geignant, tousse, se tâte la poitrine, les genoux, en se disant à elle-même : « C'est les douleurs ! Aïe ! Aïe ! — Ah ! vous m'amenez votre fille ! Elle est gentille, cette enfant. Embrasse-moi, mignonne, et va jouer. Avez-vous un peu de tabac ? »

« *En petite fille*[65]. Elle parle comme une petite fille de cinq à six ans : « *Zeveux zouer*. Raconte-moi quelque *sôse*. Jouons à cache-cache, etc… » Elle court en riant, se cache, fait *cou*. Ce jeu, très fatigant pour nous, dure près d'un quart d'heure. Il est remplacé par colin-maillard, puis cache-tampon, etc. Ensuite elle veut jouer à la *pépé*, la berce. On lui fait raconter l'histoire du petit Chaperon rouge, elle dit que c'est très joli, mais triste. On lui demande si c'est moral, et elle répond qu'elle ne sait pas ce que c'est que moral. Elle ne veut pas raconter d'autre histoire, se fâche, tire la langue, pleure, tape du pied, etc. ; ne veut pas d'un polichinelle, parce que c'est un joujou de petit garçon, dit qu'elle sera bien sage, demande sa poupée ou des confitures.

Alfred Binet

« *En M. X..., pâtissier.* — Cette dernière objectivation était particulièrement intéressante, car, il y a plusieurs années, étant au service de M. X..., elle fut brutalisée et frappée par lui, si bien que la justice s'en mêla, je crois. B... s'imagine être ce M. X. : sa figure change et prend un air sérieux. Quand les *pratiques* arrivent, elle les reçoit très bien. « Parfaitement, monsieur, pour ce soir à huit heures, vous aurez votre glace ! Monsieur veut-il me donner son nom ? Excusez-moi s'il n'y a personne, mais j'ai des employés qui sont si négligents. B... ! B... ! Vous verrez que cette sotte-là est partie. Et vous, monsieur, que me voulez-vous ? » (Réponse : Je suis commissaire de police, et je viens savoir pourquoi vous avez frappé votre domestique.) — « Monsieur, je ne l'ai pas frappée. » (Réponse : Cependant elle se plaint.) — Elle prend un air très embarrassé. « Monsieur, elle se plaint à tort. Je l'ai peut-être poussée, mais je ne lui ai pas fait de mal. Je vous assure, monsieur le commissaire de police, qu'elle exagère. Elle a fait un esclandre devant le magasin... » (Elle prend un air de plus en plus embarrassé.) « Que cette fille s'en aille. Je vous assure qu'elle exagère. Et puis je ne demande qu'à entrer en arrangement avec elle. Je lui donnerai des dédommagements convenables. » (Réponse : Vous avez battu vos enfants.) « Monsieur, je n'ai pas *des* enfants : j'ai un enfant, et je ne l'ai pas battu. »

« On voit que dans cette objectivation de B..., quoique le personnage qu'elle représentait lui soit très antipathique, elle n'a pas cherché à le représenter ridicule ou odieux. Elle cherchait au contraire à l'excuser, tellement elle était entrée dans le rôle. Son air ennuyé et contraint, ses réponses évasives, mais polies, étaient absolument conformes à ce que peut dire, penser et faire un individu interrogé par un magistrat, et qui est coupable.

« Ce n'est pas du reste un des moins curieux phénomènes de ces objectivations, que la transformation complète des sentiments. A... est timide ; mais elle devient très hardie, quand elle objective un personnage hardi. Elle est très religieuse ; elle devient irréligieuse, quand elle représente un personnage irréligieux. B... est silencieuse ; elle devient bavarde quand elle représente un personnage bavard. Le caractère a complètement changé. Les goûts anciens ont disparu et sont remplacés par les goûts nouveaux qu'est supposé avoir le nouveau type représenté. »

TROISIÈME PARTIE

Dans un travail plus récent, fait en collaboration avec MM. Ferrari et Héricourt[66], M. Richet a ajouté un détail curieux aux expériences précédentes ; il a montré que le sujet auquel on impose un changement de personnalité n'adapte pas seulement ses paroles, ses gestes et ses attitudes à la personnalité nouvelle ; son écriture même peut se modifier et se mettre en relation avec les idées nouvelles qui envahissent sa conscience ; cette modification de l'écriture est d'autant plus intéressante à constater que l'écriture, pour certains graphologues contemporains, n'est pas autre chose qu'une partie de la mimique. Voici quelques exemples empruntés aux précédents auteurs.

On suggère successivement à un jeune étudiant qu'il est un paysan madré et retors, puis Harpagon, et enfin un homme extrêmement vieux. En même temps qu'on voit les traits de la physionomie et les allures générales du sujet se modifier et se mettre en harmonie avec l'idée du personnage suggéré, on observe que son écriture subit des modifications parallèles, non moins accentuées, et revêt également une physionomie spéciale particulière à chacun des nouveaux états de conscience. En un mot, le geste scripteur s'est transformé comme le geste en général.

Dans une note sur l'écriture hystérique, j'ai montré que sous l'influence d'émotions suggérées, ou sous l'influence d'excitations sensorielles, l'écriture de l'hystérique peut se modifier ; elle s'agrandit, par exemple, dans le cas d'excitations dynamogènes[67].

Les suggestions que nous venons d'étudier ont pour caractère de ne pas porter spécialement sur une perception ou sur un mouvement, c'est-à-dire sur un élément psychique limité ; ce sont des suggestions d'ensemble ; elles imposent au sujet un thème qu'il se trouve obligé de développer avec toutes les ressources de son intelligence et de son imagination ; et si on examine avec soin les observations, on voit aussi que dans ces suggestions les facultés de perception sont intéressées et perverties au même titre que celles de l'idéation ; ainsi le sujet, sous l'action de sa personnalité d'emprunt, cesse de percevoir le monde extérieur tel qu'il est ; il éprouve des hallucinations en rapport avec sa nouvelle personnalité psychologique : évêque, il se croit à Notre-Dame et voit la foule des fidèles ; général, il se croit entouré de troupes, etc. Tout ce qui s'harmonise avec la suggestion est évoqué. Ce développement systématique des états de conscience appartient à tous les genres de suggestions, mais il n'est peut-être nulle part aussi marqué que dans les transformations de la personnalité.

À l'inverse, tout ce qui peut contredire la suggestion se trouve inhibé, et sort de la conscience du sujet. On a remarqué que les changements de personnalité supposent un phénomène d'amnésie ; le sujet, pour revêtir la personnalité d'emprunt, doit commencer par oublier sa personnalité vraie ; l'immense quantité de souvenirs qui représentent son existence passée et constituent la base de son moi normal se trouve pour un moment effacée, parce que ces souvenirs sont en contradiction avec l'idée de la suggestion.

Il se produit donc dans la conscience du sujet une division, un partage ; et c'est par là que ces phénomènes rentrent dans le cadre de notre livre. Par suite de la suggestion imposée, la personnalité vraie, avec une partie de son cortège d'états de conscience, quitte la scène ; elle est reléguée au second plan, elle est temporairement oubliée, et une personnalité nouvelle, dirigée par l'expérimentateur, se forme et évolue, empruntant à l'ancienne, qu'elle semble ne pas connaître, quelques-uns de ses éléments, et notamment les habitudes motrices du geste et du langage sans lesquelles il lui serait impossible de s'exprimer. C'est du reste ce que M. Richet a très bien exprimé en disant : « L'objectivation des types dépend d'un trouble de la mémoire et d'un trouble de l'imagination. La mémoire de notre personnalité étant pervertie, la conscience de notre personne disparaît. L'imagination étant surexcitée, les hallucinations se produisent ; et alors le *moi* nouveau dépend uniquement de la nature de ces hallucinations[68]. »

Il est incontestable que cette division de conscience est un phénomène superficiel et temporaire, dans les conditions où l'expérience a été tentée jusqu'ici. L'individu n'est pas réellement scindé en deux, comme l'était par exemple Félida.

La division de conscience qui se manifeste chez les somnambules naturels a des causes internes, inhérentes à l'organisme même du sujet ; c'est un phénomène psychique traduisant un état de souffrance des centres nerveux. Il en est tout autrement chez un sujet dont on a transformé la personnalité par simple suggestion ; ici, la division résulte d'une cause externe ; elle est le produit d'une idée communiquée au sujet par une autre personne et, par conséquent, elle ne présente pas en général la même gravité.

Quelques auteurs sont même allés très loin dans cette voie ; ils ont soutenu que dans les expériences de transformation de la personnalité le sujet joue un rôle, une sorte de comédie ; il serait comparable à un acteur, qui exprime des sentiments sans les ressentir. Les auteurs qui adoptent cette interprétation, et parmi eux nous citerons M. Delbœuf[69], ne pensent point que le sujet cherche à simuler et à tromper l'expérimentateur ; la vieille idée de la simulation est aujourd'hui abandonnée ; ils pensent que le sujet obéit à un mobile un peu différent. Ayant reçu un ordre, comme celui de représenter un soldat ou un paysan, il exécute l'ordre de son mieux, n'ayant d'autre désir que celui de complaire à celui dont il a reçu la suggestion. Il joue la comédie, mais pour le bon motif. C'est là, en somme, un état psychologique très complexe, mais cependant facile à comprendre.

Cette opinion a été vivement combattue par d'autres auteurs, notamment M. Bernheim[70], qui ont soutenu que dans tous les cas le sujet est sincère et croit réellement à la suggestion reçue ; on lui a communiqué une personnalité nouvelle, il l'accepte, parce que la suggestion est pour lui la réalité même, et que pour un moment il oublie complètement sa personnalité ancienne.

Nous jugeons inutile d'opter entre ces deux opinions d'apparence contradictoire, parce que nous les considérons toutes deux comme également justes ; elles s'appliquent seulement à des cas différents. Il y a des personnes qui ne sont point dupes des suggestions qu'on leur donne, et qui les exécutent quand même, ne pouvant résister à l'ascendant de l'opérateur : celles-ci n'oublient point qui elles sont ; qu'on leur dise de représenter un prêtre, un général, une religieuse, elles seront capables de le faire comme chacun de nous peut le faire ; elles savent qu'elles jouent un rôle ; elles s'efforcent de feindre et elles conservent toujours le souvenir de leur personnalité. D'autres au contraire sont complètement victimes de l'illusion suggérée, parce que le souvenir de leur moi antérieur est pour un moment complètement effacé.

Ce sont là des effets différents qui tiennent à la nature psychique de chaque sujet, et aussi peut-être au mode employé pour le suggestionner. Il est donc inutile d'élever des discussions relativement à ces points de fait ; deux faits, ne l'oublions pas, peuvent être différents sans être contradictoires.

Laissant de côté cette discussion épisodique, nous rappellerons en terminant ce chapitre que les moralistes et les philosophes ont souvent constaté dans le cours de la vie humaine des variations de personnalité, qui ressemblent beaucoup à celles que la suggestion peut produire. Nous renvoyons, à cet égard, à un intéressant ouvrage de M. Paulhan, *L'Activité mentale et les éléments de l'esprit.*

CHAPITRE II
LE RAPPEL DES PERSONNALITÉS ANCIENNES PAR SUGGESTION

Rappel d'une existence psychologique antérieure. — En quoi consiste le rappel. — Moyens de le produire : suggestions, esthésiogènes. — Expériences de MM. Bourru et Burot sur Louis V... et quelques autres sujets. — Caractères de la division de conscience qui se manifeste dans ces expériences. — Le jeu de l'association des idées est suspendu sur certains points.

La suggestion de changement de personnalité peut être faite dans des conditions un peu différentes de celles que nous venons de décrire. Au lieu d'imposer au sujet une personnalité de fantaisie, on évoque dans son esprit le souvenir d'une époque antérieure de son existence et on le force à revivre cette époque. Au lieu de lui affirmer qu'il a changé de sexe, ou qu'il est devenu prêtre ou soldat, on lui suggère qu'il a huit ans, ou quinze ans. Ce n'est point une transformation aussi complète de sa personnalité, mais c'est cependant une modification : car, comme on le sait bien, notre personnalité se modifie avec le temps ; la personnalité n'est point une entité fixe, permanente et immuable ; c'est une synthèse de phénomènes, qui varie avec ses éléments composants, et qui est sans cesse en voie de transformation. Dans le cours d'une existence même normale un grand nombre de personnalités distinctes se succèdent ; c'est par artifice que nous les réunissons en une seule, car à vingt ans de distance nous n'avons plus la même manière de sentir et de juger.

Si l'on vient, par suggestion, à replacer le sujet à une période antérieure de son existence et à faire revivre, pour un moment, une de ses personnalités mortes, il en résulte que le souvenir de son moi actuel disparaît pour un moment, ainsi que toutes les connaissances acquises postérieurement à la date fixée par la suggestion ; il se produit, comme dans les cas où l'on suggère une personnalité de fantaisie, une division de conscience ; toute une synthèse de phénomènes disparaît, est oubliée, pour faire place, temporairement, à une synthèse plus ancienne.

Nous verrons en outre, un peu plus loin, que ces expériences ont une portée plus grande que les précédentes, car la personnalité évoquée est une personnalité vraie et non une personnalité fictive, créée de toutes pièces par l'imagination. Il ne faudrait cependant pas aller jusqu'à croire que c'est la synthèse ancienne qui reparaît ; ce n'en est que le souvenir, l'écho affaibli.

MM. Bourru et Burot se sont les premiers engagés dans cette voie ; ils ont fait leurs premières expériences sur V…, cet hystéro-épileptique mâle dont nous avons relaté plus haut l'histoire accidentée ; ils ont ensuite étendu leurs recherches à d'autres malades. Pour ramener le sujet à une époque antérieure de son existence, ils ont employé deux moyens : l'un des deux est très simple, c'est la suggestion, consistant à affirmer au sujet qu'il a tel âge, ou qu'on est en telle année, etc. La suggestion est dans ce cas facile à imaginer, et nous n'en dirons pas davantage. Le second moyen, plus compliqué, mais aussi plus intéressant et plus instructif, c'est l'évocation directe d'un état psychologique ancien, ayant une date précise ; et cet état, une fois apparu, éveille à son tour par association d'idées la série de phénomènes qui se sont trouvés groupés autour de lui. Supposons, pour fixer les idées, qu'une personne hystérique ait eu vers l'âge de quinze ans le bras droit paralysé ; elle est depuis longtemps guérie, et le bras droit est redevenu sensible et mobile ; si par suggestion on fait renaître la paralysie, il y a des chances pour que les souvenirs reliés à celui de la paralysie réapparaissent et donnent au sujet l'illusion qu'il a quinze ans. Il y a là toute une chaîne d'idées ; si on tire sur un anneau, la traction passe d'un anneau à l'autre et parcourt toute la chaîne[71].

Alfred Binet

Seulement, ici, la question se complique un peu par suite du mode d'expérience qui a été adopté par MM. Bourru et Burot. Ces auteurs avaient à leur disposition, à l'hôpital de Rochefort, ce V…, qui avait été, à des époques diverses de sa vie, frappé de paralysie dans des parties différentes de son corps ; il n'était pas difficile de réaliser de nouveau chacune de ces paralysies, par suggestion, afin d'évoquer par là même la période d'existence qui s'y rattachait. Les auteurs n'ont pas manqué de faire cette expérience, mais ils en ont aussi fait une autre ; ayant remarqué que V… était extrêmement sensible à l'action des métaux à distance, ils ont cherché à provoquer chez le malade un changement d'état somatique (c'est-à-dire un changement dans la distribution de la sensibilité et de la motilité conscientes) en le soumettant à l'action des esthésiogènes.

Je ne puis pas, bien entendu, garantir l'exactitude de ces expériences ; l'action des esthésiogènes sur le système nerveux des hystériques est encore mise en doute par de très bons esprits, et la question me paraît loin d'être élucidée. On est donc libre d'admettre que les barreaux aimantés, le fer, l'or et les autres métaux dont on s'est servi pour modifier l'état de Louis V…, n'ont agi que par suggestion, ou par un moyen analogue.

Cette interprétation n'enlève pas tout intérêt aux expériences, puisqu'on peut à la rigueur les mettre sur le compte de la suggestion.

Grâce aux esthésiogènes, les auteurs ont pu produire et fixer six états somatiques principaux. Ce sont : 1° une hémiplégie droite avec anesthésie droite ; 2° une hémiplégie gauche, face comprise, avec anesthésie gauche ; 3° une hémiplégie gauche, face non comprise, avec anesthésie gauche ; 4° une paraplégie avec anesthésie des membres paralysés ; 5° une légère parésie avec anesthésie de la jambe gauche ; 6° un état où il n'existe point de paralysie, mais une hyperesthésie de la jambe gauche. En même temps que ces changements physiques, se produisent des transformations constantes de l'état psychique du sujet, notamment de son caractère et de sa mémoire, et les deux choses sont intimement liées l'une à l'autre ; dès qu'on a provoqué un certain état somatique, l'état de conscience correspondant s'éveille, et le sujet se trouve transformé. En voici un exemple : prenons Louis V… au moment où il se trouve paralysé et insensible de tout le côté droit. C'est ainsi qu'il s'est présenté à l'observation, pendant son séjour à l'hôpital militaire de Rochefort. Il a le caractère d'une mobilité excessive, doux mais facilement irritable. Il est violent et arrogant dans ses paroles, sa physionomie et son attitude. Il est bavard, son langage est grossier ; il tutoie tout le monde et donne à chacun un surnom irrévérencieux ; Il fume du matin au soir, et obsède chacun de ses demandes indiscrètes de tabac et d'argent. Sa mémoire est précise pour les choses actuelles ; il récite des colonnes entières de journal[72]. Son souvenir dans le temps est borné à sa présence actuelle à Rochefort, à son séjour à Bicêtre et à la deuxième partie de son séjour à Bonneval. Il ne sait comment il a été transporté à Bonneval ; il croit qu'il y est venu tout enfant. Si on lui dit qu'il a appris le métier de tailleur, quand il était paralysé des deux jambes, il répond qu'on se moque de lui ; il n'a jamais été paralysé des deux jambes, jamais il n'a appris à coudre, et en effet, il ne sait pas tenir une aiguille en main. À Bonneval, on l'a toujours employé aux travaux du jardin ; du reste, il passait son temps à fumer des cigares. Il se rappelle parfaitement avoir volé soixante francs et des effets à un infirmier, s'être évadé et avoir été ramené à l'asile. De Bonneval, il se trouve à Bicêtre sans pouvoir dire ni pourquoi ni comment, ayant oublié toutes les étapes intermédiaires. Il donne des renseignements très complets sur Bicêtre ; il parle souvent des médecins qui le soignaient, de M. J. Voisin et de M. Bourneville. Tout ce qu'il a fait au régiment pendant les deux mois qu'il a été soldat est présent à sa mémoire.

Un état tout différent du précédent est produit par l'application de l'aimant sur la nuque. La respiration s'accélère, le sujet reste immobile, les yeux fixes ; on constate un léger tremblement des lèvres, puis un certain mouvement de mâchonnement et de déglutition, enfin bâillement et réveil. La paralysie des deux jambes est complète avec contracture en extension. La perte de sensibilité est étendue sur toute la partie inférieure du corps. Toute la partie supérieure jouit de la sensibilité et du mouvement. La physionomie est triste, les yeux sont baissés, il n'ose regarder autour de lui, il est poli et même timide. La prononciation est nette, mais enfantine. On lui présente un livre, il épelle les lettres et les syllabes comme s'il commençait à apprendre à lire. Il se croit à Bonneval : il vient de voir M. Camuset et d'autres personnes de cet asile. Son occupation ordinaire est le travail à l'atelier des tailleurs ; il coud en homme du métier et fait un sac avec adresse. Son intelligence est très obtuse, ses connaissances générales sont nulles. Il ne connaît que deux endroits : Bonneval où il se trouve et Saint-Urbain d'où il vient ; il se rappelle avoir vu à Saint-Urbain une vipère qui lui a fait peur, qui l'a rendu malade. Sa mémoire correspond à la période assez limitée de son existence pendant laquelle il a été paralysé des deux jambes.

Il serait trop long de décrire les uns après les autres les états par lesquels peut passer Louis V... Pour ne point revenir encore sur l'histoire de ce malade, que nous avons longuement racontée dans la première partie de ce livre, nous emprunterons à MM. Bourru et Burot l'histoire d'un autre sujet, Jeanne R..., sur laquelle ils ont pu refaire des expériences analogues.

« Jeanne R..., âgée de vingt-quatre ans, est une jeune fille très nerveuse, et profondément anémique. Elle est sujette à des crises de pleurs et de sanglots ; pas de crises convulsives, mais de fréquents évanouissements ; elle est facilement hypnotisable ; elle dort d'un sommeil profond et à son réveil elle a de l'amnésie.

« On lui dit de se réveiller à l'âge de six ans. Elle se trouve chez ses parents ; on est au moment de la veillée, on pèle des châtaignes. Elle a envie de dormir et demande à se coucher ; elle appelle son frère André pour qu'il l'aide à finir sa besogne ; mais André s'amuse à faire des petites maisons avec des châtaignes au lieu de travailler : « Il est bien fainéant, il s'amuse à en peler dix, et moi il faut que je pèle le reste. »

« Dans cet état, elle parle le patois limousin, ne sait pas lire, connaît à peine l'A B C. Elle ne sait pas parler un mot de français. Sa petite sœur Louise ne veut pas dormir : « Il faut toujours, dit-elle, dandiner ma sœur qui a neuf mois. » Elle a une attitude d'enfant.

« Après lui avoir mis la main sur le front, on lui dit que dans deux minutes elle se retrouvera à l'âge de dix ans. Sa physionomie est toute différente ; son attitude n'est plus la même. Elle se trouve aux *Fraiss*, au château de la famille des Moustiers, près duquel elle habitait. Elle voit des tableaux et elle les admire. Elle demande où sont les sœurs qui l'ont accompagnée, elle va voir si elles viennent sur la route. Elle parle comme un enfant qui apprend à parler ; elle va, dit-elle, en classe chez les sœurs depuis deux ans, mais elle est restée bien longtemps sans y aller ; sa mère étant souvent malade, on l'obligeait à garder ses frères et ses sœurs. Elle commence à écrire depuis six mois, elle se rappelle une dictée qu'elle a donnée *mercredi* et elle écrit une page entière très couramment et par cœur ; c'est la dictée qu'elle a faite à l'âge de dix ans.

« Elle dit ne pas être très avancée : « Marie Coutureau aura moins de fautes que moi ; moi, je suis toujours après Marie Puybaudet et Marie Coutureau, mais Louise Rolland est après moi. Je crois que Jeanne Baulieu est celle qui fait le plus de fautes. »

« De la même manière, on lui commande de se retrouver à l'âge de quinze ans. Elle sert à Mortemart chez Mlle Brunerie : « Demain, nous allons aller à une fête, à un mariage. — Au mariage de Baptiste Colombeau, le maréchal. C'est Léon qui sera mon cavalier. Oh ! nous allons bien nous amuser ! Oh ! je n'irai pas au bal, Mlle Brunerie ne veut pas ; j'y vais bien un quart d'heure, mais elle ne le sait pas. » Sa conversation est plus suivie que tout à l'heure. Elle sait lire et écrire. Elle écrit *le Petit Savoyard*.

« La différence des deux écritures est très grande. À son réveil, elle est étonnée d'avoir écrit *le Petit Savoyard*, qu'elle ne sait plus. Quand on lui fait voir la dictée qu'elle a faite à dix ans, elle dit que ce n'est pas elle qui l'a écrite[73]. »

Depuis l'époque où ces expériences ont été publiées, un grand nombre d'auteurs en ont fait d'autres du même genre, et ont obtenu les mêmes effets. M. Pitres et ses élèves ont étudié ces phénomènes sous le nom d'ecmnésie. Nous croyons qu'on ne saurait trop insister sur l'importance de ces suggestions rétrospectives, car cette importance n'a pas encore été bien sentie.

Ce mode de suggestion, qui permet de replacer une personne à des époques antérieures de son existence, recevra certainement un jour, j'en suis convaincu, de nombreuses applications médicales ; car d'une part, il éclairera le diagnostic en permettant de découvrir, dans ses détails, l'origine et le mode de production d'un symptôme hystérique ; et d'autre part, peut-être verra-t-on qu'en reportant le malade, par un artifice mental, au moment même où le symptôme a apparu pour la première fois, on rend ce malade plus docile à une suggestion curative. En tout cas, c'est une expérience à tenter.

Au point de vue purement psychologique, qui seul nous intéresse, les suggestions rétroactives nous apprennent quelque chose de nouveau sur le mécanisme de la division de conscience. Elles nous apprennent d'abord qu'une foule de souvenirs anciens, que nous croyons morts, car nous sommes incapables de les évoquer à volonté, continuent à vivre en nous ; par conséquent les limites de notre mémoire personnelle et consciente ne sont pas plus que celles de notre conscience actuelle des limites absolues ; au delà de ces lignes, il y a des souvenirs, comme il y a des perceptions et des raisonnements, et ce que nous connaissons de nous-même n'est qu'une partie, peut-être une très faible partie, de ce que nous sommes.

Les lois de l'association des idées, dont, à la suite des psychologues anglais, on a tant usé et même abusé pour expliquer une foule de phénomènes de l'esprit, se montrent ici en défaut ; elles sont incapables de nous faire comprendre pourquoi et comment des souvenirs conservés ne revivent pas à l'appel des impressions nouvelles qui leur sont associées. Tel événement d'enfance, qui ne se représente plus à notre esprit, mais qu'une suggestion rétroactive peut y ramener, n'a certainement pas manqué d'occasions, dans le cours de la vie normale, pour remonter à la surface de la conscience ; un grand nombre d'événements similaires ont dû se produire depuis ; si donc il n'a point obéi à cet appel de la similitude, c'est que le jeu des associations d'idées n'était point suffisant pour le provoquer, et ne suffit pas, par conséquent, à expliquer le développement de notre vie mentale ; il y a sans doute autre chose que ces liens légers pour attacher les idées. Des causes plus profondes, et dont nous avons peine à démêler la nature, car elles sont inconscientes, agissent pour répartirnos idées, nos perceptions, nos souvenirs, et tous nos états de conscience, en synthèses autonomes et indépendantes. Lorsque nous sommes dans une de ces synthèses, nous avons peine à réveiller une idée appartenant à une synthèse différente ; en général, une association d'idées ne suffit pas ; mais quand plusieurs éléments de cette seconde synthèse ont été ressuscités pour une raison ou pour une autre, la synthèse entière réapparaît.

TROISIÈME PARTIE

CHAPITRE III
SUGGESTIONS D'ACTES

Exécution des suggestions post-hypnotiques. — Changements de physionomie. — La conscience normale ignore l'ordre reçu. — L'oubli après l'acte : observations de M. Beaunis. — L'exécution subconsciente des suggestions : observations de MM. Delbœuf, Janet, etc. — Retour de l'état somnambulique. — Explication de ces phénomènes.

Les changements de personnalité provoqués par suggestion hypnotique créent une situation psychologique assez simple ; en général, il n'y a pas coexistence de personnalités distinctes ; une seule occupe la scène, reléguant les autres dans la coulisse.

Nous allons voir la situation se compliquer beaucoup plus dans d'autres genres de suggestions, où le concours, la coexistence de deux conditions mentales distinctes sera bien visible.

Le sujet étant en somnambulisme, un ordre lui est donné, et cet ordre lui est donné de telle sorte qu'il ne puisse être exécuté qu'au réveil. Transportons-nous au moment de l'exécution, et observons le sujet agissant. Cette observation a été faite avec le plus grand soin par beaucoup d'auteurs, et ils ont relevé, les uns intentionnellement, les autres sans en avoir le soupçon, certains signes psychiques qui prouvent qu'au moment où la suggestion post-hypnotique se réalise, il y a un retour momentané de l'état somnambulique initial. Les observations de Gurney, dont nous avons parlé plus haut[74], trouvent ici une confirmation d'autant plus sérieuse qu'elle résulte d'expériences appartenant à un ordre d'idées différent.

Il faut d'abord rappeler en quelques mots le mode habituel d'exécution des suggestions post-hypnotiques. En général le sujet qui a reçu l'ordre d'exécuter tel ou tel acte après son réveil, par exemple dix minutes après son réveil ou bien à un signal convenu d'avance, ce sujet, en se réveillant du sommeil hypnotique, semble reprendre la libre et entière possession de son intelligence ; il n'est plus suggestible, ou l'est devenu beaucoup moins ; il ne sait rien du somnambulisme qui vient de s'écouler, il n'a même pas connaissance de cette suggestion, qu'il va cependant exécuter dans un instant. Si on lui en parle avant que l'heure sonne ou que le signal soit donné, il ne comprend pas ce qu'on veut lui dire, il rit et se moque. Puis, tout à coup, brusquement, le tableau change ; la conversation entamée s'arrête, on voit la physionomie du sujet se modifier, et parfois prendre une expression frappante de résolution violente, et la suggestion est exécutée (Beaunis, Liégeois).

D'après les auteurs qui n'ont point reconnu le phénomène de division de conscience, c'est le sujet normal, le sujet d'état de veille, qui accomplit la suggestion post-hypnotique. Le cas peut en effet se présenter ; mais en analysant quelques détails des observations classiques, on voit déjà poindre la division de conscience. Ainsi, on a donné au sujet en somnambulisme l'ordre d'un vol ou l'hallucination d'un oiseau ; il commet le vol pendant l'état de veille ; il éprouve l'hallucination ; il se rappelle donc la suggestion, mais non la suggestion entière ; il a oublié la parole de l'expérimentateur ; il ne sait pas de qui il a reçu l'ordre ; il ne sait même pas qu'un ordre lui a été donné.

Cet oubli partiel, que j'ai décrit ailleurs avec M. Féré[75], qui n'est point constant, mais très fréquent, et qu'on ne comprend guère à première vue, s'éclaire d'un jour tout nouveau si on le compare à ce qui se passe dans les suggestions données pendant un état de distraction ou même à la faveur de l'anesthésie. Rappelons brièvement les faits. Quand l'hystérique est distraite, et qu'on commande une hallucination au personnage inconscient, la conscience principale n'entend rien des mots murmurés à voix basse, mais elle perçoit l'hallucination[76]. De même, quand, sur la main insensible, on dessine une lettre avec une pointe mousse, le sujet ne sent point le contact de la pointe, mais il a la représentation, parfois même l'hallucination de la lettre écrite[77].

Dans les deux cas, même opération psychologique ; la parole prononcée, comme la sensation tactile faite sur la main ont amené des images associées, mais le premier terme de l'association est resté dans la conscience secondaire, et le second terme, l'image, a seul fait son entrée dans la conscience principale. Or, c'est bien ce qui se passe dans toutes les suggestions données pendant le somnambulisme et se continuant pendant l'état de veille : la conscience principale ne connaît que l'effet, le dernier terme de la suggestion ; c'est la conscience somnambulique qui a entendu les paroles de la suggestion ; ajoutons que la conscience somnambulique, qui joue ici le même rôle que le personnage subconscient de l'état d'anesthésie et de l'état de distraction, est identiquement le même personnage. C'est encore un point sur lequel pleine lumière a été faite[78].

Il faut donc considérer les suggestions classiques, celles qui sont données pendant un état de somnambulisme pour être exécutées ou simplement pour se continuer pendant la veille, comme des opérations psychologiques qui exigent une dualité de consciences.

Dans un certain nombre de cas, il paraît même démontré qu'au moment de l'exécution d'une suggestion post-hypnotique, la personnalité normale de l'état de veille, qui ne connaît pas la suggestion reçue, qui du reste ignore toutes les péripéties de l'expérience, et qui s'est souvent reconstituée d'une façon assez complète pour lutter contre une suggestion nouvelle, s'efface, disparaît, est anéantie ; c'est la personne somnambulique qui envahit la scène. Nous avons hâte d'énumérer les faits qui le démontrent.

Le premier de ces faits a été relevé par M. Beaunis[79], c'est l'oubli rapide qui suit l'exécution d'une suggestion post-hypnotique. On a dit au sujet endormi d'exécuter au réveil un acte quelconque, changer un meuble de place, ou tourner rapidement ses mains l'une autour de l'autre ; pendant qu'il obéit à cet ordre, on appelle d'une façon toute particulière son attention sur ce qu'il fait ; on lui dit de remarquer son mouvement, et on peut s'assurer qu'il a pleine conscience de son acte. C'est du moins ainsi que les sujets se comportent dans les expériences de M. Beaunis. Or, malgré la conscience avec laquelle ils accomplissent les ordres suggérés, tout est oublié quelques instants après ; vient-on à leur demander ce qu'ils ont fait avec leur main, ils ne se rappellent rien et ne comprennent pas la demande.

Cet oubli n'est peut-être pas un phénomène constant. Quel est le phénomène constant en psychologie ? Mais il est fréquent, et ceci nous montre que lorsqu'une action est accomplie sous l'empire d'une suggestion, alors elle diffère grandement d'une action volontaire et spontanée ; cette différence persiste même pour les actes suggérés qu'on exécute à l'état de veille, car si par exemple le sujet avait spontanément, en dehors de tout commandement, déplacé un meuble ou fait un geste, il en aurait sûrement conservé le souvenir.

L'oubli après l'acte exécuté nous paraît comparable à l'oubli qui succède au somnambulisme ; il marque bien, à notre avis, que le sujet, au moment précis où l'acte est exécuté, se trouve dans la condition mentale du somnambulisme, puisque le signe psychique principal de cet état, c'est-à-dire l'amnésie qu'il laisse après lui, peut se vérifier à cette occasion.

D'autres expériences, celles de Gurney, de M. Delbœuf, de M. Pierre Janet, de MM. Fontan et Ségard, et les miennes, viennent confirmer cette interprétation, qui, si elle ne s'appuyait pas sur un plus grand nombre de faits, resterait un peu hypothétique.

Chez les sujets du genre de ceux que M. Beaunis a étudiés, l'état somnambulique ne renaît que partiellement à ce moment décisif où la suggestion post-hypnotique se réalise ; ils gardent conscience d'eux-mêmes, et la seule preuve que l'activité somnambulique est intervenue, c'est l'oubli de l'acte. Il est d'autres personnes pour qui, dans les mêmes circonstances, le retour de l'état somnambulique est plus net, plus frappant, plus complet ; il n'y a pas seulement oubli après l'acte, mais inconscience pendant que l'acte suggéré s'accomplit. Le moi normal reste étranger à la suggestion ; c'est en dehors de lui, de sa volonté et de son intelligence qu'elle s'exécute ; et c'est par rapport à lui qu'elle est inconsciente. L'inconscience, ainsi comprise, est une sorte d'oubli anticipé. La perte de conscience, vraie aggravation de la perte de mémoire, contribue à établir définitivement la division des consciences.

Il faut citer quelques exemples. Nous en empruntons un à M. Pierre Janet. « Après avoir étudié sur Lucie, rapporte cet auteur, les suggestions ordinaires pendant l'état hypnotique je lui donnai des ordres à accomplir après le réveil, et je fus frappé de la manière singulière dont elle les exécutait. Elle avait à ce moment l'apparence la plus naturelle, parlait et agissait en se rendant bien compte de tous les actes qu'elle faisait spontanément ; mais, au travers de tous ces actes naturels, elle accomplissait comme par *distraction* les actes commandés pendant le sommeil. Non seulement, comme la plupart des sujets, elle les oubliait après les avoir accomplis, mais elle ne paraissait pas les connaître, au moment même où elle les exécutait. Je lui dis de lever les deux bras en l'air après le réveil ; à peine est-elle dans l'état normal qu'elle lève les deux bras au-dessus de sa tête, mais elle ne s'en inquiète pas ; elle va, vient, cause, tout en maintenant ses deux bras en l'air. Si on lui demande ce que font ses bras, elle s'étonne d'une pareille question et dit très sincèrement : « Elles ne font rien du tout, mes mains, elles sont comme les vôtres[80]. »

Chez d'autres sujets, le retour de l'état somnambulique se montre plus complet encore ; on a pu constater qu'il ramène l'état de la sensibilité qui le caractérise chez chaque sujet, et que celui-ci acquiert même une suggestibilité qu'il n'a pas pendant la veille (Gurney)[81]. Mieux encore, certains sujets s'endorment de nouveau pour exécuter l'acte post-hypnotique, et un auteur a pu dire, exagérant un peu un fait qui n'est vrai que de certaines personnes, que toute suggestion post-hypnotique équivaut à celle-ci : « Après votre réveil, vous vous endormirez de nouveau pour accomplir la suggestion. » Il est clair qu'un tel ordre n'a été ni donné, ni sous-entendu, et que si l'état somnambulique renaît, c'est que les conditions mentales qu'il implique sont nécessaires à l'accomplissement de la suggestion donnée.

Ainsi, chaque individu a sa manière propre de se conduire ; chez les uns, oubli après l'acte ; chez les autres, inconscience de l'acte ; chez d'autres enfin, perte absolue, totale de conscience et somnambulisme. Ceci nous montre avec combien de variantes un même acte peut s'accomplir.

Ces variantes, du reste, se ramènent à un fait unique, la division de conscience, et l'importance comparée des deux consciences en action. Les limites de ces consciences n'ont rien de fixe et d'immuable ; nous l'avons vu déjà à deux reprises[82], le subconscient tend sans cesse à se développer et à submerger la personnalité principale, et les différences observées d'un sujet à l'autre résultent du degré variable de développement atteint par le moi somnambulique.

CHAPITRE IV

LES SUGGESTIONS À POINT DE REPÈRE INCONSCIENT
LES HALLUCINATIONS

Suggestions où le but seul est indiqué, le moyen étant confié à l'initiative du sujet. — Hallucinations à point de repère. — Principaux caractères. — Optique hallucinatoire. — Le point de repère est l'objet d'une perception inconsciente. — Démonstration directe de cette perception. — Intelligence du personnage subconscient.

S'il fallait s'en tenir à ce qui précède, les rapports des deux consciences, pendant l'exécution des suggestions, seraient assez simples ; un acte est commandé, avons-nous vu ; la conscience somnambulique, qui a recueilli la suggestion et s'en rend bien compte, se contente d'*introduire* l'idée de l'acte dans la conscience principale, ou bien elle se substitue à la conscience principale pour réaliser la suggestion. Mais on peut créer, par artifice, des situations assez complexes, qui entraînent une complexité correspondante dans les rapports des deux consciences. En d'autres termes, on a pu obliger le moi somnambulique à collaborer avec le moi normal, de sorte que la suggestion devient leur œuvre commune.

Pour bien comprendre ce point, il faut remarquer tout d'abord que dans beaucoup de cas la suggestion pose un problème ; elle indique au sujet un but à atteindre, sans lui en indiquer le moyen ; la question du comment est laissée à son initiative, elle ne fait pas partie de l'idée suggérée.

Ainsi, on donne au sujet l'ordre d'exécuter un mouvement huit minutes après son réveil, mais on ne lui indique pas comment il doit apprécier le temps pour ne faire le mouvement ni trop tôt ni trop tard. De même, on lui commande de ne plus voir un objet, sans lui apprendre le moyen qu'il doit employer pour ne pas le voir. De même encore, on lui montre une hallucination sur une carte blanche, qu'il devra retrouver ensuite parmi dix cartes semblables, et on ne lui suggère aucun procédé pouvant le guider dans sa recherche. Voilà trois exemples typiques : ce sont du reste les seuls dont nous ayons l'intention de parler. Ils offrent ce trait commun que le but est indiqué, mais que le moyen de l'atteindre est laissé à l'initiative du sujet. Or, nous allons montrer par une étude détaillée que le sujet, interrogé pendant la veille, ne sait rien des moyens employés. C'est le moi somnambulique qui intervient ici, qui invente les moyens, qui écarte les causes d'erreurs, et qui se charge de mener à bonne fin la suggestion. Il y a, si l'on veut, collaboration, mais à parts inégales ; le rôle intelligent est tenu par le personnage somnambulique.

Nous commencerons par dire un mot des hallucinations avec point de repère. Nous en avons longuement parlé ailleurs[83], et si nous y revenons, c'est pour ajouter à notre description quelques détails complémentaires, que nous avons appris depuis, et qui sont relatifs au dédoublement de conscience.

Une règle paraît dominer les hallucinations visuelles qu'on impose par suggestion verbale aux personnes hypnotisées : c'est que l'objet imaginaire est vu *à peu près* dans les mêmes conditions que s'il était réel. C'est ainsi que lorsque la suggestion a créé un objet inerte et immobile, cet objet imaginaire occupe à poste fixe la position indiquée par l'expérimentateur ; le livre, la clef, pour prendre des exemples simples, qu'on aura fait apparaître sur un coin de table y resteront placés ; le sujet ne verra ces objets imaginaires que quand il se tournera vers la table ; s'il ferme les yeux, s'il détourne ses regards, s'il sort de la pièce, il perd conscience de son hallucination, comme il perdrait la perception de l'objet réel correspondant ; l'hallucination reste là, fixée à la table : elle attend le sujet, qui la retrouvera quand il reviendra dans la chambre[84]. Vu de loin, l'objet imaginaire paraît se rapetisser, il est perçu d'une façon moins distincte que de près, etc. À ces quelques faits très simples, viennent s'en ajouter d'autres qui ne peuvent être mis en lumière que par des expériences un peu plus compliquées, mais qui sont cependant, je crois, de même nature. Lorsqu'on presse mécaniquement sur un des yeux de l'halluciné, pendant qu'il regarde son hallucination, l'objet imaginaire est vu double, comme les objets réels[85] ; un prisme le dévie, des lentilles peuvent l'agrandir, le rapetisser, ou le faire paraître renversé, suivant la distance de l'objet au foyer de la lentille. Ces expériences d'optique hallucinatoire ont été répétées par de nombreux observateurs, qui sont arrivés, quelques-uns même d'une manière indépendante, à admettre la théorie du point de repère, que j'ai formulée le premier[86]. Cette théorie se résume ainsi : l'hypnotique s'arrange pour associer l'image hallucinatoire à une sensation d'un objet réel, existant dans le monde extérieur ; les instruments d'optique, en modifiant cette sensation réelle, donnent au sujet l'idée d'une modification correspondante dans l'hallucination ; si le sujet reçoit à un certain moment deux sensations au lieu d'une, il étendra ce phénomène de dédoublement à l'hallucination elle-même, et il percevra deux objets imaginaires. Parmi les expériences qui semblent démontrer l'exactitude de l'interprétation précédente, j'en rappellerai une, bien des fois citée par les auteurs ; on montre à une personne en somnambulisme un portrait imaginaire sur une carte en apparence toute blanche, et on confond ensuite cette carte avec plusieurs autres, après l'avoir marquée d'un signe pour qu'on puisse la retrouver à coup sûr ; le sujet retrouve très souvent le portrait sur la même carte qu'on lui a montrée, et il peut même très souvent aussi replacer la carte dans la même position ; on doit en conclure qu'il reconnaît sans doute le papier de la carte à quelque signe particulier. Ce signe lui sert de point de repère.

Réduit à ces proportions, le phénomène que nous étudions devient assez banal, et récemment, on a pu soutenir qu'une hallucination à point de repère extérieur ne peut rien prouver contre la simulation ; si le sujet a en effet la perception d'un point de repère qu'il voit se modifier régulièrement quand on place devant ses yeux des instruments d'optique, il peut, alors même qu'il n'est pas halluciné, décrire des modifications correspondantes dans l'objet imaginaire qu'il prétend voir. Mais je trouve que le raisonnement précédent n'a qu'une apparence de rigueur, et les expériences d'optique hallucinatoire me paraissent demeurer un excellent critérium contre la simulation, si nous voulons nous placer à ce point de vue spécial.

En effet, le point de repère auquel le sujet suggestionné attache son hallucination présente quelques caractères particuliers et difficilement simulables. En premier lieu, il est à noter que dans les expériences de portrait que nous avons rappelées plus haut, le sujet ne peut pas indiquer comment il reconnaît le carton qui sert de support à l'image hallucinatoire ; lui demande-t-on pourquoi il désigne ce carton-ci plutôt que celui-là, il répond invariablement que c'est parce que le premier est un portrait ; mais comme le portrait est purement imaginaire, ce n'est pas là ce qui lui sert réellement d'indice, et sa réponse, quoique sincère, ne nous éclaire pas ; certainement le carton présente un point noir, une ombre, n'importe quoi ; et bien que le sujet soit incapable de nous les désigner, il doit s'en servir d'une façon ou d'une autre.

Voici du reste une expérience qui montre bien que la perception du point de repère se fait d'une manière inconsciente : prenons une photographie et fixons dessus, par suggestion, l'hallucination d'un portrait. Le sujet, à qui on présente ensuite la photographie, voit le portrait, mais ne voit point la photographie qui est dessous ; l'imaginaire cache le réel ; le sujet voit ce qui n'existe pas, il ne voit pas ce qui existe. Dans ces conditions la photographie invisible, c'est-à-dire non perçue d'une manière consciente, sert de point de repère, car si, quelque temps après, huit jours après, on vient à montrer au sujet une seconde épreuve de la même photographie, il y apercevra un second portrait imaginaire. Ces hallucinations si bien localisées renferment donc toujours une perception inconsciente qui leur sert d'attache.

L'expression de perception inconsciente que nous venons d'employer met déjà sur la voie de l'explication de ce qui précède ; nous avons vu que bien souvent chez les sujets hypnotisés ce qui paraît inconscient ne l'est pas, mais appartient à une autre conscience, et constitue l'indice d'un état de désagrégation mentale. On peut donc supposer que le point de repère est perçu par une personnalité et que l'hallucination est perçue par l'autre, et que ce cas est un exemple de collaboration de deux personnalités. C'est en effet ce qui a lieu, comme M. Pierre Janet a pu s'en assurer le premier. Après avoir donné une hallucination de portrait sur un carton, il a dédoublé son sujet par le procédé de la distraction ; il s'est mis en communication avec la seconde personnalité et lui a demandé ce qu'elle voyait sur le carton ; celle-ci lui a désigné un point noir, bien réel ; c'est ce point noir qui lui permettait de ne pas confondre le carton avec d'autres ; la personnalité principale qui était seule hallucinée, voyait le carton et le portrait, mais ne voyait pas le point noir. La théorie du dédoublement mental se trouve donc au bout de toute cette série d'expériences que nous venons de résumer, et qui ont été entreprises en 1883, c'est-à-dire à une époque où les phénomènes de dédoublement n'étaient guère connus. Je vois dans ces rencontres et ces confirmations multiples la preuve que nous n'avons point été l'objet d'illusions et que nous avons pu découvrir un peu de la réalité.

Il est utile de se rendre compte qu'on a fait un pas en avant ; il est utile aussi de ne pas oublier qu'on est encore loin du but. Les expériences précédentes, en mettant en évidence le point de repère qui sert à retrouver l'hallucination, qui sert à l'extérioriser, etc., nous ont appris un fait intéressant ; mais combien d'autres demeurent inexpliqués ! Pour se rendre compte du résultat des expériences, il ne suffit point de constater que le personnage inconscient retrouve le point de repère : il faut en outre supposer qu'il le cherche, pour le retrouver quand il est peu visible ; et là ne doit pas s'arrêter son rôle. Quand l'opérateur vient à dédoubler le point de repère, par la pression oculaire ou autrement, le sujet halluciné n'a pas la perception que le point de repère est doublé ; c'est l'inconscient qui doit s'en apercevoir ; c'est donc à lui qu'il appartient de dédoubler l'image hallucinatoire ; il intervient également quand, par différents moyens optiques, on modifie de différentes façons le point de repère. C'est lui en somme qui tient le grand rôle ; il cherche à exécuter le mieux possible la suggestion qui lui a été confiée ; et s'il s'arrange pour que l'objet imaginaire soit perçu à peu près dans les mêmes conditions que s'il était réel, c'est parce que cela fait partie de la suggestion qu'il a reçue ; l'hallucination serait bien vite reconnue fausse et démasquée si elle ne simulait pas la réalité. Je suis donc enclin à admettre que tous ces signes divers de l'hallucination hypnotique que nous avons décrits doivent se rencontrer surtout chez les sujets dont l'inconscient est intelligent, et a du savoir faire.

Quant à la conscience normale, elle ne paraît pas être au courant de tout ce travail de critique et d'élaboration qui se passe au-dessous d'elle et comme dans un plan inférieur ; le moi normal ne sait qu'une chose en se réveillant du sommeil hypnotique : c'est qu'il a devant lui un objet qui lui paraît réel, et si cet objet lui paraît tel, c'est qu'il est bien imité.

On s'est demandé si des expériences semblables pourraient se répéter sur des hallucinations spontanées, dans des cas autres que l'hystérie et la suggestion. Nous croyons pouvoir répondre aujourd'hui à cette question que pour que des expériences aussi délicates réussissent, elles ont besoin d'un *inconscient* bien organisé.

CHAPITRE V
LES SUGGESTIONS À POINT DE REPÈRE
INCONSCIENT (SUITE)
LA MESURE DU TEMPS

Suggestions à longue échéance. — Nécessité d'une mesure du temps. — Inconscience du sujet. — Discussions. — Explication proposée par M. Bernheim. — Expériences de M. Pierre Janet : c'est le personnage subconscient qui calcule le temps.

Nous avons à décrire maintenant les suggestions d'acte à longue échéance, opérations dans lesquelles on trouve un nouvel exemple de dédoublement mental. L'étude que nous venons de faire sur les hallucinations visuelles nous permettra, malgré sa brièveté, d'être encore plus bref sur cette seconde question ; car en réalité les deux phénomènes sont calqués l'un sur l'autre. Ce sont tous deux des suggestions à point de repère inconscient.

Les suggestions à échéance fixe sont de deux genres. On peut d'abord donner à la personne hypnotisée l'ordre d'exécuter une suggestion après son réveil, et à une échéance marquée par un signal, comme lorsqu'on lui commande de dire telle parole à M. X..., quand elle le rencontrera ; nous n'avons pas à nous occuper ici de ce genre de suggestion. Dans un second genre de suggestions, l'échéance n'est point marquée par un événement extérieur, mais par un certain laps de temps ; le sujet doit commettre tel acte, éprouver telle hallucination dans cinq minutes, dans treize jours, dans un mois. Ainsi, on commande à une personne en somnambulisme de revenir au bout de quinze jours : le jour dit, à l'heure dite, elle revient. On s'est plu, pour augmenter le caractère merveilleux de l'expérience, à allonger indéfiniment le délai ; on l'a étendu même à une année ; mais cette variante, qui prouve simplement la ténacité de la mémoire du sujet, ne complique pas beaucoup la suggestion, et il est aussi difficile de comprendre comment le sujet se rappelle l'échéance de quinze jours que celle d'une année entière.

Alfred Binet

Précisons bien la difficulté. En quoi consiste-t-elle ? En ceci : d'une part, on impose au sujet un acte qu'il ne peut accomplir correctement que s'il mesure le temps ; et d'autre part, si on cherche à pénétrer dans sa conscience, quand il est sous l'empire de la suggestion, on constate que non seulement il n'a aucune préoccupation relative à cette mesure du temps, mais encore il a complètement oublié la suggestion. On lui dit de faire un acte dans quinze jours ; réveillé, il ne se souvient de rien, et cependant, dans quinze jours, l'acte sera fait.

M. Bernheim a fait une première tentative d'explication ; cette mesure du temps, dit-il en substance, a lieu consciemment ; de temps en temps, le souvenir de la suggestion est revenu dans la conscience, et de temps en temps le sujet a compté les jours écoulés, mais ce calcul a été fait rapidement et ensuite oublié. Le sujet ne se souvient plus qu'il s'est souvenu[87]. La supposition est intéressante ; malheureusement elle ne concorde pas exactement avec les faits. Bien des sujets, si on les interroge soigneusement avant l'échéance de la suggestion, ne peuvent absolument rien en dire ; jusqu'au moment où elle se réalise, la suggestion leur est inconnue ; elle reste dans une nuit complète, elle n'est point éclairée d'une manière intermittente, comme le suppose M. Bernheim. Il y a là non pas un oubli, mais une inconscience véritable[88]. La solution de cette difficulté doit donc être cherchée ailleurs.

M. Pierre Janet est le premier auteur qui ait nettement posé la question, et qui l'ait résolue, en faisant intervenir les phénomènes de la division de conscience. Il a d'abord montré que l'exécution d'une suggestion à échéance fixe ne peut pas être produite par une simple association latente, mais exige des remarques, des comptes, en un mot des jugements qui persistent dans la tête de l'individu jusqu'au moment où la suggestion se réalise. Voici comment l'auteur dispose l'expérience : « Lucie étant en état de somnambulisme constaté, je lui dis du ton de la suggestion : « Quand j'aurai frappé douze coups dans mes mains, vous vous rendormirez. » Puis, je lui parle d'autre chose, et cinq ou six minutes après, je la réveille complètement. L'oubli de tout ce qui s'était passé pendant l'état hypnotique et de ma suggestion en particulier était complet. Cet oubli, chose importante ici, m'était garanti, d'abord par l'état de sommeil précédent qui était un véritable somnambulisme avec tous les signes caractéristiques, par l'accord de tous ceux qui se sont occupés de ces questions et qui ont tous constaté l'oubli au réveil de semblables suggestions, enfin par la suite de toutes les expériences précédentes faites sur ce sujet où j'avais toujours constaté cette inconscience. D'autres personnes entourèrent Lucie et lui parlèrent de différentes choses ; cependant, retiré à quelques pas, je frappai dans mes mains cinq coups assez espacés et assez faibles. Remarquant alors que le sujet ne faisait aucune attention à moi et parlait vivement, je m'approchai et je lui dis : « Avez-vous entendu ce que je viens de faire ? — Quoi donc, je ne faisais pas attention. — Et cela ? (Je frappe dans mes mains.) — Vous venez de frapper dans vos mains. — Combien de fois ? — Une seule. » Je me retire et continue à frapper un coup plus faible de temps en temps ; Lucie distraite ne m'écoute plus et semble m'avoir complètement oublié. Quand j'ai ainsi frappé six coups qui, avec les précédents, faisaient douze, Lucie s'arrête immédiatement, ferme les yeux et tombe en arrière endormie. « Pourquoi dormez-vous ? lui dis-je. — Je n'en sais rien, cela m'est venu tout d'un coup. » Si je ne me trompe, c'est là l'expérience de MM. Richet et Bernheim, mais réduite à une plus grande simplicité. La somnambule avait aussi dû compter, car je m'appliquais à faire les coups égaux et le douzième ne se distinguait pas des précédents ; mais, au lieu de compter des jours, ce qui avait fait croire à une mesure de temps, elle avait compté des bruits. Il n'y avait aucune faculté nouvelle, car tous les coups étaient faciles à entendre, quoiqu'elle prétendît n'en avoir entendu qu'un seul : elle avait dû les écouter et les compter, mais sans le savoir, inconsciemment. L'expérience était facile à répéter et je l'ai refaite de bien des manières : Lucie a compté ainsi inconsciemment jusqu'à 43, et les coups furent tantôt réguliers, tantôt irréguliers, sans que jamais elle se soit trompée sur le résultat. Une des expériences les plus frappantes fut celle-ci. Je commande : « Au troisième coup vos mains se lèveront ; au cinquième elles se baisseront ; au sixième vous ferez un pied de nez ; au neuvième vous marcherez dans la chambre ; au seizième vous vous endormirez dans un fauteuil. » Nul souvenir au réveil et tous ces actes s'accomplissent dans l'ordre voulu, tandis que, pendant tout le temps, Lucie répond aux questions qu'on lui adresse, et n'a aucune conscience qu'elle compte des bruits, qu'elle fait un pied de nez ou qu'elle se promène.

Alfred Binet

« Après avoir répété l'expérience, il fallait songer à la varier et j'ai essayé d'obtenir ainsi des jugements inconscients très simples. La disposition de l'expérience reste toujours la même ; les suggestions sont faites pendant le sommeil hypnotique bien constaté, puis le sujet est complètement réveillé, les signes et l'exécution ont lieu pendant la veille. « Quand je dirai deux lettres pareilles l'une après l'autre, vous resterez toute raide. » Après le réveil, je murmure les lettres « *a... c... d... e... a... a...* », Lucie demeure immobile et entièrement contracturée ; c'est là un jugement de ressemblance inconscient. Voici des jugements de différence : « Vous vous endormirez quand je dirai un nombre impair », ou bien : « Vos mains se mettront à tourner l'une sur l'autre quand je prononcerai un nom de femme. » Le résultat est le même : tant que je murmure des nombres pairs ou des noms d'homme, rien n'arrive ; la suggestion est exécutée quand je donne le signe : Lucie a donc inconsciemment écouté, comparé et apprécié ces différences.

« J'ai essayé ensuite de compliquer l'expérience pour voir jusqu'où allait cette faculté inconsciente de jugement. Quand la somme des nombres que je vais prononcer fera 10, vos mains enverront des baisers. » Mêmes précautions ; elle est réveillée, l'oubli est constaté et, loin d'elle, pendant qu'elle cause avec d'autres personnes qui la distraient le plus possible, je murmure 2... 3... 1... 4... et le mouvement est fait. Puis j'essaye des nombres plus compliqués ou d'autres opérations : « Quand les nombres que je vais prononcer deux par deux, soustraits l'un de l'autre, donneront comme reste six, vous ferez tel geste », ou des multiplications, ou même des divisions très simples. Le tout s'exécute presque sans erreur, sauf quand l'opération devient trop compliquée et ne pourrait plus être faite de tête. Comme je l'ai déjà remarqué, il n'y avait là aucune faculté nouvelle, mais des phénomènes ordinaires s'exécutant inconsciemment.

« Il me semble que ces expériences se rapportent assez directement au problème de l'exécution intelligente des suggestions qui paraissent oubliées. Les faits signalés sont parfaitement exacts ; les somnambules peuvent compter les jours et les heures qui les séparent de l'accomplissement d'une suggestion, quoiqu'ils n'aient aucun souvenir de cette suggestion elle-même. En dehors de leur conscience, il y a un souvenir qui persiste, une attention toujours éveillée, et un jugement bien capable de compter les jours, puisqu'il peut faire des multiplications et des divisions[89]. »

Nous n'avons rien à ajouter à cette conclusion, parfaitement exacte ; nous nous contentons de rappeler combien de fois déjà dans ce livre une série d'expériences nous a conduit à cette notion des sous-consciences, qui travaillent en dehors de la conscience principale.

CHAPITRE VI
L'ANESTHÉSIE SYSTÉMATIQUE

I. Confusion de la terminologie. — Définition de l'anesthésie systématique. — Insensibilité hystérique incomplète et partielle. — Insensibilité en îlots. — Valeur des signes locaux. — Insensibilité relative à certains objets. — L'anesthésie systématique suggérée.

II. Historique. — Bertrand, Charpignon, Braid. — Expériences de M. Bernheim. — Expériences de MM. Binet, Féré et Richer sur la conservation des images complémentaires, et sur la reconnaissance de l'objet rendu invisible. — Expériences de M. W. James. — Expériences de M. Bernheim. — Expériences de M. Liégeois. — Expériences de M. Pierre Janet.

III. Résumé des faits. — Interprétation psychologique.

I

Il nous reste à parler d'un troisième et dernier phénomène psychologique, produit par suggestion. Ce phénomène a vivement attiré l'attention des observateurs dans ces dernières années ; il a donné lieu à de nombreuses discussions, qui du reste n'ont pas été sans profit pour nos connaissances ; les noms qu'on lui a appliqués sont nombreux, et quelques-uns renferment toute une théorie ; M. Bernheim et ses collègues de Nancy se servent du mot d'*hallucination négative* ; nous avons proposé, avec M. Féré, celui d'*anesthésie systématique* ; on pourrait aussi donner à ce phénomène le nom de perception inconsciente ; mais il ne faut pas attacher trop d'importance à ces questions determinologie ;

l'essentiel est de se mettre d'accord sur la nature des choses.

On peut décrire ce phénomène comme résultant d'une espèce particulière d'anesthésie ; nous avons longuement parlé dans les pages précédentes de l'anesthésie hystérique, nous avons cherché à en préciser la nature et à en fixer les limites. Pour la facilité de nos descriptions, nous avons pris comme type une anesthésie à la fois totale et complète ; définissons bien ces termes ; l'anesthésie est totale quand elle comprend toutes les espèces de sensibilités d'une région, et elle est complète lorsque les excitations, quelle qu'en soit l'énergie, ne peuvent éveiller aucune trace de conscience. Voici par exemple une malade dont le bras est insensible. On transperce sa main avec une longe épingle, on brûle la pulpe de ses doigts avec un thermo-cautère, on exerce une pression profonde sur les masses musculaires du bras, on fait parcourir une portion du membre par un courant électrique d'une grande intensité, et pendant toutes ces épreuves la malade reste indifférente, et ne perçoit rien, ni sensation ni douleur. On dit alors que son anesthésie est totale, parce qu'elle porte sur tous les modes de la sensibilité cutanée, et complète, parce que les excitations les plus énergiques ne provoquent aucune réaction dans sa conscience[90].

Mais ce cas est réellement un peu théorique, et je ne garantis pas qu'on ait pu l'observer une seule fois. D'abord, il faut faire une première réserve sur les anesthésies complètes. De bons juges pensent que jamais l'anesthésie hystérique n'est complète ; l'insensibilité est purement relative, elle n'a lieu que pour des excitations modérées ; si l'on augmente l'énergie de l'excitation, il arrive un moment où celle-ci pénètre dans la conscience du sujet, et peut même provoquer un retour passager de la sensibilité, retour pendant lequel des excitations beaucoup plus légères seront perçues.

Il faut ajouter, à ce qu'il me semble, des réserves analogues relativement à l'anesthésie totale ; le plus souvent, et même dans les cas où il s'agit d'une insensibilité de vieille date, tous les modes de la sensibilité ne sont pas éteints ; la sensibilité à la température peut survivre à l'extinction de la sensibilité tactile ; il peut y avoir toutes les dissociations possibles, et une des plus fréquentes est la conservation de la sensibilité au courant électrique, ou à l'action des métaux. Les anesthésies partielles sont aussi fréquentes, et peut-être plus, que les anesthésies totales.

TROISIÈME PARTIE

La dissociation peut aller plus loin. Il n'est pas rare d'observer que dans un groupe d'excitants s'adressant au même sens, par exemple au sens tactile ou au sens de la pression, certains de ces excitants peuvent être perçus tandis que d'autres ne le sont pas ; la forme de l'excitation tactile peut avoir dans ce cas une grande influence, et je citerai à l'appui une observation que j'ai faite moi-même sur plusieurs malades ; ils étaient insensibles à la piqûre, à la pression et au courant électrique, alors même qu'on donnait à ces excitations une grande énergie ; mais il suffisait d'associer deux de ces excitations, de piquer avec une épingle en même temps qu'on pressait sur la peau insensible avec un corps mousse, pour éveiller aussitôt une sensation de douleur extrêmement vive. Chez ces sujets, l'anesthésie était partielle au point de ne pas comprendre tous les genres d'excitants mécaniques[91].

Ce même caractère se présente dans tous les cas, si fréquents, où l'anesthésie ne s'étend pas uniformément sur une région entière, mais existe en îlots distribués sur la peau sensible de la façon la plus irrégulière et la plus variable, sans affecter le moindre rapport avec la distribution anatomique des nerfs de la région. Si l'on promène alors une pointe d'épingle sur le tégument, le sujet peut sentir une piqûre légère sur un point, et ne rien percevoir du tout quand, un centimètre plus loin, on enfonce l'épingle dans une plaque insensible. Phénomène bizarre et d'autant plus important que cette sorte de tatouage anesthésique est extrêmement fréquente. Puisqu'aucun fait anatomique ne peut en rendre compte, il semble qu'on puisse en demander l'explication à la physiologie des sens. Or, il a été soutenu par de nombreux expérimentateurs que chaque point de notre tégument a une manière spéciale de sentir et que la qualité de la sensation varie avec la région de la peau ; c'est là ce qui nous permet de distinguer le point où nous sommes touchés, et de ne pas confondre une piqûre au front et une piqûre à la main. Cette hypothèse des signes locaux — car ce n'est jusqu'ici qu'une hypothèse — peut servir à rendre plus compréhensible le tatouage hystérique ; dans un îlot d'insensibilité, ce qu'il faut considérer, ce n'est pas le territoire devenu insensible, c'est un groupe de sensations semblables, ayant une nuance locale commune ; et si, un peu plus loin, à quelques centimètres de là, l'excitation est sentie, c'est que la sensation tactile est un peu différente de la première ;

elle a sa nuance, son signe, qui permet de la reconnaître et qui ne la laisse pas confondre avec les précédentes ; nous trouverions donc ici — si notre hypothèse était vérifiée — un nouvel exemple d'anesthésies partielles, c'est-à-dire spéciales à certains groupes de sensations tactiles[92].

Nous sommes déjà loin de cette anesthésie totale et complète, qu'on ne trouve guère que dans les livres ; nous allons nous en éloigner encore davantage ; voici de nouveaux faits qui vont nous montrer sous un jour intéressant la complexité de ce phénomène hystérique ; je les emprunte à M. Pierre Janet. Il y a des malades qui semblent totalement insensibles et qui peuvent cependant reconnaître encore certains objets en particulier. Une dame hystérique semblait avoir totalement perdu toute sensibilité cutanée aux deux bras et aux deux mains ; elle ne ressentait aucune douleur, n'appréciait aucun objet. Cependant elle reconnaissait parfaitement au contact certains objets habituels de sa toilette. Elle savait, en touchant son oreille, si elle avait ou n'avait pas ses boucles d'oreille, elle reconnaissait sa bague et savait quand on la lui mettait ou quand on la lui retirait, sans avoir besoin de rien regarder… Elle sentait également dans ses cheveux ses épingles en fer ou en écaille, qu'elle pouvait chercher par le contact, ôter ou remettre, même si on les déplaçait… Le fait, ajoute M. Janet, ne doit pas être rare chez les hystériques. » Je suis fort disposé, pour ma part, à accepter cette opinion, et mes observations m'ont souvent montré que chez l'hystérique l'anesthésie s'accommode aux besoins pratiques du sujet ; celui-ci arrive assez généralement à percevoir ce qu'il a besoin de percevoir.

Les faits précédents nous servent de transition pour aborder le phénomène de suggestion auquel nous avons donné le nom d'anesthésie systématique. C'est une anesthésie partielle, comme celle que nous venons d'étudier ; et elle présente, comme chez la dame observée par M. Janet, le caractère d'être spéciale à un certain objet. La suggestion qu'on adresse au sujet hypnotisé, ou pris à l'état de veille, mais docile, consiste à lui défendre de percevoir un objet en particulier. Cette interdiction ne lui enlève que la perception de l'objet dont on lui parle, et il continue à percevoir les autres. De là le nom d'anesthésie systématique que l'on donne au phénomène ; l'anesthésie est systématique parce qu'elle supprime un système de sensations et d'images, qui sont afférentes à un objet particulier.

Quelques auteurs, nous l'avons dit, ont élevé des contestations sur le nom que nous avions donné à ce phénomène ; ils ont cru qu'on avait tort d'en faire une anesthésie, car l'anesthésie signifie une destruction de la sensation, une paralysie de la sensibilité ; or, nous verrons tout à l'heure que la suggestion ne va pas jusque-là ; lorsqu'on défend à un sujet de percevoir un objet, la défense se borne à lui enlever la perception consciente, mais elle ne supprime pas la sensation ; il n'y a point là d'anesthésie vraie ; et on peut même, au moyen de certains artifices que nous indiquerons plus loin, montrer que le sujet, au moment où il ne paraît rien voir, et ne rien entendre, perçoit et enregistre ce qui se passe autour de lui avec une acuité sensorielle remarquable. Cependant ces raisons ne nous empêcheront point de conserver l'expression d'anesthésie systématique ; nous conviendrons seulement de ne donner à cette expression qu'un sens relatif ; il sera bien entendu que s'il y a, dans ces expériences, de l'anesthésie, c'est une anesthésie par inconscience. Du reste, c'est ce qui a lieu également, dans bien des cas, pour l'anesthésie hystérique ; alors même qu'elle paraît totale et complète, elle peut ne pas consister dans une destruction de la sensation, et résulter d'une simple perte de conscience ; le motif n'a pourtant pas paru suffisant pour changer le nom de l'anesthésie hystérique.

Le fait important, celui que la terminologie doit bien indiquer, c'est que l'anesthésie systématique n'est qu'une forme, une variété de l'anesthésie hystérique spontanée ; elle n'en représente qu'un degré de complication ; la légitimité de ce rapprochement me paraît hors de doute, et je vois avec satisfaction que beaucoup d'auteurs partagent aujourd'hui cette opinion, que M. Féré et moi avons été, croyons-nous, les premiers à indiquer.

C'est précisément ce que nous allons essayer de montrer encore une fois ; les nombreuses expériences qui ont été faites dans ces dernières années rendront notre travail facile ; et nous arriverons finalement à conclure que l'anesthésie systématique, étant de même nature que l'anesthésie spontanée, illustre par un nouvel exemple la théorie de la désagrégation mentale ; car la perception interdite par suggestion subit le même sort que les sensations provenant

Alfred Binet

des régions anesthésiques ; elle est reléguée dans une seconde conscience, où elle détermine des idées, des raisonnements et des actes
qui sont également inconscients pour la personnalité principale.

Nous pourrions procéder tout de suite à la démonstration régulière de cette thèse ; mais il nous paraît plus intéressant de prendre
un autre chemin, un peu plus long, qui nous conduira au même
but. Ce que nous cherchons surtout à mettre en lumière dans ce
livre, ce sont les rencontres des observateurs qui ne se cherchaient
pas, ce sont les accords inattendus d'expériences tout à fait différentes. À ce point de vue, l'historique de la question présente un
avantage sans pareil ; car il nous fait assister à une série de tenta-
tives isolées qui, sans avoir été concertées, ont toutes convergé au
même point. Fait assez singulier, la question de l'anesthésie systématique est une de celles qui ont soulevé le plus de controverses,
et c'est peut-être celle sur laquelle tous les expérimentateurs sont le
mieux d'accord, mais sans le savoir.

II

Les faits de ce genre sont connus depuis fort longtemps ; Bertrand
est peut-être un de ceux qui les ont décrits le plus clairement : « J'ai
vu, dit-il, la personne qui magnétisait les somnambules leur dire
quand elles étaient endormies : Je veux que vous ne voyiez en vous
éveillant aucune des personnes qui se trouvent dans la chambre,
mais que vous croyiez voir telle ou telle personne qu'il leur dési-
gnait et qui souvent n'était pas présente. La malade ouvrait les yeux,
et sans paraître voir aucune des personnes qui l'entouraient, adressait la parole à celles qu'elle croyait voir[93]. » On trouve des descriptions analogues dans les livres de Teste, de Charpignon, de Braid,
de Durand (de Gros), de Liébeault, etc. Le plus souvent, il est
vrai, l'expérimentateur prenait un moyen indirect pour supprimer
la perception d'un objet ou d'une personne ; il les transformait ;
il donnait par exemple la suggestion qu'une personne présente
était une autre personne ; alors le sujet voyait la personne fictive,
avec les traits et le costume qu'il lui connaissait, et en même temps
il ne voyait pas la personne réellement présente ; l'hallucination
faisait office d'écran, qu'on nous passe cette comparaison grossière,

TROISIÈME PARTIE

et rendait invisible un objet réel. Mais dans d'autres circonstances, l'expérimentateur s'est efforcé directement de produire une anesthésie systématique. On a dû songer à expliquer un phénomène aussi bizarre que l'abolition d'un objet présent. Mais les premières explications qu'on en a trouvées sont bien naïves. Teste dit que c'est le « fluide magnétique, vapeur inerte, opaque et blanchâtre séjournant comme un brouillard où la main le dépose, qui cache les objets à la somnambule ». Charpignon prétend de son côté qu'il a pu rendre un objet invisible en l'entourant d'une couche épaisse de fluide. On n'a pas grand'chose à tirer de ces théories-là. Du reste, elles n'étaient pas communes à tous les magnétiseurs. Bertrand déjà avait bien compris l'influence de la suggestion, de l'idée imposée au somnambule. C'est sur cette action d'une pensée que Braid, Durand (de Gros) et Liébeault insistèrent aussi. « L'impression suggérée, dit Braid, s'est à tel point emparée de l'esprit du patient que l'on peut, sous son influence, suspendre les fonctions de la vue, la rendre aveugle pour un objet placé devant lui[94]… »

C'était déjà beaucoup de comprendre la cause véritable de ce phénomène, et de le rapporter à la suggestion ; mais nous devons cependant reconnaître que cette explication n'est que partielle, et reste en chemin. C'est ici le moment de répéter ce que nous avons dit plus haut au sujet des hallucinations à point de repère ; l'expérimentateur, en se servant du procédé de la suggestion, indique à l'hypnotisé le but à atteindre, mais il ne lui fournit pas les moyens d'y arriver ; la théorie de la suggestion ne nous renseigne pas sur le comment des choses, et par conséquent elle ne donne pas satisfaction complète à l'esprit.

En 1884, M. Bernheim reprit cette étude et donna aux faits précédents le nom d'hallucination négative ; il les isola bien des hallucinations positives, et montra, par plusieurs expériences, que la suggestion peut supprimer directement une perception des objets présents[95]. La description était excellente, mais ce n'était qu'une description. Peu après, parut un travail de M. Féré et de moi sur les paralysies par suggestion[96]. Dans ce travail, nous cherchions d'abord à rapprocher les anesthésies systématiques des anesthésies hystériques totales, dont les premières ne forment qu'une variété ; et nous citions à ce propos une expérience qui a été vérifiée depuis par d'autres observateurs : l'objet invisible, regardé fixement pendant quelques instants, peut produire une image de couleur complémentaire : fait-on disparaître par suggestion un petit carré rouge, le sujet qui ne le voit pas, mais qui contemple pendant quelques minutes le point de l'espace occupé par le papier rouge, verra apparaître au bout de quelque temps à la même place un carré de couleur verdâtre ; cette seconde sensation, de couleur complémentaire, se distingue d'une image consécutive ordinaire par son mode de production, car elle dure tout le temps que le sujet regarde le carré rouge invisible[97], et si le sujet fixe ensuite son regard sur un autre point, il peut voir apparaître l'image consécutive de ce carré vert. Cette expérience concorde avec celle de M. Regnard, qui a vu que dans la dyschromatopsie hystérique spontanée, les couleurs non perçues peuvent donner lieu à des images complémentaires. Donc le petit carré rouge qui est là, sous les yeux du sujet et que celui-ci prétend ne pas percevoir, a réellement impressionné sa sensibilité rétinienne.

Une autre expérience peut servir à montrer que l'objet invisible est réellement perçu.

Cette expérience est beaucoup plus importante que la première, et présente un intérêt capital, car elle peut donner une idée de la vraie nature de l'anesthésie systématique. Entre dix cartons d'apparence semblable, nous en montrons un à la somnambule, en lui suggérant qu'elle ne le verra pas à son réveil, mais qu'elle verra et reconnaîtra tous les autres. Au réveil, nous lui présentons les dix cartons, elle les prend tous, sauf celui que nous lui avons montré pendant le somnambulisme, et que nous avons rendu invisible par suggestion. Comment le sujet peut-il arriver à exécuter une suggestion aussi compliquée ? Comment se fait-il qu'il ne confonde pas le carton invisible avec les autres ? Il faut bien qu'il le reconnaisse ; s'il ne le reconnaissait pas, il ne le verrait pas : d'où cette conclusion en apparence paradoxale que le sujet est obligé de reconnaître l'objet invisible pour ne pas le voir.

On peut du reste montrer très facilement la nécessité de ce travail de perception, de comparaison et de reconnaissance ; car lorsque les cartons sont trop pareils, les confusions sont fréquentes, et elles le sont encore plus si on ne montre qu'un coin des cartons. Le sujet voit si bien le carton que si on lui donne la suggestion de ne pas voir au réveil le carton sur lequel on écrit le mot « invisible », malgré la contradiction apparente que renferme cette suggestion, elle peut être parfaitement exécutée.

Donc, dans les faits de ce genre, il ne peut être question de paralysie vraie et de perception abolie ; il y a toujours un raisonnement inconscient qui précède, prépare et guide le phénomène d'anesthésie ; la perception de l'objet interdit continue à se faire, mais elle devient inconsciente.

Telle est la conclusion à laquelle nous nous sommes arrêtés ; et il convient d'ajouter que nous y avons été rejoints par M. Paul Richer, qui faisait vers la même époque des recherches sur cette question, et qui a imaginé des expériences analogues aux nôtres. De son côté, un psychologue américain que nous avons plusieurs fois cité, M. William James, a fait quelques remarques intéressantes qui confirment et complètent les précédentes[98]. On fait un trait de plume sur une feuille blanche et on commande à son sujet de ne pas le voir ; docile à cet ordre, il ne voit que la feuille blanche ; si on double le trait de plume en plaçant devant un de ses yeux un prisme de seize degrés, il dira qu'il voit un trait de plume, celui dont l'image est déviée. Ce résultat est bien curieux. Le sujet ne paraît aveugle que pour un seul trait de plume, qui occupe une position fixe sur la feuille de papier ; c'est cependant une des images de ce trait de plume qui est déviée par le prisme, et s'il la perçoit, c'est probablement qu'il ne la reconnaît pas comme étant celle qu'on lui a défendu de voir. L'expérience peut être continuée. Les deux yeux de la personne sont restés jusqu'ici ouverts ; si on ferme l'œil devant lequel le prisme n'a pas été placé, le sujet continue à voir le trait à travers le prisme ; la fermeture de cet œil ne produit pas de modification ; mais si alors on enlève le prisme, le trait disparaît même pour l'œil qui continuait à le voir à travers cet instrument ; ce que j'expliquerai encore en disant que le sujet vient de reconnaître l'objet invisible, quand celui-ci a repris sa position primitive, et que l'ayant reconnu, il se hâte d'obéir à la suggestion en ne le percevant pas.

Tout ce qui précède nous montre de la façon la plus claire que le sujet se comporte comme une personne qui a le désir, la volonté de ne pas voir l'objet invisible ; il s'arrange pour ne pas le percevoir, il s'y applique ; et il cherche surtout à ne pas le confondre avec d'autres dont la perception lui est laissée ; il le distingue des autres, le reconnaît ; mais parfois, il se laisse tromper, il ne le reconnaît pas, et alors il le perçoit.

Si réellement le sujet faisait ce travail avec conscience — et peut-être y en a-t-il qui ont conscience de tout cela, — le phénomène serait assez simple à comprendre ; le sujet serait docile à la suggestion, sans en être la dupe, il mettrait toute sa bonne volonté à exécuter ce qu'on lui demande, il jouerait en quelque sorte la comédie pour le bon motif. Mais si on y regarde avec soin, on s'aperçoit que ce travail mental préliminaire de perception et de reconnaissance n'est point conscient ; si on demande au sujet ce qui se passe en lui quand on lui présente l'objet invisible, il ne peut donner aucun renseignement ; il ne voit rien, il ne peut pas en dire davantage. Voilà du moins ce que j'ai constaté chez un hystérique très intelligent, que j'avais averti de la suggestion que je lui avais donnée.

Résumons-nous donc en disant que l'anesthésie systématique est précédée d'un certain nombre de phénomènes psychologiques inconscients.

Continuons. L'objet invisible a été perçu et reconnu. Que se passe-t-il ensuite ? Une fois que la perception et la reconnaissance ont eu lieu, on pourrait supposer que tout cela est oublié, que le sujet redevient absolument aveugle et sourd, et que l'anesthésie est complète. Il n'en est rien ; la perception de l'objet continue, seulement elle se fait encore d'une manière inconsciente. C'est ce que vont nous montrer les expériences de M. Bernheim.

Ici se place un fait assez curieux. Il est toujours intéressant de voir des auteurs faire des expériences qui confirment des thèses qu'ils ont combattues ou qu'ils seraient disposés à combattre. On connaît la position prise dès la première heure par M. Bernheim dans les études sur l'hypnotisme. Cet auteur soutient avec une très grande force, mais sans restriction et sans nuance, la théorie de la suggestion ; pour lui, la suggestion est la clef de tous les phénomènes hypnotiques, elle explique tout et suffit à tout. Il y a dans ses ouvrages ce qu'un peintre appellerait un grand parti pris de simplification ; et je suis persuadé que ce caractère est la raison véritable du succès de ses idées. Or, nous allons voir que l'expérience imaginée par M. Bernheim confirme d'une part les nôtres, et suppose d'autre part que le sujet renferme plusieurs foyers de conscience.

C'est un fait d'observation que quand la suggestion inhibitoire a été bien donnée, le sujet n'a la perception consciente de rien de ce qui se passe autour de lui ; il peut devenir aveugle et sourd au point de subir sans protester un simulacre d'attentat aux mœurs. M. Bernheim a pu néanmoins se convaincre que, malgré les apparences, le sujet ne perd rien de ce qui se passe ; et la preuve, c'est que si on le rendort, si on lui donne la suggestion rétrospective qu'il a tout vu, et tout entendu, et qu'on lui commande avec énergie de raconter la scène, il arrive à la décrire avec la fidélité d'un témoin attentif qui n'a laissé échapper aucun détail.

Nous reproduisons textuellement les expériences de l'auteur[99] :

« Élise B…, âgée de dix-huit ans, domestique, est affectée de sciatique. C'est une jeune fille honnête, de conduite régulière, d'intelligence moyenne, ne présentant, en dehors de sa sciatique, aucune manifestation, aucun antécédent névropathique.

« Elle a été, dès la première séance, très facile à mettre en somnambulisme, avec hallucinabilité hypnotique et post-hypnotique et amnésie au réveil. Je développe chez elle facilement une hallucination négative. Je lui dis, pendant son sommeil : « À votre réveil, vous ne me verrez plus ; je serai parti. » À son réveil, elle me cherche des yeux et ne paraît pas me voir. J'ai beau lui parler, lui crier dans l'oreille, lui introduire une épingle dans la peau, dans les narines, sous les ongles, appliquer la pointe de l'épingle sur la muqueuse oculaire ; elle ne sourcille pas. Je n'existe plus pour elle, et toutes les impressions acoustiques, visuelles, tactiles, etc., émanant de moi, la laissent impassible ; elle ignore tout. Aussitôt qu'une autre personne la touche, à son insu, avec une épingle, elle perçoit vivement et retire le membre piqué.

« J'ajoute, en passant, que cette expérience ne réussit pas avec la même perfection chez tous les somnambules. Beaucoup ne réalisent pas les suggestions sensorielles négatives ; d'autres ne les réalisent qu'en partie. Certains, par exemple, quand j'ai affirmé qu'ils ne me verront pas à leur réveil, ne me voient pas ; mais ils entendent ma voix, ils sentent mes impressions tactiles. Les uns sont étonnés de m'entendre et de se sentir piqués, sans me voir ; les autres ne cherchent pas à se rendre compte ; d'autres enfin croient que cette voix et cette sensation émanent d'une autre personne présente. Ils récriminent violemment contre elle ; cette personne a beau protester que ce n'est pas elle et chercher à le leur démontrer, ils restent convaincus que c'est elle.

« On arrive parfois à rendre l'hallucination négative complète pour *toutes les sensations* en faisant la suggestion ainsi : « À votre réveil, si je vous touche, si je vous pique, vous ne le sentirez pas ; si je vous parle, vous ne m'entendrez pas. D'ailleurs, vous ne me verrez pas ; je serai parti. » Quelques sujets arrivent ainsi, à la suite de cette suggestion détaillée, à neutraliser toutes leurs sensations ; d'autres n'arrivent à neutraliser que la sensation visuelle, toutes les autres suggestions sensorielles négatives restant inefficaces.

« La somnambule dont je parle réalisait tout à la perfection. Logique dans sa conception hallucinatoire, elle ne me percevait en apparence par aucun sens. On avait beau lui dire que j'étais là, que je lui parlais ; elle était convaincue qu'on se moquait d'elle. Je la fixe avec obstination et je lui dis : « Vous me voyez bien ; mais vous faites comme si vous ne me voyiez pas ! vous êtes une farceuse, vous jouez la comédie ! » Elle ne bronche pas et continue à parler aux autres personnes. J'ajoute, d'un air convaincu : « D'ailleurs, je sais tout ! Je ne suis pas votre dupe ! Vous êtes une mauvaise fille. Il y a deux ans déjà, vous avez eu un enfant et vous l'avez fait disparaître ! Est-ce vrai ? On me l'a dit ! » Elle ne sourcille pas ; sa physionomie reste placide. Désirant voir, dans un intérêt médico-légal, si un abus grave peut être commis à la faveur d'une hallucination négative, je soulève brusquement sa robe et sa chemise ; cette jeune fille est de sa nature très pudibonde. Elle se laisse faire sans la moindre rougeur à la face. Je lui pince le mollet et la cuisse ; elle ne manifeste absolument rien. Je suis convaincu que le viol pourrait être commis sur elle dans cet état, sans qu'elle oppose la moindre résistance.

« Cela posé, je prie mon chef de clinique de l'endormir et de lui suggérer que je serai de nouveau là, au réveil. Ce qui a lieu, en effet. Elle me voit de nouveau et ne se souvient de rien. Je lui dis : « Vous m'avez vu tout à l'heure ! Je vous ai parlé. » Étonnée, elle me répond : « Mais non, vous n'étiez pas là ! — J'y étais ; je vous ai parlé. Demandez à ces messieurs. — J'ai bien vu ces messieurs. M. P. voulait me soutenir que vous étiez là ! Mais c'était pour rire !

TROISIÈME PARTIE

Vous n'y étiez pas ! — Eh bien ! lui dis-je, vous allez vous rappeler tout ce qui s'est passé pendant que je n'y étais pas, tout ce que je vous ai dit, tout ce que je vous ai fait ! — Mais vous n'avez rien pu me dire, ni faire, puisque vous n'étiez pas là ! » J'insiste d'un ton sérieux et, la regardant en face, j'appuie sur chaque parole : « Je n'y étais pas, c'est vrai ! Vous allez vous rappeler tout de même. » Je mets ma main sur son front et j'affirme : « Vous vous rappelez tout, absolument tout ! Là ! Dites vite ! Qu'est-ce que je vous ai dit ? » Après un instant de concentration, elle rougit et dit : « Mais non, ce n'est pas possible : vous n'étiez pas là ! Je dois avoir rêvé ! — Eh bien ! qu'est-ce que je vous ai dit dans ce rêve ? » Elle ne veut pas le dire, honteuse ! J'insiste. Elle finit par me dire : « Vous m'avez dit que j'avais eu un enfant ! — Et qu'est-ce que je vous ai fait ? — Vous m'avez piquée avec une épingle ! — Et puis ? » Après quelques instants : « Mais non, je ne me serais pas laissée faire ! C'est un rêve ! — Qu'est-ce que vous avez rêvé ? — Que vous m'avez découvert, etc. »

« J'arrive ainsi à évoquer le souvenir de tout ce qui a été dit et fait par moi pendant qu'elle était censée ne pas me voir ! Donc, elle m'a vu en réalité, elle m'a entendu, malgré son inertie apparente. Seulement, convaincue par la suggestion que je ne devais pas être là, sa conscience restait fermée aux impressions venant de moi, ou bien son esprit neutralisait au fur et à mesure qu'elles se produisaient les perceptions sensorielles ; il les effaçait, et cela si complètement, que je pouvais torturer le sujet physiquement, et moralement ; elle ne me voyait pas, elle ne m'entendait pas ! Elle me voyait avec les yeux du corps, elle ne me voyait pas avec les yeux de l'esprit. Elle était frappée de cécité, de surdité, d'anesthésie psychiques pour moi ; toutes les impressions sensorielles émanant de moi étaient bien perçues, mais restaient inconscientes pour elle. C'est bien une hallucination négative, illusion de l'esprit sur les phénomènes sensoriels.

« Cette expérience, je l'ai répétée chez plusieurs sujets susceptibles d'hallucinations négatives. Chez tous j'ai pu constater que le souvenir de tout ce que les sens ont perçu pendant que l'esprit effaçait, a pu être reconstitué. »

Ces expériences, d'une simplicité remarquable, sont de celles qui montrent le mieux le dédoublement de la conscience du sujet, au moment où il obéit à certaines suggestions. Comment pourrait-on comprendre en effet qu'une personne se rappelle avec tant de vérité ce qu'on lui a défendu de voir, s'il n'y a pas eu quelque part en elle, pendant toute la durée de l'expérience, quelqu'un qui était attentif aux choses interdites ? Il s'est produit évidemment toute une série de perceptions inconscientes, retenues ensuite par une mémoire inconsciente ; et l'expérimentateur n'a point donné à son sujet l'idée de tout cela ; il n'y a pas pensé lui-même ; il s'est borné à imposer de toutes ses forces l'idée de ne pas voir, il n'a point in-diqué comment cette prohibition devait être exécutée. Il s'est donc passé dans cette expérience de suggestion quelque chose qui n'est pas de la suggestion, et qui consiste en un dédoublement de la per-sonnalité du sujet. Nous ne forçons pas beaucoup l'interprétation des faits en disant que M. Bernheim vient ici, bon gré mal gré, ap-porter sa pierre à la théorie de la désagrégation mentale.

Nous trouvons maintenant à citer de curieuses observations de M. Liégeois, un jurisconsulte de Nancy, qui travaille avec M. Liébeault et M. Bernheim et partage la plupart de leurs idées. Les études qu'il a faites sur ce qu'on appelle à Nancy l'hallucination négative con-duisent à la même conclusion que celles de M. Bernheim ; elles ne s'expliquent pas si on ne fait pas l'hypothèse que l'individu sugges-tionné contient à un certain moment deux personnalités distinc-tes. M. Liégeois a eu l'avantage de voir clairement cette conclusion ; il l'a comprise, il l'a même proclamée, et il a cru qu'il décrivait un état psychologique nouveau. Il est vrai qu'à cette époque les expéri-ences de M. Pierre Janet, dont il nous reste à parler, avaient été déjà publiées dans la *Revue philosophique* ; mais M. Liégeois n'y fait pas allusion, et très probablement il ne les connaissait pas.

Voici comment on peut résumer ses expériences : il donne à une personne en somnambulisme la suggestion qu'au réveil elle ne pourra ni le voir ni l'entendre, ni le percevoir d'aucune fa-çon ; la suggestion s'exécute correctement ; au réveil, la som-nambule ne le voit pas et ne lui répond pas quand il lui parle ; l'anesthésie, dans l'observation rapportée, était même si complète que l'expérimentateur pouvait enfoncer une épingle dans le bras de son sujet sans que l'épingle fût vue ou provoquât de la douleur ; le sujet avait cependant toute sa sensibilité, mais il était tellement dominé par la suggestion qu'il ne percevait rien de ce qui provenait de la personne rendue invisible. M. Liégeois s'aperçut cependant qu'il avait un moyen de rester en communication avec cette personne ; c'était de lui parler d'une façon impersonnelle, de lui dire par exemple : « X… a soif, X… a faim, X… veut se promener. » Le sujet paraît ne rien entendre, mais au bout de quelques minutes, il exécute l'acte indiqué ; il l'exécute sans avoir conscience de ce qu'il fait, en tout cas sans en garder le souvenir ; car si quelqu'un des assistants lui demande ce qu'il a fait, il ne peut pas en rendre compte. Si nous rappelons ces phénomènes d'inconscience, ce n'est pas qu'ils présentent pour nous quelque chose d'intéressant ou de bien nouveau ; l'important est de voir qu'un expérimentateur non prévenu arrive exactement au même résultat que d'autres. M. Liégeois, interprétant ses expériences, dit : « Ceci montre que pendant l'hallucination négative le sujet voit ce qu'il paraît ne pas voir et entend ce qu'il paraît ne pas entendre. Il y a en lui deux personnalités ; un Moi inconscient qui voit et qui entend, et un Moi conscient qui ne voit pas et n'entend pas[100]… » Je pense inutile d'insister. Je ne suis pas le premier à constater l'intérêt de cette coïncidence ; elle a déjà frappé un grand nombre de personnes, même celles qui sont étrangères à ces études. Je me contente de citer *in extenso* une des expériences de M. Liégeois.

« Je n'existe plus pour Mme M…, à qui M. Liébeault a, sur ma demande, suggéré que, une fois éveillée, elle ne me verra, ni ne m'entendra plus. Je lui adresse la parole, elle ne me répond pas ; je me place devant elle, elle ne me voit pas ; je la pique avec une épingle, elle ne ressent aucune douleur ; on lui demande où je suis, elle dit qu'elle l'ignore, que sans doute je suis parti, etc.

« J'imagine alors de faire à haute voix des suggestions à cette personne, à qui je semble être devenu totalement étranger, et, chose singulière, elle obéit à ces suggestions.

« Je lui dis de se lever, elle se lève ; de s'asseoir, elle s'assied ; de tourner ses mains l'une autour de l'autre, elle les tourne.

« Je lui suggère un mal de dents, et elle a mal aux dents ; un éternuement, et elle éternue ; je dis qu'elle a froid, et elle grelotte ; qu'elle doit aller près du poêle, dans lequel il n'y a d'ailleurs pas de feu, et elle y va, jusqu'à ce que je lui dise qu'elle a chaud, et alors elle se trouve bien. Pendant tout ce temps, elle est, pour tous les assistants, aussi complètement éveillée qu'eux-mêmes ; interrogée par eux, elle répond que je suis absent, elle ne sait pas pourquoi ; peut-être vais-je revenir tout à l'heure, etc. Interpellée par moi, en mon nom personnel, toutes mes demandes restent sans réponse. Elle ne réalise que les idées que j'exprime impersonnellement, si je puis ainsi parler, et comme si elle les tirait de son propre fonds ; c'est son *moi* inconscient qui la fait agir, et le *moi* conscient n'a aucune notion de l'impulsion qu'elle reçoit du dehors.

« L'expérience me parut assez intéressante pour être renouvelée avec un autre sujet, et voici le résumé succinct des épreuves et des vérifications faites quelques jours plus tard avec la jeune Camille S…

« Camille S…, dix-huit ans, est une très bonne somnambule ; M. Liébeault et moi, nous la connaissons depuis près de quatre ans ; nous l'avons endormie souvent ; nous l'avons toujours trouvée d'une entière bonne foi : elle nous inspire, en un mot, toute confiance. Cette constatation était nécessaire, on va le voir, pour donner quelque poids aux singuliers résultats que j'ai obtenus, et qui confirment d'ailleurs absolument la première observation concernant Mme M…

« M. Liébeault endort Camille, et sur ma demande, il lui suggère qu'elle ne me verra ni ne m'entendra plus, puis il me laisse expérimenter à ma guise. Réveillé, le sujet est en rapport avec tout le monde ; seul, je n'existe pas pour lui ; mais, ainsi que je vais le démontrer, cela n'est pas tout à fait exact : il y a en lui comme deux personnalités, dont l'une me voit, quand l'autre ne me voit pas, et m'entend, quand l'autre ne fait aucune attention à mes paroles.

« D'abord je m'assure de l'état de la sensibilité : chose curieuse, celle-ci existe au regard de tous les assistants et n'existe pas pour tout ce qui vient de moi ; si on la pique, elle retire vivement son bras ; si je la pique, elle ne sent rien ; je lui plante des épingles qui restent suspendues à ses bras, à sa joue, elle n'accuse aucune sensation, elle ne les voit même pas.

« Ce fait d'anesthésie, non pas réelle, mais personnelle en quelque sorte, est déjà assurément fort singulier ; il est, si je ne me trompe, tout à fait nouveau. De même, si je place un flacon d'ammoniaque sous son nez, elle ne le repousse pas ; elle s'en éloigne, au contraire, si c'est une main étrangère qui le lui présente.

« Nous allons voir maintenant — toujours pendant qu'*elle ne peut, en apparence du moins, ni me voir ni m'entendre* — se dérouler à peu près toute la série des suggestions qui peuvent être faites à l'état de veille. Je les résume, ainsi qu'il suit, d'après les notes que j'ai prises, au moment même, le 14 juin 1888.

« Je rappelle, en tant que de besoin, que, si je m'adresse directement à Camille S…, si je lui demande, par exemple, comment elle va, depuis quand elle n'est pas venue, etc., sa physionomie reste impassible : elle ne me voit, ni ne m'entend ; au moins n'en a-t-elle pas conscience.

« Je procède alors, comme je l'ai dit tout à l'heure, impersonnellement ; parlant, non pas en mon nom, mais comme s'il s'agissait d'une voix intérieure, exprimant des pensées que le sujet tirerait de son propre fonds. Et alors l'automatisme somnambulique se montre, sous cette forme nouvelle et imprévue, aussi complet que sous toute autre déjà connue.

« Je dis à haute voix : « Camille a soif ; elle va aller demander, à la cuisine, un verre d'eau qu'elle apportera sur cette table. » Elle semble n'avoir rien entendu, et cependant, au bout de quelques instants, elle fait la démarche indiquée et l'accomplit avec l'allure vive et impétueuse déjà plusieurs fois signalée chez les somnambules. On lui demande pourquoi elle a apporté le verre qu'elle vient de poser sur la table ; elle ne sait ce qu'on veut lui dire ; elle n'a pas bougé ; il n'y a là aucun verre.

« Je dis : « Camille voit le verre ; mais ce n'est pas de l'eau comme on veut le lui faire croire ; c'est du vin, il est très bon, elle va le boire et il lui fera du bien. » Elle exécute ponctuellement l'ordre donné ; puis aussitôt elle a tout oublié.

« Je lui fais dire successivement des paroles peu convenables : « Coquin de sort ! Cré nom d'un chien ! Cr… » et elle répète tout ce que je lui ai suggéré, perdant d'ailleurs instantanément le souvenir de ce qu'elle vient de dire.

« À M. F…, qui s'étonne de ces faits, qui lui reproche ces propos inconvenants elle dit : « Mais je n'ai pas prononcé ces vilains mots ; pour qui me prenez-vous ? vous rêvez, vous êtes donc fou ? »

« Elle me voit sans me voir. En voici la preuve. Je dis : « Camille va s'asseoir sur le genou de M. L… » ; aussitôt, elle s'y jette violemment et déclare, sur interpellation, qu'elle est toujours sur le banc où elle s'est placée un moment auparavant.

« M. Liébeault m'adresse la parole ; comme elle ne me voit pas et ne m'entend pas *consciemment*, elle s'en étonne et alors elle engage avec lui un colloque où je joue le rôle de souffleur ; mais d'un souffleur qui serait logé dans son cerveau même. C'est moi qui lui suggère toutes les paroles suivantes, qu'elle prononce, convaincue qu'elle exprime sa pensée propre :

« Monsieur Liébeault, vous parlez donc aussi au mur maintenant ? Il faudra que je vous endorme pour vous guérir ; nous changerons ainsi de rôle, etc. »

« Monsieur F…, comment va votre bronchite ? »

« M. F… lui demande pourquoi et comment elle dit tout cela. Et elle de répondre, après que je lui ai soufflé :

« Mais comment voulez-vous que cela me vienne ? comme à tout le monde. Comment les idées vous viennent-elles à vous-même ? » et elle continue à développer le thème que je lui ai donné.

« Elle paraît être dans un état absolument normal et tient tête à tous les assistants avec beaucoup de présence d'esprit. Seulement, elle intercale, au milieu de sa conversation, les phrases que je suscite dans son esprit et qu'elle fait siennes inconsciemment.

« Ainsi, pendant qu'elle discute avec M. F…, à qui elle dit qu'elle le conduira à Maréville[101], son interlocuteur ayant objecté : « Mais je ne suis pas fou ? » elle lui répond : « Tous les fous disent qu'ils ne sont pas fous ; vous dites que vous n'êtes pas fou, donc vous êtes fou. » Elle est très fière de son syllogisme et ne se doute pas qu'elle vient de me l'emprunter.

« Voulant m'assurer, une fois de plus, qu'elle me voit sans en avoir conscience, je dis : « Camille va prendre dans la poche du gilet de M. L… un flacon dans lequel il y a de l'eau de Cologne, elle le débouchera et en appréciera la délicieuse odeur. » Elle se lève, vient droit à moi, cherche d'abord à gauche, puis à droite, prend dans ma poche un flacon d'ammoniaque, le débouche et en aspire avec plaisir les émanations. Il faut que je le lui retire des mains.

« Puis, toujours par suggestion, elle me défait mon soulier droit.

TROISIÈME PARTIE

M. F… lui dit : « Qu'est-ce que vous faites là ? Vous ôtez à M. L… un de ses souliers ! » Elle est offusquée : « Mais à quoi pensez-vous ? M. L… n'est pas là, je ne puis donc lui ôter son soulier. Mais vous êtes donc encore plus fou que tout à l'heure ! » Et comme M. F… lève les bras au ciel en me parlant, Camille s'écrie : « Décidément, il faudra que je vous conduise à Maréville. C'est dommage ! Pauvre M. F… ! » Celui-ci ne se tient pas pour battu : « Mais enfin, ce soulier que vous tenez là, qu'est-ce que c'est ? » Je viens au secours de mon sujet, et je dis : « C'est un soulier que Camille doit essayer, elle n'a pu le faire ce matin chez elle, parce que son cordonnier lui a manqué de parole ; il s'est enivré, et il vient de l'apporter seulement tout à l'heure ; elle va l'essayer ici même. »

« Tout cela est accepté, répété exactement, exécuté ponctuellement, toujours comme par une inspiration spontanée. Par convenance, elle se tourne vers le mur pour essayer mon soulier ; elle le trouve un peu large, parce que je dis qu'il est un peu large et me le remet, parce que je dis qu'elle doit me le remettre.

« Enfin, sur ma suggestion, elle reporte le verre à la cuisine ; à son retour, interrogée par M. F…, elle déclare qu'elle n'est pas sortie de la pièce où nous nous trouvons ; qu'elle n'a rien bu, qu'il n'y a jamais eu de verre entre ses mains. Vainement on lui montre le cercle humide que le pied du verre a laissé sur la table ; ce cercle, elle ne le voit pas, il n'y en a pas, on veut lui en faire accroire ! et alors, pour prouver son dire, elle passe, à plusieurs reprises, la main sur la table, faisant voler, sans les voir, les feuilles sur lesquelles je prends des notes et qui participent à mon privilège d'invisibilité ; nul doute que, s'il y avait eu là un encrier, il n'eût été projeté sur le parquet.

« Pour mettre fin à cette série d'épreuves, je dis à haute voix : « Camille, vous allez me voir et m'entendre. Je vous souffle sur les yeux. Vous vous portez maintenant fort bien. » Je suis à trois mètres d'elle, mais la suggestion opère ; Camille passe, sans transition apparente, de l'état d'hallucination négative dans lequel l'avait plongée M. Liébeault, à l'état normal qui, pour elle, naturellement, s'accompagne d'une amnésie complète. Elle n'a aucune notion de tout ce qui vient de se passer ; ces expériences nombreuses, variées de toute façon, ces hallucinations, ces paroles, ces actes dans lesquels elle a joué le principal rôle, tout cela est oublié, tout cela, c'est pour elle le néant absolu. »

Les expériences de M. Pierre Janet sur cette question ne diffèrent pas de celles de M. Liégeois par le fond, mais la forme en est plus curieuse et plus savante ; M. Liégeois n'est amené que par le raisonnement à admettre une dualité de personne ; M. Janet nous fait voir le dédoublement ; il nous fait assister au travail de deux consciences qui restent distinctes et qui s'ignorent.

Les procédés employés pour mettre en lumière la seconde conscience sont variés, mais le plus simple et le plus direct est toujours celui de la distraction. Nous en avons déjà tant parlé qu'il est oiseux d'insister longuement. Rappelons seulement qu'on occupe l'attention du sujet sur un point, par exemple en le faisant causer avec une autre personne, et que pendant qu'il est dans cet état de distraction, on lui parle à voix basse, et on convient avec lui qu'il répondra aux questions par l'écriture ; de cette façon, sa personnalité se scinde en deux ; il y a une conscience qui parle avec le premier interlocuteur, et une autre conscience qui échange des idées avec le second. Par ce procédé, l'expérimentateur peut connaître la seconde conscience, apprécier ses facultés et savoir en particulier ce qu'elle perçoit du monde extérieur. Si on opère pendant que le sujet a reçu une suggestion d'anesthésie systématique, on peut reconnaître facilement que la perception interdite a pris place dans la seconde conscience, et que tandis que la personnalité prime, celle qui parle, ne sait rien de l'objet invisible, la personnalité seconde peut souvent le décrire dans tous ses détails.

M. Pierre Janet est arrivé à faire cette observation, en appliquant la suggestion d'anesthésie à un objet pris dans une collection d'objets semblables ; c'est du reste cette forme d'expérience qui est la plus instructive, car elle montre mieux que les autres combien l'anesthésie systématique a un mécanisme compliqué. Voici par exemple un sujet en somnambulisme auquel on montre cinq cartes blanches dont deux sont marquées d'une petite croix ; on lui donne l'ordre de ne plus voir au réveil les cartes marquées d'une petite croix. Tandis que le sujet, c'est-à-dire sa personnalité principale obéit à la suggestion et voit au réveil seulement les trois cartes blanches, la seconde personnalité se comporte tout autrement ; si on lui parle à voix basse et qu'on lui demande de décrire ce qu'il y a sur les genoux, elle répond qu'il y a deux cartons marqués d'une petite croix. La même épreuve peut être répétée en substituant aux croix des points de repère beaucoup plus compliqués, qui exigeront pour être reconnus un calcul ; par exemple, on peut suggérer au sujet de ne pas voir les carrés de papier, qui portent un chiffre pair, ou un multiple de six, etc. Le résultat de ces expériences est exactement le même que celui des précédentes, bien que la seconde conscience ne puisse pas se borner à un simple coup d'œil pour reconnaître la carte que l'autre conscience ne doit pas voir. Ceci nous prouve que cette seconde conscience peut faire acte de raisonnement. On a en outre varié les expériences de mille façons et toujours obtenu à peu près le même résultat.

Il est intéressant de remarquer à ce propos qu'il est possible, au moins chez certaines personnes, de provoquer de l'anesthésie systématique sans la suggérer directement. Quand on a donné un ordre en somnambulisme, et que cet ordre doit être exécuté à l'état de veille, il arrive souvent, comme nous l'avons déjà dit plus haut, que pendant l'exécution de l'acte la personne se dédouble ; une des consciences exécute l'acte, et l'autre conscience, la conscience principale de la veille, reste étrangère à l'expérience[102]. Le bras peut se lever, la main peut exécuter une opération compliquée sans que le moi normal en soit averti ; on a vu parfois des sujets qui font ainsi une promenade sans s'en douter. Or, ce sont là de remarquables exemples d'anesthésie systématique, produits par une voie indirecte, par une suggestion post-hypnotique. Celle-ci s'adresse au personnage inconscient ; c'est lui qu'elle regarde, au moins chez les sujets dont nous parlons, de même que c'est lui qui, dans les cas où l'on suggère directement l'anesthésie, accapare les perceptions interdites ; il n'est donc pas étonnant que le résultat soit à peu près le même[103].

Il y a sans doute quelques différences psychologiques entre les deux expériences, car la suggestion n'est pas donnée de la même façon ; dans un cas, on suggère au sujet de ne pas voir, on lui fait une défense, on emploie une suggestion négative ; et dans l'autre cas, on suggère au sujet d'exécuter un acte, on lui donne une suggestion positive ; mais nous n'avons pas à insister sur des différences accessoires, car notre but est principalement de rapprocher des faits de même genre, et de faire saisir des analogies importantes.

Après toute la série d'études précédentes, on arrive à cette proposition que dans la suggestion d'anesthésie la perception n'est point supprimée, détruite, mais elle peut être retrouvée comme faisant partie d'une autre conscience. C'est absolument la conclusion à laquelle nous avait déjà conduit l'étude de l'insensibilité hystérique spontanée, et on aurait pu prévoir cette conclusion *a priori*, en se fondant sur cette simple considération que l'anesthésie systématique ne diffère que par la forme de l'anesthésie spontanée. Mais nous avons préféré montrer qu'on peut atteindre ce résultat en employant une méthode différente.

III

Il nous reste maintenant à critiquer et à modifier légèrement la conclusion à laquelle nous venons d'arriver ; il ne nous semblerait pas tout à fait exact d'admettre que toute suggestion d'anesthésie systématique a pour effet direct de créer un dédoublement de la personnalité et de faire passer d'une personnalité A à la personnalité B la perception frappée d'interdit. Ce n'est évidemment pas là ce que les auteurs précédents ont affirmé, et les faits se présentent sous un jour un peu différent.

La nature du phénomène dépend beaucoup, à ce qu'il nous semble, de la préparation psychologique qu'on a fait subir à la personne sur laquelle on expérimente. Si cette personne a été fréquemment hypnotisée, si elle offre tous les phénomènes de la désagrégation mentale, si elle possède déjà un personnage subconscient bien organisé et toujours prêt à entrer en action, il est bien possible que ce personnage, qui est aux écoutes pendant l'expérience, comprenne ce qu'on veut, se jette en quelque sorte sur la perception de l'objet invisible, et s'en empare. C'est bien ainsi que les choses se passent chez les sujets de M. Pierre Janet ; et je n'en veux pour preuve que cet échantillon de dialogue échangé entre l'opérateur et son sujet. On a défendu à Lucie de voir les cartons marqués d'une croix. « À ce moment, dit l'auteur, je m'éloigne d'elle, et profitant d'un instant de distraction suffisant, je commande de prendre un crayon et d'écrire ce qu'il y a sur les genoux. La main droite écrit : « Il y a deux papiers marqués d'une petite croix. — Pourquoi Lucie ne me les a-t-elle pas remis ? — Elle ne peut pas, elle ne les voit pas. »

Qu'on analyse cette dernière réponse, et qu'on juge de sa complexité. Nous avons ici un personnage subconscient qui non seulement se rend compte de ce qu'il voit, mais juge l'autre personnage, le conscient, sait ce que celui-ci peut voir, peut dire et peut faire. Un tel développement psychique a dû être le terme d'un entraînement véritable ; il a fallu que le sujet eût fréquemment l'occasion de se dédoubler pour le faire avec cette rigueur. Après tout, si le phénomène n'avait pas présenté ce grossissement artificiel, on ne l'aurait pas reconnu. Mais je suis persuadé que lorsqu'on essaye pour la première fois chez une personne qui n'a pas eu l'occasion de se dédoubler une suggestion d'anesthésie systématique, il ne se produit rien de pareil ; une certaine perception se trouve exclue de la sphère d'une conscience, et c'est tout ; cette exclusion est le fait principal. Que devient cet état psychologique ? Reste-t-il isolé ? Ou bien est-il recueilli par une seconde personnalité naissante ? Voilà ce qui me paraît très variable.

Ces réflexions me conduisent à rappeler ce que j'ai pu voir moi-même sur les hystériques dont j'ai étudié pendant la veille les mouvements inconscients par anesthésie. On se rappelle que nous avons montré maintes fois que l'anesthésie peut avoir pour effet d'isoler des phénomènes psychologiques comme le fait un état de distraction. Ce sont deux procédés parallèles. Il est donc logique de chercher chez les sujets auxquels on a donné des suggestions négatives si les mouvements subconscients par anesthésie peuvent fournir quelque renseignement sur la perception de l'objet invisible.

Les résultats sont cependant assez différents. Nous avons vu quelle réponse fait le personnage inconscient dans les expériences de distraction ; l'écriture du sujet anesthésique ne répond pas toujours de même. Voici à peu près quelle distinction il faut faire. Si la suggestion inhibitoire a consisté à suspendre complètement la perception d'un objet, si par exemple on a dit au sujet qu'il ne verra plus aucun des caractères d'une page imprimée, il peut arriver que la main anesthésique reproduise ces caractères, témoignant ainsi que le personnage subconscient continue à les percevoir ; ou bien la main, traduisant l'état dominant du sujet, se bornera à écrire indéfiniment : « Je ne vois pas, je ne vois pas. » Lorsque la suggestion a opéré en transformant l'objet, lorsqu'on a par exemple suspendu la vision d'une photographie en inculquant l'idée que la photographie représente toute autre chose, alors c'est cette vision hallucinatoire qui se trouve retracée par l'écriture automatique.

Ainsi, les résultats sont un peu moins simples que dans l'état de distraction ; nous avons vu déjà pareil fait se reproduire plusieurs fois. La division de conscience produite pendant un état de distraction a un caractère plus net, plus tranché, plus systématique que celle qui dérive de l'anesthésie, et les consciences séparées le sont si bien que souvent elles cessent de communiquer. Au contraire, dans l'anesthésie, la communication persiste, et tout état important qui se trouve dans une des consciences a une tendance à rayonner sur les autres. Ceci nous explique assez bien pourquoi, lorsqu'on recouvre un portrait par l'hallucination d'un autre portrait, c'est cette hallucination, suggérée à la conscience principale, qui envahit les sous-consciences.

Je ne veux point quitter cette question de l'anesthésie systématique, une des plus importantes que nous ayons eu à examiner, sans dire encore un mot des obscurités qu'elle présente. Malgré la grande valeur des résultats acquis, nous sommes loin de pouvoir décrire d'un bout à l'autre toute la série de phénomènes qui doivent se produire depuis le moment où la suggestion est donnée jusqu'à celui où elle se réalise. Ce que nous connaissons assez bien, c'est le point d'arrivée, le résultat final, c'est-à-dire la dissociation. Mais nous ignorons comment la perception d'un objet et les divers souvenirs qui s'y rattachent ont opéré leur migration de la conscience A dans la conscience B.

Nous avons vu plus haut, au moyen de beaucoup d'expériences, que pour cesser de voir un objet et celui-là seulement, une personne doit commencer par le percevoir et le reconnaître, de quelque façon que ce soit, et le rejet de cette perception ne peut avoir lieu que lorsqu'elle est déjà commencée. De plus, au fur et à mesure que l'expérience se poursuit, si l'expérimentateur modifie l'objet invisible, comme il le fait par exemple en interposant un prisme devant les yeux de son sujet (exp. de M. William James), il faut encore qu'une intelligence intervienne et décide si l'objet ainsi modifié doit être perçu ou non. Tout ce travail de contrôle est nécessaire ; sans cela la suggestion serait exécutée à l'aveugle, c'est-à-dire fort mal. Or, qui est-ce qui est chargé de ce travail de contrôle ? Quelle est l'intelligence qui décide à tout moment que le sujet doit percevoir ceci et non cela ? Ce n'est pas le moi normal, car il n'a conscience de rien ; il reçoit en quelque sorte le travail tout fait. Ce doit être un personnage capable de *tout voir*, car pour que la suggestion soit bien exécutée, pour que la carte qui doit rester invisible dans un paquet de dix cartes, ne soit pas confondue avec les autres, il faut qu'il y ait quelqu'un qui la compare à toutes les autres, et par conséquent les perçoive toutes. J'ignore complètement ce que peut être ce personnage, si même il existe et comment il opère ; l'expérience ne m'a rien appris là-dessus, je me laisse simplement guider par le raisonnement.

En terminant ces considérations, disons qu'ici encore, comme pour l'hallucination, on sait peu de chose en comparaison de ce qui reste à trouver ; mais il y a des faits acquis.

Je passe sous silence plusieurs questions que j'ai traitées déjà dans la*Revue philosophique*, par exemple les rapports entre l'anesthésie systématique et la négation. Ce sont des vues personnelles, qui n'ont pas leur place dans ce livre.

CHAPITRE VII
LE DÉDOUBLEMENT DE LA PERSONNALITÉ ET LE SPIRITISME

Éliminations préalables. — Mouvements inconscients. — Une observation de M. Myers. — Analyse. — Étendue de la division de conscience. — Les moyens d'expression des personnages subconscients. — Les causes de leur apparition.

I

Les recherches de ces dernières années ont éclairé d'un jour nouveau les phénomènes du spiritisme, en nous montrant que ces phénomènes sont constitués en grande partie par la désagrégation mentale ; il n'y a point de différence essentielle entre les expériences que nous avons vu pratiquer sur les hystériques et les expériences en quelque sorte spontanées que les spiritiques pratiquent sur eux-mêmes. Les principales différences tiennent à des conditions accessoires, on pourrait presque dire à des conditions anecdotiques, au milieu, aux noms employés, aux explications imaginées, etc.

Qu'est-ce que le spiritisme ? Tout le monde le connaît, au moins par ouï-dire, car il a sévi longtemps en France, comme une épidémie. Les manifestations auxquelles il a donné lieu sont si nombreuses et si variées qu'on trouvera peut-être difficile de résumer en quelques mots les traits principaux de cette doctrine.

Mais nous n'avons pas l'intention de traiter la question dans son ensemble ; nous voulons simplement indiquer ses points de contact avec les théories psychologiques que nous exposons.

Nous commencerons par quelques éliminations nécessaires. Il existe, au dire des auteurs, certains phénomènes spirites qui se produisent en dehors de l'action d'une personne ou d'une cause connue ; ce sont les phénomènes dits physiques, comme les coups dans les murs, les tables et autres meubles qui se soulèvent d'eux-mêmes, sans qu'on y touche, l'écriture directe par des crayons marchant tout seuls, ou glissés entre deux ardoises, les apparitions d'esprits qu'on peut photographier ou même mouler ; nous ne nions pas ces phénomènes, parce que de parti pris nous ne voulons rien nier ; mais la démonstration scientifique est encore attendue ; nous n'en parlerons pas.

Après avoir ainsi circonscrit notre sujet d'étude, examinons ce qui reste d'essentiel dans une séance spirite ; c'est un ensemble de faits, toujours à peu près les mêmes, qu'on retrouve dans toutes les descriptions des écrivains spéciaux ; ces faits consistent dans des mouvements inconscients exécutés par une personne appelée médium, qui est censée servir d'instrument aux esprits lorsque ceux-ci veulent exprimer leur pensée à des personnes vivantes.

Les auteurs qui ont décrit cette communication de pensée avec les esprits des morts ont eu le tort de mêler les descriptions avec les hypothèses, et ces dernières sont généralement absurdes ; nous sommes donc obligés, quand nous les reprenons, d'opérer un triage entre le fait observé et son interprétation. Nous trouvons ici déjà un exemple de cette analyse à faire. Qu'est-ce qu'un esprit ? La présence de l'esprit qu'on évoque est-elle réellement prouvée, quand le médium se croit en communication avec lui ? Tout cela, ce n'est que de l'hypothèse gratuite. Le fait d'observation, c'est que le médium, c'est-à-dire une personne reconnue plus apte que d'autres au genre d'expérience que nous allons décrire, peut exprimer sans en avoir la volonté et sans en avoir la conscience une pensée qui n'est pas la sienne.

Examinons en effet les deux expériences fondamentales auxquelles on peut ramener toutes les autres : ce sont l'expérience de la table tournante ou parlante, et l'expérience de l'écriture automatique ; encore les deux phénomènes sont-ils au fond identiquement les mêmes.

Quand on se sert de la table, plusieurs personnes s'asseyent autour de ce meuble et posent leurs mains dessus ; à la table on peut substituer un guéridon, une corbeille, mais peu importe. Les personnes posent une question à l'esprit, et bientôt, sous l'influence des contacts multiples, la table tourne, son pied se soulève ou frappe le sol d'après une convention établie d'avance, l'esprit répondra en faisant frapper un coup au pied de la table, pour dire oui, et deux coups pour dire non ; ou bien, procédé plus ingénieux, on suit sur un alphabet le nombre des coups frappés par la table ; la lettre à laquelle on s'arrête est celle désignée par l'esprit, ce qui permet d'obtenir avec un peu de patience la phrase entière.

Le procédé de l'écriture automatique est beaucoup plus direct et plus simple ; la table est supprimée ; on met dans la plume du médium un crayon, qui écrit tout seul la réponse de l'esprit, sans que le médium ait la volonté d'écrire ou la conscience de ce qu'on lui fait écrire.

C'est à ce qui précède que se bornent les manifestations spirites dont nous avons à nous rendre compte.

Or, en quoi consistent ces phénomènes ? En mouvements inconscients et involontaires. Cela est d'évidence pour les mouvements de l'écriture automatique ; et quant aux tables tournantes, il a été démontré depuis longtemps, par les recherches les plus précises, qu'elles tournent seulement sous l'impulsion des mains.

On a cru longtemps qu'il fallait attribuer simplement ces mouvements à la supercherie, et il est de fait que dans bien des cas rien ne serait plus facile à simuler ; en pressant légèrement sur une table, on en soulève le pied, et un médium pourrait fort bien écrire en af-

firmant qu'il ne sait pas ce qu'il écrit. Mais nous devons abandonner cette explication grossière ; car il y a un nombre considérable
de personnes dignes de foi qui affirment avoir été les acteurs du
phénomène, avoir posé la main sur des tables qui tournaient, avoir
tenu des plumes qui écrivaient, sans la moindre volonté de faire
mouvoir la table ou écrire la plume.

Ce sont là des preuves suffisantes, quand une doctrine comme le
spiritisme aboutit à bouleverser le monde entier et fait des milliers
de croyants. Ceux qui demandent des preuves matérielles pour des
phénomènes qui n'en comportent pas courent le risque d'ignorer
ce que tout le monde sait, et de soutenir des opinions contraires à
la vérité la plus évidente.

Les premiers observateurs qui cherchèrent à se rendre un compte
exact des actions spirites ont eu la préoccupation exagérée de leur
trouver des analogies dans les phénomènes de la vie normale. On
s'est efforcé de montrer que chacun de nous exécute des mouvements inconscients. L'exemple qu'on a cité le plus souvent est celui
du pendule explorateur, que nous avons décrit tout au long. En
somme, on a pensé que « le pouvoir moteur des images », pour
employer le langage actuel de la psychologie, devait suffire à expliquer les phénomènes spirites. Explication franchement insuffisante, il est aisé de le montrer, et on ne doit pas s'étonner que les
adeptes de la doctrine ne se soient pas laissés convaincre.

En effet, l'étude soigneuse des phénomènes indique que l'écriture
automatique provient d'une pensée autre que la pensée consciente
du médium. Il y a en lui, à un certain moment, deux pensées qui
s'ignorent et qui ne communiquent entre elles que par les mouvements automatiques de l'écriture ; disons plus exactement : il y a
deux personnalités coexistantes ; car la pensée qui dirige l'écriture
automatique n'est point une pensée isolée et décousue, elle a un
caractère à elle, et même elle porte un nom, le nom de l'Esprit dont
on a invoqué la présence.

Nous trouvons donc là un nouvel et curieux exemple de désagrégation mentale et de dédoublement de la personnalité. Un des auteurs qui ont le mieux compris la vraie nature des phénomènes
spirites, M. Myers[104], a très exactement résumé la théorie des
personnalités multiples à un moment où les études de M. Janet

TROISIÈME PARTIE

sur le somnambulisme, et les nôtres sur l'insensibilité hystérique, qui devaient aboutir au même résultat, n'étaient pas encore commencées. Cette nouvelle coïncidence, à ajouter à tant d'autres, augmente la sûreté des résultats, et nous prouve que malgré les imperfections et fautes de détail qui doivent exister dans ces recherches, comme dans toutes, le fond en est exact.

De même que les expériences de suggestion, celles du spiritisme réussissent bien sur une certaine catégorie de sujets, parmi lesquels les hystériques tiennent une place importante. Les hystériques, et d'une façon générale les somnambules, forment la majeure partie des bons médiums ; on peut s'en assurer en parcourant les ouvrages de spiritisme ; de temps en temps l'auteur le plus discret ne peut pas éviter de dire que tel excellent médium a eu une crise ne nerfs, ou se fatigue vite par suite d'une santé trop délicate ; il est du reste reconnu généralement que les opérations du spiritisme prédisposent aux accidents nerveux, ainsi que M. Charcot en a rapporté un exemple frappant[105].

II

Entrons maintenant dans quelques détails. Nous empruntons à M. Myers, et nous publions intégralement, une des observations les plus intéressantes qu'il ait recueillies. Celle-ci lui a été communiquée par M. A., un ami dont il garantit la bonne foi.

« L'expérience fut faite une première fois à Pâques, en 1883 ; après un intervalle d'une semaine elle fut reprise et continuée pendant trois jours ; le premier jour, dit l'observateur, je fus sérieusement intéressé ; le second jour, je devins perplexe ; le troisième, il me sembla que j'abordais des expériences entièrement nouvelles, d'un caractère à la fois terrible et romantique ; le quatrième, le sublime tomba tristement dans le ridicule.

PREMIER JOUR

« L'auteur prend une plume, et pose la question. C'est la plume qui écrit la réponse.

Alfred Binet

« *Demande*. Sous quelles conditions puis-je entrer en communication avec l'Invisible ?

« *Réponse*. ——— La main remua aussitôt, pour tracer cette ligne ; le résultat n'était guère favorable ; mais comme l'auteur avait dans la pensée que la condition requise pour communiquer avec l'Invisible était une parfaite rectitude, il pensa que la réponse s'appliquait exactement à la demande.

« *Demande*. Quelle est *la cause* qui en ce moment fait mouvoir ma plume ?

« *Réponse*. La religion.

« *Demande*. Quelle est la cause qui fait écrire *cette* réponse à ma plume ?

« *Réponse*. La conscience.

« *Demande*. Qu'est-ce que la religion ?

« *Réponse*. Adoration.

« Ici s'éleva une difficulté. Quoique l'auteur n'expectât aucune de ces trois réponses, cependant quand les premières lettres furent écrites, il prévit le reste du mot. Ceci pouvait vicier le résultat. Cons…, par exemple, aurait pu finir comme « consciousness », si l'auteur avait pensé à ce mot au lieu de penser à conscience. Alors, il se produisit un fait singulier, comme si une intelligence avait voulu prouver par la forme de la réponse qu'elle était la seule cause de la réponse, et que celle-ci n'était point le résultat de l'expectation ; en effet, les questions suivantes provoquèrent des réponses singulières.

« *Demande*. Adoration de quoi ?

« *Réponse*. Wbwbwbwbwb.

« *Demande*. Quelle est la signification de wb ?

« *Réponse*. Win (gagner). Buy (acheter).

« *Demande*. Quoi ?

« *Réponse*. Connaissance.

« Ici, l'auteur eut la perception anticipée des mots qui allaient être écrits, et la plume eut une brusque secousse, comme pour dire qu'il était inutile de continuer.

« *Demande*. Comment ?

TROISIÈME PARTIE

« *Réponse*. —— Ici, c'était la première réponse qui revenait. Quoique fortement impressionné par les premières réponses, qui, à première vue, semblaient prouver une intelligence et une volonté indépendantes, l'auteur remarqua qu'en somme il n'avait rien appris de nouveau, et pensa que le tout était dû à la cérébration inconsciente et à l'attention expectante. Ayant posé quelques demandes sur des questions de fait qu'il ne connaissait pas, mais pouvait contrôler, et ayant obtenu des réponses inintelligibles ou fausses, il abandonna l'expérience.

DEUXIÈME JOUR

« *Demande*. Qu'est-ce que l'homme ?

« *Réponse*. Flise.

« La plume, en traçant cette réponse, entra dans une violente agitation.

« *Demande*. Que veut dire F ?

« *Réponse*. Fesi.

« *Demande*. L ?

« *Réponse*. Le.

« *Demande*. J ?

« *Réponse*. Ivy.

« *Demande*. S ?

« *Réponse*. Sir (en français, Monsieur).

« *Demande*. E ?

« *Réponse*. Eye (en français, Œil). Fesi le ivy sir eye.

« *Demande*. Est-ce un anagramme ?

« *Réponse*. Oui.

« *Demande*. Combien de mots dans la réponse ?

« *Réponse*. 4.

« L'auteur essaye de deviner, n'y réussit pas, et renonce.

Alfred Binet

TROISIÈME JOUR

« *Demande.* Qu'est-ce que l'homme ?

« *Réponse.* Tefi hasl esble lies.

« *Demande.* Est-ce un anagramme ?

« *Réponse.* Oui.

« *Demande.* Combien contient-il de mots ?

« *Réponse.* V (c'est-à-dire cinq).

« *Demande.* Quel est le premier mot ?

« *Réponse. See* (en français, vois).

« *Demande.* Quel est le second mot ?

« *Réponse.* Eeeeee.

« *Demande. See ?* (vois ?) Dois-je interpréter moi-même ?

« *Réponse.* Essaye.

« M. A. trouva d'abord, comme solution : « Life is less able » (c'est-à-dire : la vie est le moins capable). Il reprit l'anagramme du jour précédent, et trouva : « Every life is yes » (c'est-à-dire : toute vie est oui). Mais sa plume sembla indiquer une préférence pour un autre ordre des mots : « Every life yes, is » (c'est-à-dire : toute vie oui est).

« Étonné par la production de ces anagrammes, qui lui semblaient prouver une intelligence indépendante de la sienne, l'auteur devint à ce moment un spirite convaincu, et ce fut avec une frayeur respectueuse qu'il reprit ses interrogations.

« *Demande.* Qui es-tu ?

« *Réponse. Clélia !!*

« *Demande.* Tu es une femme ?

« *Réponse.* Oui.

« *Demande.* As-tu jamais vécu sur la terre ?

« *Réponse.* Non.

« *Demande.* Vivras-tu ?

« *Réponse.* Oui.

« *Demande.* Quand ?

« *Réponse.* Dans six ans.

« *Demande*. Pourquoi t'entretiens-tu avec moi ?

« *Réponse*. E if Clelia e l.

« L'auteur interprète ainsi : « I Clelia feel ». Moi, Clélia, je sens. Sur la demande si c'est là la solution :

« *Réponse*. E if Clelia e l 20.

« *Demande*. Est-ce vingt votre âge ?

« *Réponse*. ∞ (Elle était éternelle.)

« *Demande*. Alors 20 quoi ?

« *Réponse*. Mots.

« L'interrogatoire s'arrête ici et est remis au lendemain. L'auteur croit à ce moment qu'il est en relation avec un esprit au nom romantique qui s'incarnera dans six ans. Il est très agité, dort mal.

QUATRIÈME JOUR

« L'interrogation est reprise, avec la même forme emphatique.

« *Demande*. Pourquoi me parles-tu ?

« *Réponse*. (Ligne ondulée.) L'écriture répète : Pourquoi me par-les-tu ?

« M. A., sans se laisser déconcerter par cette répétition, la considère comme une réponse solennelle et d'un esprit pénétrant ; il examine les motifs de sa conduite, purifie sa pensée de tout alliage terrestre, et reprend :

« *Demande*. Pourquoi me réponds-tu ?

« *Réponse* (ligne ondulée). Pourquoi me réponds-tu ?

« *Demande*. Est-ce moi-même qui fais la réponse ?

« *Réponse*. Oui.

« *Demande*. Clélia est-elle présente ?

« *Réponse*. Non.

« *Demande*. Qui est donc ici ?

« *Réponse*. Personne.

« *Demande*. Clélia existe-t-elle ?

« *Réponse*. Non.

« *Demande.* Avec qui ai-je parlé hier ?

« *Réponse.* Avec personne.

« *Demande.* Pourquoi avez-vous menti ?

« *Réponse* (ligne ondulée). Pourquoi avez-vous menti ?

« *Demande.* Les âmes existent-elles dans un autre monde ?

« *Réponse.* M B.

« *Demande.* Qu'est-ce que MB veut dire ?

« *Réponse. May be* (c'est-à-dire : cela peut être). À partir de ce moment la plume tantôt affirme l'existence de Clélia, tantôt la nie. »

Cette observation, si intéressante à tous les points de vue, peut nous servir de base pour la discussion des phénomènes très complexes, très délicats et très variés par lesquels la division de conscience se manifeste chez le médium écrivant.

Nous ne nous attarderons pas à prouver en détail, au moyen d'une démonstration en règle, que l'esprit évoqué par le médium n'est pas autre chose que le personnage subconscient des hystériques qui lui aussi s'évoque si facilement pendant l'état de veille. L'analogie des deux situations psychologiques est si claire et si évidente que je juge tout à fait inutile d'insister.

Nous ferons mieux de rechercher ce qu'il y a d'original dans l'expérience spirite, et nous étudierons successivement : 1° l'étendue de la division de conscience ; 2° ses moyens d'expression et de manifestation ; 3° ses causes.

Le premier point est certainement le plus connu et aujourd'hui le mieux étudié. La forme même du récit par demandes et réponses, le dialogue, indique bien la dualité des personnalités, et, à plusieurs reprises, l'auteur de l'observation remarque qu'il a eu le sentiment de converser avec une intelligence et une volonté autres que la sienne.

Bien plus, cette intelligence s'affirme si bien comme personnage distinct du moi normal qu'elle se baptise elle-même et prend le nom romanesque de Clélia, nom que l'auteur prétend n'avoir jamais connu ; en tout cas, s'il l'a connu, il n'en a pas conservé le souvenir conscient. Ce nom inconnu de Clélia, écrit subitement par la main du médium, semble avoir vivement impressionné l'observateur, et il dit que pendant un certain temps il a cru avoir affaire à un personnage réel. Chacun de nous peut s'imaginer par quelles émotions il a dû passer à ce moment-là, et je gage que plus d'un lecteur sera tenté de renouveler l'expérience, contre laquelle je crois cependant qu'il est bon de se tenir en garde, car on y perd toujours un peu de l'unité de sa pensée et de la clarté de son intelligence.

Quant au contenu des réponses, M. A. remarque qu'il n'y a jamais trouvé la révélation de faits à lui inconnus ; sur ce point, plusieurs observations sont à présenter. D'une façon générale, il est exact de dire que le personnage inconscient qui joue le rôle d'esprit, n'étant qu'une portion détachée de l'intelligence du médium, ne peut pas avoir d'autres facultés et d'autres connaissances que lui. La lecture des nombreuses évocations spirites qu'on a publiées et où l'on a fait parler des personnages célèbres, tels qu'Archimède, Socrate, Aristote, montre qu'on n'a pu tirer de ces grands génies aucune pensée profonde et digne d'eux ; ce sont en général des réflexions banales, qui ne dépassent point la portée d'une intelligence ordinaire. Mais il faut tenir compte des conditions où l'expérience est faite pour en apprécier les résultats ; la solennité de l'évocation, la grandeur du but poursuivi, le recueillement de l'assistance doivent souvent exalter pour un moment les facultés du personnage subconscient, et lui faire trouver des pensées dont il eût été incapable pendant un instant d'atonie. Ajoutons que le personnage subconscient peut avoir une étendue de mémoire et une finesse de perception inconnues du personnage normal : nous en avons vu la preuve chez les hystériques[106] ; tout ceci peut contribuer à donner aux réponses écrites une forme mystérieuse, dont l'explication naturelle est cependant facile à trouver.

Le caractère inattendu des réponses est encore un bon signe de division de conscience. Le médium, avons-nous vu, s'est borné à poser une question ; pour qu'il connaisse la réponse, il faut qu'il se relise. Souvent il ne peut pas se relire sans l'assistance d'une autre personne, tant l'écriture est indistincte. Il peut aussi commettre dans sa lecture des erreurs qui seront rectifiées un peu plus tard, par une nouvelle intervention de l'Esprit. La réponse peut être d'une nature bizarre, inattendue ; parfois, c'est une plaisanterie, une espièglerie ou même une grossièreté, qui étonnent d'autant plus le médium qu'il avait fait une demande sérieuse ; enfin la réponse

Alfred Binet

peut prendre la forme d'un anagramme ou d'un rébus ; elle contient parfois des faits que le médium avait oubliés, etc.

Telle qu'elle résulte des faits précédents, la division de conscience ne sépare que des pensées ; elle reste dans le domaine de l'idéation ; nous n'avons point encore vu la sensibilité des organes périphériques subir des modifications parallèles, comme chez nos hystériques. Il est rare que les écrivains spirites fassent mention de ce point. Ce sont en général des enthousiastes et des mystiques, bien mal préparés aux explorations méthodiques ; du reste il est probable que la question de savoir si le bras du médium écrivant devient à un moment insensible leur paraîtrait une question tout à fait insignifiante et dénuée d'intérêt. Lorsqu'on cherche à causer avec les âmes des morts, on ne s'abaisse pas à chercher la sensibilité aux piqûres. Il est cependant digne de remarque que dans bien des cas le médium, en racontant ce qui s'est passé en lui, affirme ne pas avoir senti le mouvement de sa main au moment où elle écrivait ; d'autres perçoivent bien une agitation de la main, mais ne peuvent pas savoir ce qu'elle écrit, avant d'avoir jeté les yeux sur le papier. Ces observations ne sont pas constantes, car dans d'autres cas le médium paraît être resté conscient de toute l'expérience ; il est cependant vraisemblable que chez certains sujets l'écriture du médium entraîne un certain degré d'anesthésie.

Une expérience, malheureusement unique, mais bien significative, vient le démontrer. M. William James surveillait un jour un jeune homme qui présentait à un haut degré le phénomène de l'écriture automatique. Son bras et sa main droite, avant l'expérience, étaient sensibles. Pendant que la main traçait des caractères, M. W. James vint à piquer fortement cette main, à plusieurs reprises, de manière à provoquer une vive sensation de douleur. Le jeune homme ne sentit rien, ni douleur ni contact. Il était donc devenu temporairement anesthésique du bras droit, absolument comme nos hystériques mises en état de distraction. Cette anesthésie transitoire était bien le résultat du dédoublement de conscience, et en voici la preuve : le personnage subconscient, qui se manifestait par l'écriture, sentit la douleur, et il écrivit ces mots : « Ne me faites pas de mal. »

TROISIÈME PARTIE

III

Voilà donc la division de conscience nettement établie, au moins chez un grand nombre de médiums ; on ne peut conserver aucun doute sur ce point. Un trait particulier de ces expériences, c'est l'illusion qui paraît dominer le personnage subconscient. Pour bien comprendre cette illusion, il faut se rappeler comment les faits se présentent dans nos paisibles expériences de laboratoire, qui manquent à peu près de tout caractère dramatique. Lorsqu'on est parvenu à découvrir l'inconscient que recouvre l'anesthésie d'une hystérique, on est en présence d'un petit groupe de phénomènes élémentaires qui ne forment guère qu'une sous-conscience, et non une personnalité. Dans l'état de distraction provoqué, cette conscience secondaire, nous l'avons dit souvent, est bien mieux développée ; elle se distingue elle-même de la conscience principale que, bien souvent, chose curieuse, elle appelle l'*autre* ; facilement, on arrive à lui faire accepter un nom différent : ce nom, il faut bien le remarquer, ne s'applique point à une personnalité fictive ; il groupe des phénomènes bien réels, une vie psychologique qui a été réellement vécue. Sous le nom d'Adrienne, par exemple, le sujet de M. Pierre Janet désigne une partie de son existence présente et passée découpée dans son existence totale. C'est ici que la différence se manifeste bien entre nos expériences et celles des spirites. Le personnage subconscient du spirite porte un nom fictif ; c'est Socrate ou Napoléon, c'est n'importe quel esprit évoqué ; en tout cas, ce personnage ne se considère pas comme une partie du médium lui-même, il ne s'applique pas certains souvenirs spéciaux au médium. Cette différence est caractéristique, et contribue beaucoup à donner une physionomie particulière et bien originale aux manifestations spiritiques.

À quoi tient-elle ? À ces conditions de milieu mental, qui sont si importantes dans toutes les expériences de ce genre. Le médium qui prend la plume ne reste point, comme nos hystériques, indifférent et ignorant du but poursuivi ; il a son système, ses croyances. Il croit aux esprits et à la possibilité de les évoquer ; il est dominé par une préoccupation puissante ; c'est même lui, ou l'assistance, qui en général choisit l'Esprit avec lequel on va entrer en communication ; quand même ce choix ne serait pas fait, comme dans l'observation de Clélia, le médium s'attend à converser avec une intelligence distincte de la sienne ; il se trouve en un mot dans les meilleures conditions pour faire de l'auto-suggestion.

Seulement, chose curieuse, le moi qui subit l'effet de la suggestion, ce n'est pas le moi normal, c'est le moi secondaire. C'est ce dernier qui reçoit la suggestion qu'il est tel ou tel personnage, et qui subissant cette illusion ou s'y prêtant avec complaisance — on ne sait trop au juste comment les choses se passent — va écrire des messages dans le style du personnage évoqué, et les signera du nom de ce personnage. Nous avons vu plus haut les curieuses expériences de M. Richet ; dans ces expériences, aujourd'hui devenues classiques, on transforme par suggestion une personne, on la force à jouer une personnalité fictive. À quelques nuances près, c'est bien ce qui se passe ici. Les choses ont lieu comme si dans un instant de distraction on avait pu communiquer avec le personnage subconscient et lui imposer une personnalité nouvelle.

Cette personnalité suggérée, le subconscient peut l'exprimer de différentes façons : d'abord par l'écriture, c'est le cas le plus habituel ; et c'est à ce moyen de communication que nous devons les fastidieux messages dont les journaux spirites sont remplis. Les médiums ont remarqué souvent que cette écriture ne ressemble pas à la leur ; chose assez naturelle, car, comme l'ont montré les expériences de MM. Richet, Ferrari et Héricourt, les suggestions qui transforment la personnalité modifient dans le même sens l'écriture. Si le personnage subconscient se développe beaucoup, il ne se contentera pas de diriger les mouvements de la main ; il aura une tendance à s'emparer d'autres moyens d'expression, il remuera la tête du sujet, lui fera faire des grimaces, il pourra même se mettre à parler. Dans ce cas, qui a été quelquefois observé, le médium prononce des paroles dont son moi normal n'a pas conscience. Bien plus, on a vu parfois au milieu de l'expérience le médium se lever, gesticuler, prendre une attitude théâtrale et réaliser le personnage évoqué, le représenter ; le médium, bien entendu, n'a point conscience du rôle qu'il joue ; quand tout cela sera terminé, sa conscience normale pourra n'en garder aucun souvenir ; car ce n'est pas lui, à proprement parler, qui a agi, c'est le personnage subconscient. Nous avons déjà vu tant de situations analogues qu'il n'est nul besoin d'expliquer celle-là ; il suffit de rappeler que chez beaucoup de sujets, au moment où une suggestion post-hypnotique est exécutée, le moi somnambulique entre en scène, et s'avance vers la rampe, tandis que le moi normal remonte vers le second plan ou disparaît dans la coulisse[107].

Ainsi, réunissons ces deux expériences : 1° suggestion en période somnambulique de transformation de personnalité ; 2° suggestion dont l'exécution est remise après le réveil, et nous arriverons au même résultat que les expériences de spiritisme.

Mais si le résultat est semblable, les causes qui le produisent sont quelque peu différentes. Dans nos précédentes études nous avons vu la division de conscience résulter de deux causes principales, l'anesthésie hystérique et la distraction. Dans le phénomène spontané de l'évocation de l'esprit par un médium, nous ne trouvons en jeu aucune de ces deux causes ; il se produit sans doute des modifications mentales moins simples et moins faciles à décrire. Le recueillement du médium, sa conviction qu'une seconde intelligence va s'emparer de sa main, en un mot l'auto-suggestion est ce qui produit la scission dans sa conscience ; et on pourrait, en communiquant à une hystérique la même disposition d'esprit, en reproduire tous les effets.

Nous avons enfin à noter l'importance comparative des deux personnalités en présence, et à comprendre ces communications, qui sont ici particulièrement complexes. Chez l'hystérique en expérience nous avons vu des groupes d'idées appartenant à une conscience suggérer, par association, d'autres groupes d'idées dans la seconde conscience ; la suggestion s'est faite en général entre une sensation et une image, ou entre une image et un mouvement ; elle était donc d'un ordre tout à fait élémentaire ; et pour prendre un exemple, qui précisera les idées, nous rappellerons que cinq piqûres faites sur la main anesthésique donnent à la conscience principale l'idée du nombre cinq. Parfois les relations de conscience se compliquent un peu, et constituent une collaboration plutôt qu'une association d'idées. Dans l'intelligence du médium, ces communications simples entre personnalités se rencontrent fréquemment ; ainsi il y a des médiums qui ont tout à coup, brusquement, une vision mentale d'une idée qu'ils rapportent à l'esprit ; parfois aussi ils entendent retentir, commeprononcé par une voix intérieure, la pensée de l'Esprit. Tout ceci peut s'expliquer par des associations entre des états dont les uns sont conscients et les autres subconscients ; mais ce qu'il est difficile d'expliquer de cette manière, ce sont des communications plus complexes et plus subtiles qui ont lieu dans presque toutes les expériences.

Rappelons-nous en effet ce qui se passe dans l'observation de Clélia : un dialogue se poursuit entre le conscient et le subconscient ; chaque interrogation est suivie d'une réponse qui n'est pas quelconque, mais qui prouve que la demande a été entendue et comprise. Or, la conscience normale ne connaît pas directement la conscience secondaire ; pour que le médium connaisse la réponse de l'esprit, il faut qu'il relise son écriture ; c'est de cette façon que le dialogue peut se poursuivre. Le subconscient au contraire n'a pas besoin de signes extérieurs pour saisir la pensée de la conscience normale ; cette pensée, qui peut ne pas être énoncée à haute voix, qui souvent n'est formulée que mentalement, le subconscient la saisit, la comprend, et y répond. C'est à lui qu'appartient en somme le premier rôle dans les expériences du spiritisme ; nous sommes du reste habitué à l'importance de sa part de collaboration ; nous avons dit que dans les suggestions compliquées, c'est lui qui se charge de toutes les opérations délicates ; il sait tout, tandis que le moi normal ne sait rien. De même, dans les alternances de personnalités, le moi de la condition seconde connaît souvent le moi de la condition prime, et celui-ci croit exister seul.

Toutes ces analogies doivent nous servir de guide et assurent notre marche au milieu de questions difficiles. C'est cette méthode de comparaison qui, à notre avis, s'impose pour les recherches futures[108].

CONCLUSION

Le moi est une coordination. — Opinion de M. Ribot. — Le rôle de l'association des idées dans la constitution du moi. — Les limites de la conscience.

I

TROISIÈME PARTIE

Depuis que la psychologie tend à se séparer de la littérature et de l'art oratoire, et à devenir une science positive, elle attache surtout de l'importance aux petits faits bien observés, et elle relègue au second plan les théories brillantes. On ne sera donc pas étonné de ne pas trouver dans le dernier chapitre d'un livre sur la personnalité une théorie personnelle à l'auteur sur la nature de la personnalité. Notre conclusion sera un simple rappel des faits, et une réunion des interprétations éparses que ces faits nous ont suggérées, à mesure que nous les décrivions.

Cherchons d'abord à condenser en quelques lignes la substance de ce livre. Depuis le commencement jusqu'à la fin, nous avons toujours considéré le même phénomène, la pluralité de consciences chez un individu. Nous disons conscience, nous ne disons pas personnalité, parce que conscience désigne simplement une collection de phénomènes psychologiques conscients et réunis ensemble, tandis qu'on ne doit donner le nom de personnalité à cette collection que lorsqu'elle acquiert un haut degré de développement et que l'idée du moi se produit ; bien que la limite soit difficile à tracer entre les deux — précisémentparce qu'il s'agit moins d'une différence de nature que d'une différence de degré — il est clair que les mouvements très simples provoqués chez une personne normale pendant un état de distraction (voir p. 217) sont le signe d'une sous-conscience, tandis que dans les mêmes conditions, et avec les mêmes procédés, on peut provoquer souvent chez une hystérique hypnotisable une sous-personnalité.

Ces consciences et personnalités multiples se distinguent les unes des autres par deux faits principaux, le caractère et la mémoire ; ce sont là les signes qui permettent de dire qu'il y a dans un individu, à un moment donné, deux, trois personnalités, ou même un plus grand nombre. Le caractère tiré de la mémoire est le plus précis, car il permet non seulement de distinguer les personnalités, mais encore de ramener à une même personnalité plusieurs états de conscience séparés par le temps.

Nous avons étudié d'abord la succession régulière de deux ou plusieurs personnalités chez un même individu, dans les somnambulismes naturels et les somnambulismes provoqués. L'alternance des conditions prime et seconde, dont chacune a sa mémoire et son caractère, présente une régularité presque schématique, qui pré-

Alfred Binet

pare l'esprit à bien comprendre les phénomènes plus délicats qui se produisent, lorsque les consciences et personnalités, au lieu de se succéder, coexistent. Dans ce cas, le signe auquel on reconnaît la pluralité des consciences n'est point fourni par la mémoire, mais par la conscience elle-même. La mémoire, du reste, n'est qu'une forme de la conscience : c'est la conscience des choses passées. Ici, la conscience d'une partie des choses présentes est supprimée. Le sujet, placé dans l'état A, n'a point conscience d'un certain groupe de phénomènes constituant l'état B, qui coexiste avec l'état A, de même que dans les cas de personnalités successives, le même sujet, placé dans un état A, ne conserve point la mémoire, ou conscience rétrospective, de l'état B, qui s'est écoulé.

Les consciences et personnalités coexistantes s'observent chez les hystériques dans les états d'anesthésie, et on peut les provoquer et les développer quelque peu, en faisant naître un état de distraction. Nous avons étudié l'étendue des consciences secondaires, les phénomènes élémentaires de répétition et d'adaptation qu'elles représentent, puis leur vie indépendante, leur écriture spontanée, leur suggestibilité, la finesse de leurs perceptions ; nous nous sommes attaché à déterminer avec soin leurs points de contact avec la conscience principale, et nous avons vu que des associations multiples peuvent se faire entre elles ; une idée appartenant à une conscience peut suggérer une autre idée dans l'autre conscience ; bien plus, deux consciences peuvent collaborer à une œuvre commune ; mais si, dans tous ces cas, elles se mélangent à un certain point de vue, elles restent cependant distinctes, car le moi de l'état A n'a point conscience du moi de l'état B.

Nous nous sommes proposé enfin d'établir une relation entre les successions de personnalités et leurs coexistences. Nous avons vu que le personnage somnambulique, qui, dans les expériences d'hypnotisme et dans les accès spontanés de somnambulisme, prend un remarquable développement, peut se conserver en partie pendant l'état de veille, et que c'est précisément lui qui est le personnage subconscient que nous avons étudié dans les états d'anesthésie et de distraction : mille preuves nous ont été fournies de son identité, et la meilleure est toujours celle de la mémoire ; le moi somnambulique connaît toutes les pensées du personnage subconscient de l'état de veille (p. 137) et le moi subconscient con-

TROISIÈME PARTIE

naît celles du moi somnambulique (p. 76). Ce point étant pleinement démontré, nous avons examiné les relations complexes du personnage somnambulique avec la conscience normale des sujets, considérés au moment où ils exécutent certaines suggestions de nature complexe : rappelons simplement nos études sur l'hallucination et l'anesthésie systématique qui nous ont montré que le moi somnambulique intervientincessamment pour assurer la réalisation d'une suggestion, qui se fait sans que la conscience normale puisse se rendre compte de rien.

En résumé, nous avons vu se produire, soit chez des malades, soit chez des sujets en expérience, un véritable émiettement de consciences ; et de temps en temps, souvent avec l'aide d'un peu de suggestion, une de ces consciences a pu atteindre la dignité d'une personnalité véritable.

La personnalité de nos sujets d'observation et d'expérience nous a paru comparable à un édifice compliqué et fragile, dont le moindre accident peut renverser une partie ; et les pierres détachées de l'ensemble deviennent, chose curieuse, le point de départ d'une nouvelle construction qui s'élève rapidement à côté de l'ancienne. Ce dernier trait, sans être spécial à l'hystérie, ni même présent chez tous les hystériques, est cependant bien caractéristique des études précédentes.

Il ne faut pas, cependant, exagérer le rôle des personnages subconscients, et étendre sans discernement les conclusions des études précédentes à la vie normale. Le fait primitif, nous l'avons dit, ce ne sont point les personnalités secondaires, c'est la désagrégation des éléments psychologiques ; ce n'est qu'après coup, et souvent par dressage, par suggestion, que ces éléments épars s'organisent en personnalités nouvelles. Ce second temps du phénomène est distinct et indépendant du premier, et probablement beaucoup moins fréquent, surtout chez les individus normaux ; on ne saurait admettre que tous les états qui se produisent en nous sans que nous en ayons conscience, appartiennent à d'autres personnages, et que par exemple, lorsque nous regardons un objet, les sensations vagues que nous envoient les autres objets dans la vision indirecte sont accaparées par des personnalités secondaires, tapies en quelque sorte derrière notre conscience personnelle ; ces sensations indistinctes restent, à notre avis, simplement disséminées. Pour tout dire, trois propositions principales résument les faits précédents :

1° Des éléments qui entrent normalement dans la constitution de notre moi peuvent être en état de désagrégation ;

2° Une conscience ne cesse pas d'accompagner ces éléments, bien que notre moi en perde conscience ;

3° Parfois, dans des conditions exceptionnelles, pathologiques ou expérimentales, ces éléments s'organisent en personnalités secondaires.

Cette dernière circonstance, si peu générale qu'elle soit, étant possible, présente cet intérêt d'éclairer la nature de notre moi et son mode de formation. Voici comment.

Nous sommes faits de longue date, par les habitudes du langage, par les fictions de la loi, et aussi par les résultats de l'introspection, à considérer chaque personne comme constituant une unité indivisible. Les recherches actuelles modifient profondément cette notion importante. Il paraît aujourd'hui démontré que si l'unité du moi est bien réelle, elle doit recevoir une définition toute différente. Ce n'est point une entité simple, car s'il en était ainsi, on ne comprendrait pas comment, dans des conditions données, certains malades, exagérant un phénomène qui appartient sans doute à la vie normale, peuvent manifester plusieurs personnalités distinctes ; ce qui se divise doit être formé de plusieurs parties ; si une personnalité peut devenir double ou triple, c'est la preuve qu'elle est un composé, un groupement, une résultante de plusieurs éléments. L'unité de notre personnalité adulte et normale existe bien, et personne ne songerait à mettre sa réalité en doute ; mais les faits pathologiques sont là qui prouvent que cette unité doit être cherchée dans la coordination des éléments qui la composent.

Cette vérité, l'ancienne psychologie n'avait pas peu contribué à la faire oublier, non seulement par ses hypothèses sur la nature du moi qu'elle tenait pour une entité distincte des phénomènes de conscience, supérieure à ces phénomènes et ne participant pas à leurs changements incessants — mais encore par la méthode d'analyse qu'elle appliquait aux états de conscience. On sait que pour les anciens psychologues, tous ces états de conscience si nombreux, si variés, si nuancés, qui composent la vie mentale sont ramenés

TROISIÈME PARTIE

à des facultés de l'esprit. Il y aurait une faculté de mémoire, une faculté de raisonnement, une faculté de perception, une faculté de volition. Cette terminologie, qui a été critiquée avec raison, a eu le désavantage de faire supposer l'existence de certaines entités imaginaires ; on a cru qu'il existait *une* mémoire, *une* volonté, et ainsi de suite. Nous ne nous laissons plus duper aujourd'hui par cette terminologie trompeuse ; nous n'admettons plus que par commodité de langage l'existence de la mémoire ; nous savons que ce qu'il y a de réel et de vivant chez un individu, ce sont des actes de mémoire, c'est-à-dire de petits événements particuliers et distincts ; l'ensemble de ces événements peut bien recevoir un nom particulier, mais ce terme n'ajoute rien à la connaissance du phénomène ; et tous ces actes de mémoire locaux, spéciaux sont si bien distincts qu'on peut voir, dans certains cas pathologiques, toute une catégorie de mémoires qui disparaissent, tandis que d'autres restent intactes ou à peu près. C'est ainsi qu'une personne peut perdre la seule mémoire des choses visuelles, des formes par exemple ou des couleurs, et conserver la mémoire verbale, qu'elle est même obligée d'utiliser pour remplir les lacunes de l'autre mémoire. Bien plus, la perte de mémoire peut être localisée, spécialisée à ce point qu'on a vu des personnes ne plus savoir lire l'imprimé et conserver l'aptitude à lire la musique[109]. Toutes ces dissociations de la mémoire sont aujourd'hui bien connues, et nous dispensent d'insister sur les autres formes de dissociation. Ce qu'il faut principalement retenir de tout ceci, c'est que ce que nous appelons notre esprit, notre intelligence est un groupement d'événements internes, extrêmement nombreux et variés, et que l'unité de notre être psychique ne doit pas être cherchée ailleurs que dans l'agencement, la synthèse, en un mot la *coordination* de tous ces événements.

Telle est l'idée générale que M. Ribot a nettement formulée en terminant son remarquable ouvrage sur *les Maladies de la personnalité*. « L'unité du moi, au sens psychologique du mot, c'est, dit-il, la cohésion, pendant un temps donné, d'un certain nombre d'états de conscience clairs, accompagnés d'autres moins clairs, et d'une foule d'états physiologiques qui, sans être accompagnés de conscience, comme leurs congénères, agissent autant qu'eux. Unité veut dire coordination. » Ces lignes ont bientôt dix ans de date ;

elles ont été écrites à une époque où l'on ne connaissait pas encore, dans le détail, toutes les observations des personnalités multiples que nous avons cherché à résumer dans ce livre. On peut dire que les faits nouveaux en démontrent pleinement la justesse.

II

Pouvons-nous faire un pas de plus ? Pouvons-nous dire comment le composé mental qui représente le moi se construit avec ses éléments ? Sur ce point, les recherches nouvelles apportent un supplément d'information, qui, pour être négatif, n'en a pas moins une grande valeur. Nous insisterons d'autant plus que nous tenons surtout à indiquer l'état actuel, et peut-être momentané, de la question.

Une vérité importante se dégage de toutes nos études psychologiques : c'est que l'association des idées est impuissante à expliquer la genèse d'une personnalité, ou d'une simple synthèse de phénomènes. Rappelons quelques-uns des faits qui nous l'ont déjà bien prouvé. Les sujets qui partagent leur existence dans deux conditions mentales différentes, peuvent, dans l'une de ces conditions, ne point se souvenir des événements qui se rattachent à la seconde. La perte de souvenir est si nette qu'une personne vue pendant une des conditions n'est point reconnue dans la seconde, et le médecin est obligé d'être présenté deux fois pour être connu par les deux personnalités. C'est assez dire que le mécanisme habituel de la mémoire cesse de fonctionner. Un objet, qui dans un état A suggère une série de souvenirs, ne suggère plus rien dans l'état B ; c'est cependant le même objet, et d'autre part la série de souvenirs n'est pas détruite, puisque le retour de l'état prime leur permettra d'être évoqués ; c'est le mécanisme du rappel qui est atteint. De même, les expériences de suggestion qui font revivre à une personne une époque antérieure de sa vie ramènent des souvenirs oubliés pendant l'état normal, c'est-à-dire des souvenirs que les lois ordinaires de l'association sont incapables de faire revivre. Ces lois d'association sont par conséquent soumises à des influences supérieures, qui tantôt leur permettent d'agir, tantôt les suspendent. À elles seules, les associations ne suffisent point à former une synthèse, et ce n'est pas en associant les uns aux autres des événements psychologiques qu'on peut réussir à expliquer la formation d'une personnalité.

Dans des conditions d'expérience un peu différentes, plusieurs existences psychologiques coexistent chez un même individu, et des idées appartenant à une des consciences suggèrent d'autres idées à l'autre conscience. C'est ainsi que lorsqu'on provoque l'écriture automatique la conscience principale pense à un mot, et la conscience secondaire écrit le mot ; l'association des idées n'est point suspendue, elle opère entre deux consciences ; mais, par un fait assez singulier, les deux consciences restent chacune dans ses limites ; notamment la conscience A ne sait rien des idées et des mouvements qu'elle a provoqués dans le domaine de la conscience B. Ce fait d'expérience nous montre sous un jour nouveau l'impuissance des associations à expliquer la formation d'une synthèse ; l'intelligence ne se compose pas seulement d'un automatisme d'images et de mouvements, puisque là où cet automatisme se poursuit régulièrement, une conscience peut s'arrêter, et une personnalité trouve sa limite.

Tout ceci confirme pleinement les idées théoriques si intéressantes que M. Paulhan a récemment développées sur l'activité des éléments de la pensée[110]. M. Paulhan a réduit quelque peu le rôle attribué aux associations d'idées et montré que ces associations ne sont que des ouvrières au service d'influences supérieures qui les dirigent.

Si ce n'est pas l'association d'idées qui est le ciment de la personnalité, c'est-à-dire qui réunit en faisceau des phénomènes multiples et leur donne l'unité, on peut penser que ce rôle est dévolu à la mémoire. On a longuement insisté sur la mémoire, comme facteur de la personnalité ; on a même plutôt exagéré son rôle qu'on ne l'a diminué. Pour beaucoup de philosophes la mémoire serait le fondement unique de notre identité personnelle. Les observations que nous avons rapportées confirment-elles cette opinion ?

Nous avons vu des personnalités se succéder chez un même individu physique ; nous les avons vues aussi coexister ; ce qui a fait leur séparation, c'est tout d'abord l'état de la conscience ; telle personnalité, avons-nous remarqué, n'a point conscience de tout un groupe de phénomènes psychiques intelligents ; ce groupe ne fait donc pas partie de cette personnalité ; l'absence d'une conscience unifiante est ce qui nous permet de dire qu'il y a là deux personnalités et non une seule ; la perte de conscience prend, dans certains cas, la forme matérielle de l'anesthésie ; dans d'autres cas, c'est une distraction, c'est-à-dire une perte de conscience légère et fugitive. Or, la perte de conscience conduit à la perte de mémoire ; c'est le même phénomène, avons-nous dit souvent, car la mémoire n'est pas autre chose que la conscience rétrospective ; l'amnésie continue donc l'anesthésie ; et de même que l'anesthésie est la barrière séparant des personnalités coexistantes, l'amnésie est la barrière qui sépare les personnalités successives. Tous les faits que nous avons étudiés tendent à montrer que la mémoire ou d'une façon plus générale la conscience est un facteur de la personnalité.

Est-ce le seul ? Nous ne le croyons pas, et nous nous élevons, avec M. Ribot, contre les auteurs qui veulent faire de la mémoire le seul fondement de la personnalité. La preuve que cette opinion est exagérée, c'est que dans certaines conditions, une personne peut, tout en gardant la conscience et la mémoire de certains de ses états, les répudier, les considérer comme étrangers à sa personnalité. La somnambule observée par M. Pitres se rappelle, comme c'est la règle, les événements de son état de veille, mais ne se les attribue pas ; elle parle de la personne éveillée comme d'une personne étrangère, et l'appelle *l'autre*. Même langage chez le personnage subconscient de l'état de veille, qui n'est du reste qu'un personnage somnambulique ; il parle à la troisième personne du moi normal, qu'il connaît bien, et l'appelle *l'autre*. D'autres exemples, nombreux et démonstratifs, pourraient être empruntés aux ouvrages des aliénistes.

Tout ceci montre qu'une seule mémoire peut embrasser différents états sans que ces états soient considérés par l'individu comme faisant partie d'une seule personnalité. Le jugement qui unifie ces états ne se produit pas. L'individu ne les reconnaît pas tous pour siens, il n'y retrouve pas la marque de sa personnalité. Pourquoi ? Nous ne le savons pas au juste, et nous ne pouvons faire que des conjectures. Sans doute, il y a une manière de sentir et d'agir qui est propre à chacun de nous ; nous avons nos affections, nos goûts et nos désirs ; nous avons même notre façon de percevoir, de juger, de raisonner, en un mot de penser ; le somnambule en se représentant la période d'existence de son état de veille n'y retrouve ni les sentiments ni les pensées ni les actes de la vie somnambulique ; malgré la mémoire qui les unit, une scission se fait entre ces deux parties d'une même existence, et la somnambule arrive à cette conclusion : ce n'est pas moi qui ai fait tous ces actes qu'on me rappelle, ce n'est pas moi qui porte ce nom par lequel on me désigne, c'est une autre.

Il reste à indiquer la plus importante conclusion de ces études. Nous voulons parler des limites de la conscience. On a admis souvent jusqu'ici que la conscience détermine elle-même ses limites, et que là où elle cesse il n'y a plus que des processus physiologiques. L'activité nerveuse de chacun de nous serait donc de deux espèces : l'une lumineuse, consciente d'elle-même ; l'autre aveugle, dépourvue de conscience et réduite à des changements matériels qui s'accompliraient dans les cellules et les fibres composant les centres nerveux. On a même fait mainte hypothèse sur ces points, et il est inutile de rappeler les théories de Carpenter, de Maudsley et de Huxley sur la cérébration inconsciente. Nous en avons du reste déjà dit quelques mots. Il y a lieu, semble-t-il, de reviser ces théories, qui ne sont rien moins que définitives. Un grand nombre de théories physiologiques ou psycho-physiologiques sont devenues insensiblement classiques, sans avoir jamais pu justifier de preuves suffisantes ; à force de les répéter, on leur a donné de l'autorité ; il en est ainsi pour le schéma bien connu de l'activité nerveuse, qui ne repose sur aucune donnée histologique, et qui est même démenti par les faits histologiques récents ; il en sera de même, nous en avons la présomption, pour l'hypothèse de la cérébration inconsciente.

Cette hypothèse ne repose que sur le témoignage de la conscience, et ce témoignage doit être tenu pour fort suspect. Nous avons dit que l'oubli est souvent purement relatif, vrai seulement d'une condition mentale particulière, et non pour une condition mentale différente ; nous avons vu également que l'inconscience n'existe qu'au regard d'une certaine personnalité, et cesse pour une autre synthèse de phénomènes. En un mot, il peut y avoir chez un même individu, pluralité de mémoires, pluralité de consciences, pluralité de personnalités ; et chacune de ces mémoires, de ces consciences, de ces personnalités ne connaît que ce qui se passe sur son territoire. En dehors de notre conscience, il peut se produire en nous des pensées conscientes que nous ignorons ; fixer la nature, l'importance, l'étendue de ces consciences nous paraît impossible pour le moment ; il se peut que la conscience soit le privilège de certains de nos actes psychiques ; il se peut aussi qu'elle soit partout dans notre organisme ; il se peut même qu'elle accompagne toutes les manifestations de la vie.

NOTES

1.   M. Ribot, dans la préface de son livre sur les Maladies de la Personnalité a insisté sur cette idée, que nous croyons très importante.

2.   Consulter, à ce sujet, une leçon de M. Charcot publiée dans la Gazette hebd. de méd. et de chir., 22 mars 1890, par M. Blocq.

3.   Mac-Nish, Philosophy of sleep, 1830. L'observation appartient, paraît-il, à Mitchell et Nott et a paru pour la première fois en 1816.

4.   Hypnotisme, double conscience et altération de la Personnalité, Paris, 1887.

5.   Revue scientifique, 15 juillet 1876.

6.   Changements de personnalité, p. 19.

7.   Camuset, Annales médico-psychologiques, janvier 1882.

8.   J. Voisin, Archives de neurologie, septembre 1885, p. 212.

9.   Tribune médicale, 27 mars 1890.

10.   Cité par William James, Psychology, I, 383.

11.   Voir une observation de M. Myers, Proceedings of the Society for Psychical Research, 1887, p. 230. — Ladame, Rev. de l'hypn., 30 janvier 1888, etc.

12.   On a prétendu expliquer par la dualité des hémisphères cérébraux les dédoublements de la personnalité. M. Ribot a réfuté d'une manière qui me paraît définitive cette opinion bien étrange.

13.   Bulletin médical, 1889, n. 18.

14.   De l'automatisme de la mémoire et du souvenir dans le somnambulisme pathologique. (Union médicale, 21 et 23 juillet 1874.)

15.   On considère aujourd'hui l'état de F… comme un cas d'hystérie traumatique. (Voir G. Guinon, Progrès médical, 1891, n° 20.)

16.   Nous montrerons plus loin que cette interprétation n'est probablement pas exacte, et que F... n'est point un inconscient pendant sa crise.

17.   *Progrès médical*, 1891, nos 20 et sq.

18.   « On sait que c'est une coutume chez les personnes qui écrivent pour l'impression de répéter au haut de chaque page le dernier mot de la page précédente. Le malade ne manque jamais d'agir ainsi à chaque page blanche qu'il commence. »

19.   *Le Magnétisme animal*, par Binet et Féré. Bibliothèque scientifique internationale.

20.   Le somnambulisme que nous allons décrire ne diffère point du somnambulisme naturel et du somnambulisme d'attaque par ce fait qu'il est provoqué ; cette différence est fort peu de chose, et du reste on peut provoquer artificiellement le somnambulisme d'attaque et le somnambulisme naturel. Il y a sans doute d'autres différences, encore mal connues ; toutes ces questions sont loin d'être élucidées. Pour ne rien préjuger, nous donnerons au somnambulisme expérimental le nom de somnambulisme hypnotique.

21.   Les lecteurs qui se rappellent mes autres écrits reconnaîtront que sur ce point important j'ai modifié mes opinions anciennes.

22.   *Proc. Soc. Psych. Research*, 1887, 294.

23.   Myers, *The work of Edmund Gurney*, Proceedings S. P. R., décembre 1888, p. 369.

24.   *De l'Intelligence*, t. I, p. 16.

25.   Les auteurs qui ont étudié dans ces dernières années les personnalités coexistantes sont nombreux, et nous indiquerons leurs observations dans le cours de notre travail. — Nous citerons ici seulement deux études critiques, très intéressantes : *Das Doppel Ich*, par Max Dessoir, et un remarquable article de M. Héricourt sur l'Activité inconsciente de l'esprit, *Revue scientifique*, 31 août 1889.

26.   On peut consulter pour plus de détails une excellente brochure de M. Pitres : *Des Anesthésies hystériques*, Bordeaux, 1887.

27.   L'étude de ces dissociations a été faite pour la première fois par M. Féré et par moi. (*Arch. de phys.*, octobre 1887.) J'ai ensuite poursuivi seul les recherches, et mes principaux articles ont paru dans la *Revue philosophique* (mai 1888, février et avril 1889, février et août 1890), dans *Open Court* (année 1889, *passim*), et dans le *Mind* (janvier 1890). Il est important de remarquer qu'antérieurement à ces diverses publications M. Pierre Janet, M. Myers et M. Gurney, pour ne citer que

les principaux auteurs, avaient déjà exposé une théorie de la désagrégation mentale, avec de nombreuses expériences à l'appui. Si dans mon exposition je ne suis par l'ordre historique, c'est que je crois que nos expériences sont plus aptes que les autres à donner tout de suite une démonstration expérimentale très simple de la double conscience. Je saisis cette occasion pour adresser mes plus vifs remerciements à M. Charcot qui a bien voulu me permettre de travailler pendant de longues années dans son service de la Salpêtrière.

28. Ceci n'est pas tout à fait juste, comme nous le verrons plus loin.

29. Les faits de répétition des actes se rencontrent dans la catalepsie hypnotique (voirMagnétisme animal, p. 133) avec les mêmes caractères.

30. Lasègue, Études médicales, II, 35.

31. Nous parlons seulement de la simulation tentée par une personne non hystérique.

32. Catalepsie, p. 59.

33. Du Sommeil, p. 72.

34. La Catatonie (Arch. de neurologie, nos 44, 45, 46, 1888).

35. L'Anesthésie hystérique, p. 72.

36. Pierre Janet, Automatisme psychologique, p. 232. Nous aurons à citer souvent cet important ouvrage, dans lequel la question de la dissociation mentale a été traitée avec une grande largeur d'idées. Nous exposons ici le même sujet que M. Pierre Janet, mais en nous plaçant à un point de vue un peu différent du sien ; nous n'avons point cherché, comme lui, à faire valoir nos opinions personnelles ; nous nous attachons plutôt à exposer les résultats acquis et admis par la majorité des auteurs ; c'est pour cette raison que nous laissons de côté plusieurs de nos expériences personnelles qui n'ont pas encore été répétées et vérifiées par d'autres.

37. Pitres, op. cit., p. 59.

38. De l'amaurose hystérique et de l'amaurose suggestive. Revue de l'hyp., 1886, 65.

39. Renouvelant une ancienne théorie de Maine de Biran, et s'inspirant des idées ingénieuses de M. Fouillée sur les dégradations de la conscience, M. Pierre Janet a essayé de montrer que dans ces expériences et dans d'autres analogues, il se produit une conscience impersonnelle sans idée du moi (op. cit., p. 42).

40. Op. cit., p. 239.

41. Op. cit., p. 329.

42.   Rev. phil., 1884, II, p. 650.

43.   Pour l'étude de cette question, je renvoie à l'important ouvrage de M. Beaunis : les Sensations internes. (Bibl. scient. inter.)

44.   Il y a, je crois, des exceptions à cette règle : on peut dire seulement que très fréquemment l'anesthésie d'un sens en entraîne l'amnésie.

45.   Sur l'existence du type visuel, voir ma Psychologie du raisonnement, chap. I.

46.   Leçons sur les maladies du système nerveux, III, appendice.

47.   Recherches expérim. sur la phys. des mouvements, par Binet et Féré : Arch. de phys., octobre 1887.

48.   L'importance des images visuelles dans ces expériences a été bien mise en lumière par M. Pierre Janet dans plusieurs passages de son livre déjà cité.

49.   Nous ne faisons qu'indiquer la question. Pour plus de détails, il faut lire l'ouvrage de Féré : Sensation et Mouvement, un article de Raymond (Revue de médecine, 1891) et une note de Pick (Neurol. Centralb., 1891, n° 15).

50.   Op. cit., p. 33.

51.   Voir chap. III.

52.   Voir p. 113.

53.   M. Babinski est arrivé d'une façon indépendante à observer plusieurs des faits que je vais maintenant décrire. Il en est de même pour M. Onanoff. (Arch. de neurologie, 1890.)

54.   Beaunis, Les Sensations internes, p. 133.

55.   Voir chap. V, p. 138.

56.   M. Babinski a observé ce fait en même temps que nous et d'une manière indépendante. (Communication orale.)

57.   J'ai pu étudier longuement, grâce à ce procédé, le phénomène de la Vision mentale. Voir Revue philosophique, 1890.

58.   Op. cit., p. 242.

59.   Progrès médical, nos 33, 34, 1888, et Annales médico-psycho., janv. et juillet 1889. Voir aussi un très intéressant article de F. de Sarlo (Rivista di Freniatria, II et III, 1891).

60.   Ces études sur les réactions des sujets sains comparés aux hystériques, soulèvent des problèmes encore discutés, par exemple celui des rapports de l'hystérie avec l'hypnotisme. Nous laissons ces problèmes de côté et nous nous contentons de décrire une série d'expériences.

61.   « Je conçois très bien qu'un homme de bonne foi, dont l'attention tout entière est fixée sur le mouvement qu'une baguette qu'il tient en ses mains peut prendre par une cause qui lui est inconnue, pourra recevoir, de la moindre circonstance, la tendance au mouvement nécessaire pour amener la manifestation du phénomène qui l'occupe. Par exemple, si cet homme cherche une source, s'il n'a pas les yeux bandés, la vue d'un gazon vert, abondant, sur lequel il marche, pourra déterminer en lui, à son insu, le mouvement musculaire capable de déranger la baguette, par la liaison établie entre l'idée de la végétation active et celle de l'eau. »

62.   Il est à désirer qu'on construise des appareils spéciaux pour enregistrer les mouvements inconscients dans toutes les conditions nécessaires.

63.   « C'est une femme, très respectable mère de famille, et très religieuse de sentiments, qui parle. »

64.   « Les apartés de ces dialogues sont aussi très intéressants. Ils sont dits à voix très basse, mais distincte, en remuant à peine les lèvres. »

65.   « Cette objectivation a duré une heure et demie, sans que B… se soit démentie une seule fois dans son langage enfantin ou dans ses allures. »

66.   La Personnalité et l'écriture, essai de graphologie expérimentale. (Revue phil., avril 1886.)

67.   Études de psychol. expérimentale. Doin, 2e édition, 1891.

68.   Même article, p. 235.

69.   Revue de l'Hypnotisme, janvier et février 1889.

70.   La controverse a porté, non sur le genre spécial de suggestions que nous étudions, mais sur tous les genres de suggestion.

71.   J'ai indiqué, depuis longtemps, dans une note faite en collaboration avec M. Féré, le rôle de ces associations d'idées dans les suggestions rétrospectives. (Revue philosophique, 1886.)

72.   Il est regrettable que les auteurs n'insistent pas davantage sur ce point. L'étude de la mémoire présente assez d'importance pour mériter plus de précision.

73.   Op. cit., p. 152.

74.   Voir p. 76.

75.   Magnétisme animal, p. 154.

76.   Voir p. 193.

77.   Voir p. 188.

78.   Voir p. 138.

79.   Le Somnambulisme provoqué, p. 121. Paris, 1887.

80.   Op. cit., p. 255.

81.   S. P. R., 1887, p. 271.

82.   Voir p. 138 et 177.

83.   Magnétisme animal, par Binet et Féré, p. 156.

84.   Il est curieux de voir avec quelle persistance durent les hallucinations bien associées à un point de repère. J'ai parlé, dans ma Psychologie du raisonnement, d'une hallucination donnée à W... en 1884 ; on lui avait suggéré qu'elle était représentée nue sur une photographie qui en réalité représentait une vue des Pyrénées. Mon excellent ami, M. Londe, chef des travaux chimiques de la Salpêtrière, m'apprend que cette hallucination ne s'est pas encore effacée (juin 1891) ; il suffit de montrer la photographie à W... pour qu'elle croie y voir son propre portrait. Aucune suggestion n'a été faite dans l'intervalle pour renouveler son hallucination ; mais on lui a montré la photographie quatre ou cinq fois.

85.   En relatant pour la première fois cette série d'expériences sur la modification des hallucinations visuelles par des moyens physiques, j'ai commis une curieuse erreur ; j'ai attribué à Brewster le mérite d'avoir le premier constaté qu'on peut en pressant sur l'œil d'une personne en état d'hallucination dédoubler son hallucination. L'erreur a été relevée par M. Gurney et M. Hack-Tuke. En réalité, Brewster n'a fait aucune expérience de ce genre ; consulté par une personne qui lui demandait un moyen de distinguer un objet réel et une apparition imaginaire, il répondit qu'il fallait chercher, en pressant sur l'œil, à obtenir une double image ; il pensait que l'image de l'objet réel pouvait seule être dédoublée. Je lui ai donc attribué gratuitement une expérience qu'il n'a jamais faite, et une opinion qui est juste le contraire de la sienne. Nous voyons d'autre part que le critérium qu'il indique pour distinguer la réalité de l'hallucination ne pourrait pas servir pour les hystériques hypnotisés.

86.   Revue philosophique, mai 1884. — Voir Bernheim, De la Suggestion, p. 108 ; Lombroso et Ottolenghi, Pierre Janet, op. cit., p. 154 ; Seppili, Revista di Freniatria, 1890.

87.   Bernheim, De la Suggestion, p. 172-174.

88.   Beaunis, Somnambulisme, p. 243.

89.   Pierre Janet, op. cit., p. 263.

90.   Pitres, op. cit., p. 11.

91.   Contribution à l'étude de la douleur (Revue philosophique,

1889).

92.   M. Janet indique une hypothèse voisine de la nôtre, op. cit., p. 292. Pour l'étude des signes locaux, je renvoie à ma Psychologie du Raisonnement, p. 99.

93.   Traité du somnambulisme, p. 256. Conf. P. Janet, op. cit., p. 271, auquel j'emprunte quelques-uns des détails suivants.

94.   Neurypnologie, p. 247.

95.   De la Suggestion, 1884, p. 27.

96.   Revue scientifique, 1884.

97.   Nous réparons ici une erreur commise dans l'interprétation du phénomène précédent que nous avions considéré jusqu'ici comme une image consécutive. (Magnétisme animal, p. 235.)

98.   Psychology, II, p. 607.

99.   Revue de l'hypnotisme, 1er décembre 1888.

100.   De la suggestion et du somnambulisme dans leurs rapports avec la jurisprudence, etc., 1889, p. 701 à 711.

101.   Asile d'aliénés, près de Nancy.

102.   Voir p. 249.

103.   Pierre Janet, op. cit., p. 282.

104.   Automatic writing, Proceed. S. P. R., 1885.

105.   Maladies du système nerveux, t. III, p. 228.

106.   Voir, notamment, p. 192.

107.   Voir p. 250.

108.   On pourrait encore étudier les personnalités multiples dans les phénomènes de possession du moyen âge : le sujet a été si fréquemment traité que nous pensons inutile d'y revenir.

109.   Psychologie du raisonnement, chap. I.

110.   L'activité mentale et les éléments de l'esprit, Paris, 1889.

ISBN : 978-1530868872

www.ingramcontent.com/pod-product-compliance
Lightning Source LLC
Chambersburg PA
CBHW072039280526
45788CB00006B/2110